VORBEMERKUNG

Ich bin am ersten April geboren. Das war vor 34 Jahren, aber es bringt mir heute noch kleine, alberne Lacher ein, wenn man mich zwingt, meinen Geburtstag zu nennen. »Haha, ein Aprilscherz«, lautet der originelle Ausruf dann meist.

Ich bin eine Frau und habe einen italienischen Vornamen, was vermutlich schon früh auf rätselhafte Weise meine Liebe zu Italien vorbestimmt hat: Ich heiße Bianka. Mit k, weil mein ostpreußischer Vater dem Dorfbeamten auf die Frage, wie man das denn schreibe, antwortete: »Ääh – wie man's spricht!«

Einst war ich diplomierte Bibliothekarin. Aber das ist lange her. Seit ich denken kann, arbeite ich hauptberuflich als Mutter, mit allen Nebenjobs, die dazugehören. Ich bin Mutter von Anna (10), Lena (8) und Jan (5). Anna und Lena gehen in die Grundschule, Jan besucht einen Sonderschulkindergarten, weil er behindert ist. Jan kam mit einer Gaumenspalte zur Welt, ist schwerhörig, sprachbehindert und in seiner Entwicklung verzögert.

Der Mann, der zu uns gehört, heißt Werner. Tagsüber arbeitet er als Gruppenleiter in einer Werkstatt für Behinderte, abends geht er, der handwerklich Geschickte, noch einer ehrenamtlichen Tätigkeit nach: Er ist unser Hausmeister. Dabei brummelt er meist stereotyp Sätze wie: »Bei Bleiers sieht's aus wie Sau«, oder: »Ich bin hier doch nur noch der Reparierer«, oder auch: »Unsere Kinder haben überhaupt kein Verhältnis zum Material.«

Wir wohnen in einem Dorf mit Möchtegern-Kleinstadtcharakter. Es gibt hier fast alles, was man zum täglichen Leben braucht, mit Ausnahme eines Frauenarztes und eines Kinderarztes. Da ich eine Frau bin und Kinder habe, radle ich des öfteren in die fünf Kilometer entfernte Kleinstadt mit Möchtegern-

Großstadtcharakter. Das trainiert meine Waden für unseren Fahrradurlaub in Holland. Wir haben Hühner, Hasen, Katze, Hund und einen Wohnwagen und sind ziemlich reiselustig. Sobald wir ein paar zusammenhängende freie Tage im Kalender entdecken, hält uns nichts mehr daheim. Was nicht heißt, dass es nicht gemütlich wäre bei uns. Wir leben in einem durchaus charmanten, von Grünpflanzen überwucherten alten Haus mit ebenso zuwuchernden Garten. Trotzdem suchen wir immer wieder das Weite. Dann wollen wir die Welt sehen und andere Luft atmen. Meine geistliche Heimat allerdings ist in dieser nahe liegenden Kleinstadt. Dort gibt es eine kleine, lebendige, christliche Gemeinde, wo unsere besten Freunde ein- und ausgehen. Dazu gehört ein christlicher Buchladen, in dem ich freitagmorgens arbeite. Alle vier Wochen leite ich parallel zum Gottesdienst die Kinderstunde für Drei- bis Sechsjährige, die »Bärchen«.

Ich bin ein Schreiberling. Schreiben ist für mich ein tiefes Bedürfnis, das, seit ich schreiben gelernt habe, immer weiter gewachsen, zu einem Teil meines Lebens geworden ist und sich in eingefleischten Gewohnheiten meines Alltags niedergeschlagen hat. Seit zwanzig Jahren schreibe ich Tagebuch. Ich brauche das, um mein Leben zu ordnen. Keine Seite meiner Persönlichkeit wird hier objektiv beleuchtet. Ich halte lediglich Gedanken fest, wenn ich gerade Lust zum Schreiben habe. Mein Tagebuch ist emotional, lückenhaft und total subjektiv. Dies hier sind Auszüge daraus.

Samstag, 18. November

Bis ich mich zu einem Friseurtermin durchringe, warte ich immer so lange wie irgend möglich. Zum einen aus Geldgründen und zum anderen, weil ich Termine verabscheue. Und jedes Mal ist es dasselbe: Von einem Tag auf den anderen bricht plötzlich meine Frisur zusammen und ist keine mehr. Die Wandlung geht nie allmählich vonstatten. Sahen meine Haare gestern noch unauffällig bis irgendwie verwegen aus, hängen sie heute herum wie eine Trauerweide nach einem Gewitter. Und jetzt muss ich bis Dienstag warten, um bei »Irmgard's Frisurentreff« anrufen zu können.

Dienstag, 21. November

Endlich kann ich bei Irmgard anrufen, um mein rettendes Friseurdate zu holen. Die Umstände ermöglichen diesmal leider erst in acht Tagen einen Termin. Mittlerweile bin ich schon eine Zumutung für meine Umwelt. Die Blicke meiner Mitmenschen sagen mir eindeutig, dass ich aussehe wie ein heruntergekommenes Monster. Wie die nächsten Tage überleben? Ich kann es kaum noch abwarten, mich wieder in einen Menschen zu verwandeln, und höre im Geiste schon meinen mir anvertrauten Minnesänger ein Loblied für mich singen, frei nach Hohelied 7 Vers 6: »Dreh dich um, dreh dich um, Bianka! Dreh dich um, dreh dich um, dass ich dich anschaue! Dein Haupt auf dir ist wie der Karmel und dein gelöstes Haupthaar wie Purpur. Ein König ist gefesselt durch deine Locken!«

Mittwoch, 29. November

Endlich, endlich sitze ich vor Irmgards barockem Friseurspiegel. Seltsamerweise fällt mein Haar heute irgendwie schmeichelhaft, die Frisur hat Fülle und sieht völlig natürlich aus. Ich habe eigentlich schon lange nicht mehr so gut ausgesehen wie gerade jetzt!

Mitten in dem Gedanken, ob ich das Feld noch räumen kann, ohne mein Gesicht zu verlieren, naht Irmgard mit ihrer Raucherstimme: »Na, Bianka, was soll's denn heute sein?«

Panik. Was suche ich hier? Nur noch ein Rest von Stolz verhindert meine Flucht. Ich reiße mich zusammen und zeige ihr mutig auf einem mitgebrachten Foto das schöne junge Mädchen mit dieser gekonnt zerzausten Wuschelfrisur. Locken will ich, wild und natürlich will ich aussehen. Ich sage der Frau meines Vertrauens auch, wie ich auf jeden Fall nicht aussehen will: wie eine Putzfrau der siebziger Jahre mit luftgetrockneter Afrolookdauerwelle. Und dass Dauerwellen bei mir die Angewohnheit haben, nicht anzugehen oder am zweiten Tag schon wieder durchzuhängen. Sie nickt wissend und das Schicksal nimmt seinen Lauf.

Ergeben wende ich mich der Yellow Press zu. Irmgard hat mir »was zum Lesen« gebracht, um mich abzulenken. Sie denkt, sie weiß, was mich interessiert, und liegt nur knapp daneben. Ich erfahre brandaktuelle Neuigkeiten aus der englischen Königsfamilie, pseudopsychologische Tipps für den Umgang mit meinem Chef und was frau im nächsten Sommer trägt, nämlich alles in weiß. (Das kann ich mir denken, dass sich Kinder davor besonders malerisch machen.) »Sommer-Weiß, der Edel-Look zum Wohlfühlen.« Auf einer lichtdurchfluteten Veranda räkelt sich auf weißer Liege eine ausgeruhte Schönheit, weißer Strickrock, weißer Netzpulli. Kein anderer Mensch zu sehen. Darunter: »Eine Kombination, die alles mitmacht, neu der kleine Polokragen am kurzen V-Ausschnitt. Pullover 290 Mark, Rock 198 Mark«. Auf der folgenden Seite schlendert sie verträumt lächelnd, makellos weiß einen Sandstrand entlang, blaues Meer im Hintergrund, weit und breit kein Mensch, geschweige denn ein Kleinkind. Text: »So kann man den Sommer genießen: im hauchfeinen semitransparenten Pullover (ca. 260 Mark), schmale Stretchhose.« Daneben lehnt sie an einem viktorianischen Geländer im weißen Hosenanzug vor grünen Palmen und lacht heiter versonnen vor sich hin. »Perfekt für die Party oder fürs Büro: der cremefarbene Hosenanzug aus einer leicht strukturierten Seide. Das lange Blazer-Revers, die leicht betonte Taillennaht und das figurumspielende Schößchen machen eine tolle Figur, 690 Mark.« Nach der Party lehnt sie weiß in sich ruhend an einem Baum im Grünen: »Neuer Look: kleine hüftkurze Strickjacke zu schmalem Kleid, perfekt für Frauen, die Strickkleider nicht solo tragen möchten.« Ich speichere alles in der Gehirnecke für mein späteres Leben – wenn die Kinder aus dem Haus sind. Gesprächsfetzen dringen an mein Ohr. Die Kundin nebenan plaudert vertraulich aus ihrem Leben und bezieht mich bald in ihr Gespräch ein. Schnell sind wir bei einer Freundin einer Bekannten ihrer Cousine mütterlicherseits angekommen, die mit 21 gerade das dritte Kind bekommen hat, das wiederum an Hyperkinetischem Syndrom leidet. Sekunden später offenbart mir Irmgard ihre Ansichten über Abtreibung, nämlich dass ihre Töchter jedenfalls abtreiben sollen, wenn sie »was mit heimschleppen«, denn sonst ist ja die Ausbildung versaut. Mir wird kalt. Meine Nachbarin verwandelt sich gerade in einen weißblonden Vamp und erzählt, dass ihr Mann das Haar so an ihr liebt. Ich staune. Und dass sie eine ekelhafte Allergie hat, so dass ihr ständig die Augen zuschwellen und sie so niesen muss, dass es immer wie eine Explosion ist und sie immer schreien muss dabei, und das Zeug bis aufs Lenkrad fliegt. Mir wird schlecht . . .

Irmgard wickelt mit eiskalten Händen meine Haare auf klitzekleine Wickler, damit die Dauerwelle auf jeden Fall hält. Ich mache mir so meine Gedanken darüber, möchte sie aber nicht mit meinen laienhaft überzogenen Ängsten verärgern. Derart verwirrt erwecke ich bei ihr den Eindruck, dass ich unterhalten werden möchte, und so erzählt sie mir in allen Einzelheiten eine zweiteilige Fernsehtiergeschichte aus Kabel Eins: Der Hund konnte erstaunlicherweise reden, war totaaal süß und die Geschichte entzückend. Ich sehne mich nach einer Friseurin meiner Wellenlänge, die anstelle von Redeschwällen angenehm schweigend Kopfmassagen auf mir verteilt. Es ist ungemütlich kalt hier drinnen, wir reden übers Wetter und ich wähne mich schon im Finish, als mir der Azubi ungefragt noch etwas Feuchtes auf dem Kopf verteilt: »Unser Weihnachtsgeschenk!« Eine Kur. Heute bin ich irgendwie nicht so entspannt wie sonst. Als Stunden später die letzten Wickler fallen, kommt es, wie es kommen musste: Es ist die Putzfrauenwelle . . .

Betrogen kehre ich heim, erschlagen von tausend winzigen, stabilen Löckchen auf meinem Haupte, daran ändert auch das sofortige Haarewaschen nichts mehr. Das erwartete Hohelied meines Gatten nimmt die Form eines hämischen Grinsens und des Grußes: »Oh, hi, Bob Marley!« an. Anteil nehmend fragt er: »Geht das wieder raus . . .?«

Donnerstag, 30. November

Die Locken sind immer noch da und es hat den Anschein, dass dies die erste Dauerwelle meines Lebens ist, die halten wird und nicht durchhängt. Ich bin nicht mehr ich. Ich schäme mich. Es fühlt sich an, als habe mir jemand einen Staubmob aufgesetzt und so sieht es auch aus.

Tagelang warte ich darauf, dass ich mich an diese Frisur gewöhne, aber nichts dergleichen geschieht. Es fühlt sich an, als sitze ein Fremdkörper auf mir, der nicht zu mir gehört. Ich weiche meinem Spiegelbild aus und erschrecke, wenn ich es doch irgendwo treffe.

Sonntag, 3. Dezember

Menschen, deren Geschmack ich schätze, teilen mir in freundschaftlicher Offenheit mit, dass mir meine Fransenfrisur wesentlich besser gestanden habe und ich nun ältlich aussehe. Noch schlimmer: Menschen, deren Geschmack dem meinen frontal entgegengesetzt ist, machen mir Komplimente! Nun weiß ich genau, dass etwas schiefgelaufen ist. Eine spätberufene Mutter jenseits der Fünfzig mit blauschwarz gefärbtem Lockenwicklerhaar und grauem Flanellrock spricht mich auf dem Elternabend zum ersten Mal an: »Sie hat eine neue Frisur! Ich hab Sie zuerst gar nicht erkannt! Ich hab mich gefragt, wer ist denn die fremde Frau da drüben?« Humorvoll kontere ich: »Das frage ich mich auch jeden Morgen, wenn ich mir im Spiegel begegne!« Sie lässt nicht locker: »Es steht ihr aber gut! Sie sieht nicht mehr so hart aus im Gesicht!«

Oder die ältere Frau aus der Gemeinde heute Morgen: »Ich muss dir jetzt einmal ein Kompliment machen, Bianka! Du hast dich so zu deinem Vorteil verändert, du siehst jetzt richtig aus wie ein gestandenes Weibsbild! So was darf man unter Christen ruhig auch mal sagen!«

Das sind Komplimente, die aufbauen!

Montag, 4. Dezember

4 Uhr. Lena nachtwandelt wieder. Nachdem ich sie sanft zurückgebettet habe, liege ich wach. Sie erschreckt mich immer so. Seit der Geburt meines ersten Babys höre ich nachts die Mücken husten, derweil Werner komaähnlichen Schlaf genießt. Gegen 5.30 Uhr schlafe ich endlich wieder ein.

5.40 Uhr. Werners raffiniertes Frühwecksystem, das alle zehn Minuten hysterisch klingelt und auf das er nach vierzig Minuten mit spontanem Aufstehen reagiert, weckt alle drei Kinder. Sie kriechen zu mir ins Bett und quälen mich mit Tritten und Daumenlutschgeschmatze.

7 Uhr. Heute ist Jans Festtag: Die Müllabfuhr kommt! Wenn Jan groß ist, wird er Müllmann werden. Verständlich reden können muss man dabei nicht unbedingt. Maris, sein gelähmter Freund aus dem Kindergarten, wird fahren. Jan wird hinterherrennen und die herrlich klappernden Mülleimer in diesen Schlund kippen. Aufgeregt klebt er an der Fensterscheibe, bis sie um die Ecke biegen. Dann rennt er hinaus, um sie laut schreiend zu begrüßen: »Mümäma!« (Müllmänner). Sie genieren sich wie immer ein wenig ...

7.10 Uhr. Werner fragt, ob jemand seinen Schlüssel gesehen hat. Schreit, dass er ihn gefunden hat, und geht.

10 Uhr. Ich radle in die nahe gelegene Kleinstadt, um Jan vom Kindergarten für einen Termin bei der Ohrenärztin abzuholen. Er hat zum 237. Mal einen Erguss im Mittelohr. Auf dem Heimweg Klarinettennoten für Lena im Musikgeschäft besorgen.

12 Uhr. Gesprächstermin mit Herrn Wolf, Annas Klassenlehrer, einem älteren, unsensiblen, polternden Mann der alten Schule. Pädagoge wäre gelogen. Ich will für Annas verletzliche, kleine, stille, gerechtigkeitsliebende Seele werben. Reden wir wirklich über dasselbe Kind? Anna läuft bei ihm nur unter »nicht gerade von überschäumendem Temperament«. Er gibt sich keine Mühe, diesen meinen wertvollen, mit Schmerzen geborenen Menschen wirklich kennen zu lernen. Ich will mein Baby vor diesem Menschen beschützen und kann es nicht. Es tut weh.

13 Uhr. Kehre heim zu den Kindern mit dem guten Vorsatz, ihren ersten Sätzen zu lauschen. Laut einem Erziehungsbuch aus dem Buchladen steckt darin die wichtigste Botschaft des Tages, und Mutter soll sie sich niemals entgehen lassen. Stolpere über Schulranzen, Schwimmbeutel, Jacken, Schuhe, Helme und höre die erwärmenden Worte: »Bianka, die Anna hat mich geschlagen!« »Ja, weil die blöde Kuh mit ihren Dreckhänden das Hand-

tuch verschmiert hat!« Unterdrücke meinen ersten Impuls und halte mich an Sprüche 26,17: »Der packt einen Hund bei den Ohren, wer im Vorbeigehen sich über einen Streit ereifert, der ihn nichts angeht.« Und manchmal haben sich die ersten Sätze ja auch schon gelohnt...

15 Uhr. Wocheneinkauf zur Befriedigung des Hamstertriebes mit Fahrrad, Satteltaschen, Rucksack, Leinentaschen – im Nieselregen. Regelmäßiger Versuch, gesunde Nahrungsmittel umweltfreundlich verpackt zu bezahlbaren Preisen zu erstehen. Kann ich Rindsbouillon kaufen, ohne davon wahnsinnig zu werden? Ist Körnerbrot dran oder gönnen wir uns das französische? Euren aufwendig verpackten Feldsalat könnt ihr behalten. Bei der Milch ist das Datum abgelaufen! Hefe, man könnte mal wieder Dampfnudeln machen. Metzger, Bäcker, Supermarkt, Post, Bank, Apotheke, Bioladen, Elektrogeschäft. Daheim einräumen (Nesttrieb) und ins Haushaltsbuch eintragen (Dokumentiertrieb).

17 Uhr. Mit Charly, unserem Schäferhundmischling, und Jan im Kindersitz in die kalte Dämmerung hineinradeln. Ich mag sie nicht, die kurzen Wintertage. Während ich noch darüber nachdenke, ob Gott sie geschaffen hat oder vielleicht nur zugelassen, im Rahmen des Sündenfalls etwa, reißt sich Charly los und verfolgt eine läufige Hündin. Deren verzweifelte Herrin und ich rennen hinter den zwei Hunden her und werfen uns laut schreiend zwischen sie. Mit letzter Frauenkraft trennen wir die Unglücklichen. Radle mit hohem Puls heim, verärgert über meinen Gesichts- und Autoritätsverlust.

Werner tobt mit den Mädels im Wohnzimmer herum, bei lauter Musik springen sie über Sofa und Trampolin, tanzen, kitzeln sich, balgen wild und lachen sich halbtot. Ich schleiche mich ins Schlafzimmer. Habe mir auf meine alten Tage noch einen Kindheitstraum erfüllt: Ich lerne ein Instrument! Zwar nicht Saxophon oder Klavier, sondern Blockflöte mit Anna zusammen, aber immerhin. Dass ich es kann, dass es funktioniert, dass tatsächlich Musik herauskommt, macht mich ganz glücklich. Ich übe Weihnachtslieder.

20 Uhr. Platte geputzt. Falle erledigt in meine durchgesessene Ecke auf dem Sofa und starre Löcher in die Luft. Tragischerweise fehlt mir nun die Kraft, all die Dinge zu tun, die ich tagsüber als zu luxuriös zurückgestellt habe. Telefonieren mit einer lieben Freundin zum Beispiel oder ein hochgeistliches Buch lesen, oder wenigstens ein triviales. Urlaubsfotos einkleben, Briefe schreiben, Volleyball spielen gehen. Wo geht die Substanz nur immer hin, die morgens noch da war? Ich höre ein bisschen Musik, trinke ein Glas Glühwein und unterhalte mich mit Werner.

21 Uhr. Anna kommt ins Wohnzimmer geschlichen und erschreckt mich: »Ich kann überhaupt nicht einschlafen!« Nach erfolgloser Seelenforschung kuschle ich mich zu ihr ins Bett, sie fällt sofort in Schlaf, ich, wie befürchtet, ebenfalls.

23 Uhr. Wache gerädert auf und kann erst Stunden später wieder einschlafen. Ich hasse es.

Samstag, 6. Dezember

Der Nikolaus ist ein überaus wichtiger Mann für Jan. Über seinem Bett hängt ein Gruppenfoto vom letzten Nikolausfest im Kindergarten. Allabendlich erzählt Jan, dass er geweint hat, weil er damals nämlich noch klein war, dass er aber dieses Jahr nicht weinen wird, weil er jetzt groß ist. Außerdem singt er seit Wochen das »Dann stell ich den Teller auf«-Lied. Alle Versuche, ihm die wahre Geschichte zu erzählen, scheitern daran, dass er sie nicht hören will. Trotz aufgeklärtem Computerzeitalter komme ich wieder nicht um diese seltsame Zeremonie herum, obwohl ich eine halbherzige Zeremonienmeisterin bin und eine schlechte Schauspielerin dazu. Geheimniskrämerisch haben wir also gestern Abend im Keller drei leere Teller aufgestellt, genauso geheimnisvoll haben sie sich über Nacht mit Süßigkeiten gefüllt – Jan ist entzückt. »Amhe, hiher Mimomau!« (Danke, lieber Nikolaus) schreit er immer wieder, und ich gehe irgendwie leer aus. Mutig schreitet er zum Bus, der ominösen Begegnung mit dem leibhaftigen Tellerfüller entgegen.

Seit elf Jahren bin ich hauptverantwortlich zuständig für unser Unternehmen Haushalt, aber ich befürchte, dass ich immer noch keine Vorzeige-Hausfrau bin. Ich neige dazu, mehr so aus dem Bauch heraus nach dem Notwendigkeitsprinzip zu arbeiten. Wenn bei uns jemand badet, ärgere ich mich nicht über angelaufene Spiegel. Unsere Betten sind immer wieder nicht gemacht. Und wenn, dann sehen sie irgendwie armselig aus. Meine Mutter macht aus den Kissen kleine kunstvolle Pakete. Ich dachte als Kind immer, dass ich erwachsen bin, wenn ich das kann. Tagsüber durfte ich nie auf meinem Bett sitzen, damit es nicht »verhammelt«. Die Bettwäsche war gebügelt, straff die Laken, ein Zierkissen das i-Tüpfelchen. Im staubfreien Schrankinnern stapelte sich die Wäsche geplättet und genormt nach einem immer gleichen Schema. Meine Mutter herrscht immer noch über einen vollkommenen Haushalt, aber sie hat es mir nicht vererbt. Nach wie vor habe ich keine klare Struktur, was Haushaltsführung betrifft. Aber ich habe noch nicht ausgelernt.

Ich glaube, ich werde Tagesdecken kaufen.

Auf dem Nikolausteller waren auch Shampoo und Badeschwämme. Anna und Lena veranstalten eine Badezimmerorgie. Zu ihrem üblichen Badewannensammelsurium von Plastiktieren und -püppchen, zu Bechern, leeren Shampooflaschen, Badeenten, Booten mitsamt Fischern, Fischen und Eimerchen gesellen sich nun ein Nilpferd, ein Dinosaurier und ein Elefant aus buntem Schaumstoff. Das Badezimmer schwimmt, dampft, lacht, jauchzt. Die Püppchen und Tierchen reden, hüpfen, kreischen und spritzen. In glückseligmachender Eintracht spielen die beiden Rutschbahn und Stoppuhrtauchen, waschen sich gegenseitig die Haare und genießen die Lust am Leben. Baden ist eine ihrer sinnlichsten Vergnügungen. Mittlerweile sorgen sie auch dafür, dass sich meine Ohnmachtsanfälle beim Anblick des verlassenen Badezimmers in Grenzen halten. Die Seen am Boden haben sich bis dahin verflüchtigt, manchmal ist die Wanne sauber, sie föhnen sich gegenseitig ihr nach meinem Pfirsichshampoo duftendes Haar und huschen im Schlafanzug in die Küche. Danach müssen sie nämlich unbedingt noch einmal essen, denn vom Baden wird man total hungrig. Nur eine Horde lebloser Tiere, die mich vom Badewannenrand hämisch angrinst und ein Berg von Kleidern und nassen Handtüchern am Boden zeugen noch von der Wasserschlacht. Und das angelaufene Fenster eben. Aber das stört mich nicht, wie gesagt.

Viel mehr stören mich da schon die neuen Allüren unseres Katers. Seit der Hund bei uns weilt, scheint Tiger unter psychosozialen Störungen zu leiden. Auch die zwanzig Sitzungen Verhaltenstherapie scheinen nicht wirklich angeschlagen zu haben. In jüngster Zeit pinkelt er nämlich relativ regelmäßig auf im Haus herumliegende Stoffstücke, zum Beispiel unaufgeräumte Klamotten. Das Zimmer, in dem sie lagen, wird dadurch für mindestens drei Tage unbewohnbar. Aber er treibt es noch schlimmer. Wenn er sich völlig vernachlässigt und durch die Existenz des Hundes um seine Vorrangstellung betrogen fühlt, macht er auch vor noch übleren Schändungen nicht Halt. Der penetrante Duft hält ungefähr ziemlich genau neun Tage lang. Wegen seines sehr überzeugend einstudierten Armer-Schwarzer-Kater-Blicks erhält er immer wieder ein neues Ultimatum und darf sich trotz Hausverbots in unseren Räumlichkeiten aufhalten. Heute habe ich das Schlafzimmer mal in einen recht ordentlichen Zustand gebracht. Werner, ansonsten ein nahezu fehlerfreier Ehemann, wirft achtlos seine hässliche, pinkfarbene, ausgelatschte Jogginghose in mein künstlerisch gestaltetes Schlafgemach und verachtet damit meine Arbeit, also mich. Als ich eintrete, ruft die Hose mir höhnisch »Hallo, Putzfrau!« zu. Ich strafe sie mit Verachtung. Als ich abends gut gelaunt vom Hauskreis heimkomme, erzählt Werner wütend: »Lena wollte in meinem Bett einschlafen. Nach einer Weile kam sie runter und meinte: ›Werner, im Schlafzimmer war so ein komisches Geräusch, so Pffffff, ich glaube, der Tiger hat reingesch...‹ Mitten auf die Jogginghose!« Werner hat sie ohne Umschweife in den Müll geworfen. Das gute Stück! Stunden später noch durchzuckt mich ein schadenfrohes Lachen der ungeistlichen Art...

Donnerstag, 7. Dezember

7 Uhr. Superstimmung im Schlafzimmer. Familiengekuschel, Kissenschlacht, danach klappt alles wie am Schnürchen. Beim Frühstück sage ich zu Lena: »Lenchen, trink Milch, die muss bis morgen weg.« Lena beäugt sie skeptisch: »Warum?« Ich: »Weil das Verfallsdatum abläuft!« Lena denkt an Bibliothek und versucht, die Welt zu verstehen: »Musst du sonst Mahngebühren bezahlen?«

An der Haustür sagt Lena noch: »Darf ich dem Charly ein Leckerle geben? Weil dem sein Schwanz wedelt immer so freudig, bis ich an der Tür steh, dann hängt er ganz traurig!« Dann ziehn sie dahin, von einem stoßseufzerähnlichen Gebet begleitet.

7.10 Uhr. Es klingelt. Werner fragt über die Sprechanlage: »Hast du meinen Schlüssel gesehen?«

Dann bin ich allein. Aus jeder Ecke glotzt mich Arbeit an. Kurz bevor sie mich in ihren Strudel zieht, fällt mir der Satz ein: »Die größte Gefahr ist zuzulassen, dass die dringenden Dinge die wichtigen verdrängen«, und ich flüchte blind zu meiner Bibel. Volle Kraft voraus!

Danach mein morgendliches Fitnessprogramm, eine halbe Stunde lang mit Charles, dem Sportlichen, in Höchstgeschwindigkeit durch den Wald radeln, er ist danach einigermaßen warmgelaufen, ich außer Atem.

Der Blick auf den Kalender. Was steht heute an? Hektischer zweiter Blick – ich fasse es nicht: Kein Termin! Ein Tag ohne Termine! Ein Tag mit nicht einem Termin!! Seit Jan auf der Welt ist, ist mein Leben vollgestopft mit Terminen: Terminen in der Hals-Nasen-Ohren-Klinik, in der Kieferorthopädie, der Kieferchirurgie, der Urologie, der Entwicklungsneurologie, der Sonderpädagogischen Beratungsstelle, der Humangenetik. Und dann sind da die Therapie-Termine beim Logopäden und Ergotherapeuten und der wöchentliche Besuchstag im Regelkindergarten. Aber heute: kein Arzt, keine Therapie, kein Amt, kein Einkauf, kein Besuch, kein Buchladen! Das Telefon schweigt. Die Welt steht mir offen! Alles ist möglich! Worauf werfe ich mich zuerst? Nach anfänglicher Orientierungslosigkeit und unstrukturiertem, oberflächlichem Aufräumen beschließe ich, mich in Ruhe auf die Kinderstunde am Sonntag vorzubereiten. Das ist es: Cool und rechtzeitig vorbereitet in diesen chaotischen Haufen einmarschieren! Nicht, dass ich die geborene Kinderstundenfrau wäre. Ich bezweifle sogar, dass dies ein gabenorientierter Dienst von mir ist, in den ich da hineingeschubst wurde. Und sobald sich ein Mensch sehnsüchtig um die Betreuung dieser Schätzchen drängelt, werde ich abgeben. Aber ich liebe sie sehr, meine »Bärchen«, und ich nehme sie ernst. Ich habe bei dieser Arbeit so viele Winzlinge, scheinbar unbeschriebene Blätter, zu Persönlichkeiten heranwachsen sehen, das ist etwas ganz Besonderes. Die ganz Kleinen rühren mich besonders an, sie sind so offen für alles, was ich ihnen anbiete. Sie machen mir aber auch immer wieder bewusst, dass ich durch das Älterwerden meiner eigenen Kinder wieder mehr Freiheit habe, auch wieder mehr Luft und Kraft zum Leben. An mir klebt nicht mehr unaufhörlich ein kleines Wesen, das mich mit Haut und Haaren verschlingt, mich anarchisch, unberechenbar und totalitär beansprucht, das ständig alles von mir fordert. Ich kann auch wieder an meine eigenen Bedürfnisse denken und schlafe ganze Nächte durch. Meine Kinder werden in einem atemberaubenden Tempo immer unabhängiger und selbstständiger, und ich muss sie immer mehr loslassen. Anna, mein erstes Kind: Das frisch gestillte Baby, das gestern noch hilflos in der Wippe auf dem Dreiquadratmeter-Balkon unserer kleinen Wohnung lag und mich mit weit aufgerissenen Augen und wässrigem, zahnlosem Mund beim Schnitzelessen beobachtete, übt heute die Multiplikation von vierstelligen Zahlen und streitet in beachtlich ausgereifter Rhetorik mit seinen Geschwistern.

Ich habe im Laufe der Jahre meinen Anspruch an hochwertige Ernährung zugunsten einer reinen Überlebensstrategie gesenkt. Ab und zu werfe ich sogar voller Verachtung eine minderwertige Tütensuppe mit Buchstaben in den Topf, anstatt eine Stunde am Herd damit zu verbringen, eine vitaminreiche Mahlzeit herzustellen. Kein Vollwertdogma mehr wie zu der Zeit, als Ernährung noch eine Art Religion für mich war. Frei! Aber heute ist mein Tag, ich fühle mich stark, heute mache ich Dampfnudeln und sie werden mir gelingen, ich spüre es genau! Dazu Kartoffelsuppe, und wenn ich schon mal hier stehe, backe ich auch gleich zwei Blech Apfelkuchen.

Als die Kinder heimkommen, ist das Haus erfüllt von Düften und ich erschaffe zum zweiten Mal Dampfnudeln, wie ich sie bisher nur bei meiner Oma gegessen habe. Wahrscheinlich habe ich jetzt das richtige Alter dazu . . .

Lena betet vor dem Essen. Sie vergisst niemanden und überschreitet allmählich die Fünfminutengrenze. Als sie Luft holt und ich mit einem Blick auf mein kälter werdendes Essen »Amen« sage, empört sie sich: »Willst du nicht für den Werner beten, dass der heute Abend gesund heimkommt und gut drauf ist?!« Doch, klar, keine Frage. Beim Essen erzählt sie dann sprühend und mit allen Gliedmaßen zappelnd ununterbrochen, so dass es mir Mühe macht mitzubekommen, was sie überhaupt sagt. Anna isst schlunzigen Feldsalat mit den Fingern. (Da ich ahne, dass diese Art sinnlicher Erfahrung für sie sehr wichtig sein könnte, gönne ich ihr das.) Und wenn ich sie lange genug frage, erzählt sie mir ein, zwei Worte aus ihrem Leben.

Nach dem Essen dann der Schicksalsschlag: Als sich eine Stunde voller mühsamer Mathematikhausaufgaben ihrem Ende naht, eröffnet mir Anna, dass sie in Deutsch noch einen Aufsatz schreiben muss. Erbauliches Thema: »Meine größte Enttäuschung«. Der weitere Tagesablauf ist damit geregelt. Mit unsichtbaren Ketten an den Küchentisch gefesselt ringen wir um Inhalt, Formulierung, Grammatik und Rechtschreibung. Ein zäher Kampf.

Nebenbei erwähnt sie, dass sie morgen einen Aufsatz als Arbeit schreiben werde. Ich vermute als Thema: »Meine schönsten Hausaufgaben« ... Anna zieht sich in ihre Höhle zurück, um im Spiel die Welt zu verdauen. Wann werden alle drei Kinder keine Hausaufgabenbetreuung mehr von mir benötigen? Wie viele Jahrzehnte noch?

Wie eingeengt oder frei bin ich eigentlich als Hausfrau? Unterm Strich fühlte ich mich immer eher frei. Sicher setzen mir die Bedürfnisse der Kinder, die Zwänge des Haushaltes und all die notwendigen Termine ziemlich enge Grenzen. Dennoch: Innerhalb dieses Rahmens walte ich, wie es mir gefällt. Ich setze Prioritäten, teile meine Zeit und Arbeit selbst ein, gestalte meinen Arbeitsplatz nach meinen Wünschen und bin niemandem Rechenschaft schuldig. Zwar habe ich keinen Chef, aber auch keinen Betriebsrat, der für mich Urlaubsanspruch, Lohn und Arbeitszeit aushandelt. So bin ich allzeit ehrenamtlich in Einsatz oder Bereitschaft. Aber ich weiß: Für Werner und meine Kinder ist meine Arbeit, mein Da-Sein unersetzlich wichtig. Und sie sind für mich das Wichtigste. Ich werde wirklich gebraucht, und das ist ein gutes Gefühl. Keine bezahlte Arbeit kann mir annähernd ein so befriedigendes Gefühl vermitteln. Und an meinen Kindern sehe ich, dass ich nicht alles total falsch gemacht haben kann. Wer weiß, was ich in einigen Jahren tun werde, wenn diese Phase meines Lebens vorbei ist. Aber jetzt genieße ich sie in vollen Zügen. Ich war noch mit keinem Arbeitsplatz so sehr in Einklang. Das klingt naiv, altmodisch, unemanzipiert. In manchen Ohren fromm, angepasst und aufgesetzt. Wie auch immer, so ist es und ich bin ziemlich froh darüber. Ich kenne viele Frauen, die darunter leiden, unbezahlter Arbeit nachzugehen, und die ihren Beruf und die damit verbundene Anerkennung vermissen. Sie fühlen sich nicht ausgefüllt. Ich ziehe mein Selbstwertgefühl nicht aus meinem Beruf. Für mich wäre es der blanke Stress, neben der vielen Arbeit daheim auch noch einer bezahlten Arbeit nachzugehen. Unser ganzes Familiensystem käme ins Wanken. Wir hätten mehr Geld, aber ich glaube, wir hätten alle weniger Kraft. Was alles nicht heißt, dass mir der Laden hier mitunter nicht über die Maßen auf die Nerven geht.

19 Uhr. Lena liebt es, Jan ins Bett zu bringen. Keine Ahnung, warum, vielleicht, weil er sich anfühlt wie eine lebendige Puppe. Ich befürchte, er empfindet es auch so. Aber ich liebe es, wenn sie es tut. Damit er ihr dieses Privileg gnädig zugesteht, muss sie ihm zahlreiche Gefälligkeiten erweisen. Sie spielt dreimal Memory mit ihm, liest ihm sämtliche Müllmannbücher vor und verspricht ihm, ihn morgen in die Bücherei mitzunehmen, nur damit sie ihm Zähne und Popo putzen darf. Sie zieht ihn um, singt und betet mit ihm, und er schläft tatsächlich ein. Ich bewundere sie und bin ihr zutiefst dankbar.

20 Uhr. Wenn die Mädchen sich rechtzeitig bettfein machen, lese ich ihnen etwas vor. Wenn ich noch genügend Kraft habe, ist das eine gute Zeit für Gespräche mit ihnen. Vertrauensvoll nehmen sie mich in ihr Gebet hinein. Manchmal kann ich dabei tief

in ihre Seelen blicken. Dabei habe ich schon oft erschüttert eine Lektion über das Beten gelernt. Sie haben einen burgfesten Glauben, eine Zuversicht ohne jeden Zweifel, sie trauen Gott alles zu.

Freitag, 8. Dezember

6.30 Uhr. Der Buchladen-Countdown beginnt. Freitags arbeite ich in der nahe gelegenen Kleinstadt mit Möchtegern-Großstadtcharakter in dem christlichen Buchladen, der zur Gemeinde gehört. Eingekeilt zwischen Bahnhofskneipen und »Öztürk«, dem gut gehenden türkischen Dönerimbiss, hält er sich seit vielen Jahren durch den ehrenamtlichen Einsatz eines Dutzends nichtberufstätiger Mütter aufrecht, ein Dauerprovisorium, das sich erstaunlich gut bewährt hat. Heute Morgen bin ich dran. Ich (ver)kleide mich im Verkäuferinnenlook, wecke Anna und Lena, richte dreimal Frühstück und Vesper und schiebe sie zur Tür hinaus. Es klingelt – Werners Schlüssel suchen und ihm durchs Fenster nachwerfen. Dann wecke ich Jan, wasche ihn, ziehe ihn an und warte mit ihm auf den Bus, der ihn in den Sonderschulkindergarten fährt. Freitags kommt er gerne etwas später.

8.20 Uhr. Ich sause mit Charly durch den kalten Wald. Danach Hühner, Hasen, Hund und Katze füttern. Mir bleiben noch exakt 15 Minuten Gegenwind, um zum Buchladen zu radeln. Verschwitzt, mit geröteten Wangen und Wuschelhaar begrüße ich den ersten Kunden – der Tag beginnt. Kein Gedanke mehr an daheim, ich bin keine Mutter von drei Kindern mehr, sondern gelernte Bibliothekarin, die sich jetzt hauptsächlich mit erwachsenen potentiellen Käufern abgibt. Ich sortiere das Regal für Glaubenshilfe und Evangelisation neu, führe Telefonate, berate Kunden, kaufe Weihnachtsgeschenke (getreu dem Motto: Meine beste Kundschaft bin ich selbst) und ein Buch, in das ich eigentlich nur hineingeschaut habe, um es richtig einsortieren zu können. Der Buchladen wird noch mein finanzieller Ruin. Die Stunden verfliegen.

12 Uhr. Ich schiebe die letzten Kunden aus dem Laden. Erliege wie immer dem Dönerduft des angrenzenden Familienbetriebs, der mir seit Stunden um die Nase weht. Drei Stück, bitte. Radle mit der Abkühlung der kostbaren Fracht um die Wette. Daheim jubelt alles und ich bekomme zum Dank die Pepperoni. Kochen muss ich heute also nicht, und abwaschen auch nicht, aber ansonsten sieht es hier aus wie Chaos. Man sieht dem Haus an, dass heute Morgen niemand darin gearbeitet hat. Es ist kalt, ich mache erst einmal den Ofen sauber und das Feuer an. Anna saugt, Lena leert den Abfalleimer.

13.30 Uhr. Mutig machen wir uns an die Hausaufgaben. Anna postiert sich im Wohnzimmer, Lena in der Küche, ich pendle hin und her zwischen kleinem Einmaleins und deutscher Grammatik. Dies ist eine meiner härtesten Charakterübungen. Ruhe und Kraft soll ich ausstrahlen, wo ich manchmal platzen könnte vor Ungeduld und Wut. Von dieser Stunde hängt der weitere Tagesverlauf und der Inhalt meines Abendgebetes ab . . .

14 Uhr. Jan wird heimgebracht. Fröhlich und lautstark verkündet er seine Bedürfnisse. Isst, trinkt und spielt dann diese Männerspiele, wie sie nur Jungs spielen. Der Geräuschpegel steigt, die Übung wird noch härter.

15 Uhr. Anna übt Flöte, Lena Klarinette. Das Haus füllt sich mit hohen, tiefen, schrillen und angenehmen Geräuschen. »Josef, lieber Josef mein« und »Au clair de la lune«. Der Stolz auf den Eifer meiner Töchter und die Vorfreude auf künftige Hausmusik erleichtern mir den Kunstgenuss.

Es klingelt. Freunde von Anna und Lena kommen. In jedem Zimmer wogt jetzt das Leben. Ich versuche, mich mit Gleichmut der Entropie, dem Naturgesetz der Verwahrlosung, in meinem Haushalt zu stellen, und erledige eine dieser erbaulichen (erbärmlichen) immer wiederkehrenden Tätigkeiten wie Waschen, Wischen, Bügeln, Flicken, Putzen. Manchmal erfüllt mich dieser Kampf mit Jenseitsfreude, denn dann wird kein Fett, Kalk, Staub und Urinstein mehr sein ... Das Erfassen der Vergeblichkeit, die diesen Aufgaben so penetrant anhaftet, stürzt mich dann doch immer wieder in die klassische Hausfrauenkrise. Kaum ist die Küche sauber, bereiten zu Gastfreundschaft und Selbstständigkeit erzogene Kinder kulinarische Köstlichkeiten für sich und ihre Freunde zu. Ich wasche täglich zwei Maschinen voll Wäsche, aber die Körbe werden niemals leer. Ich putze das Bad, treffe aber niemals ein sauberes an. Ich höre mich immer wieder diese nichtigen Worte sagen, dass alle Hausbewohner schmutzige Wäsche ins Bad und dort sogar in den Wäschekorb zu transportieren haben. Dass sie ihre Schuhe draußen ausziehen, Jacken und Schuhe aber drinnen aufräumen sollen. Wenn das Ganze eskaliert und mir entgleitet, brülle ich zu meinem eigenen Entsetzen alte, verhasste Sätze aus meiner Kindheit: »Was glaubt ihr eigentlich, wen ihr vor euch habt? Ich bin doch nicht eure Putzfrau!« Einmal habe ich es so laut geschrien, dass mir für den restlichen Tag der Hals wehtat.

17 Uhr. Gerade als ich daran denke, alle Kinder ans Aufräumen zu erinnern, leert sich das Haus überraschend schnell, zurück bleiben meine eigenen Kinder, die widerwillig die Spuren des ereignisreichen Nachmittages beseitigen. Ich werfe meine Schürze ab und lege mein dezentes, aber dennoch verführerisches Empfangs-Make-up auf. Werner kehrt zurück. Drei Kinder und der Hund empfangen ihn stürmisch und erzählen ihm aus ihrem Leben. Halte mich untertänigst im Hintergrund (habe sowieso keine andere Chance) und warte, bis der allgemeine Jubel verebbt und ich dran bin. Er begrüßt mich freundlich lächelnd und flüchtet mit der Zeitung und einer Tasse Kaffee in die Toilette, dem einzigen sicheren Zufluchtsort in diesem Haus (in Notzeiten der letzte Fünfminutenandachtsort).

Beim Abendessen herrscht reger Austausch – nur nicht zwischen Werner und mir. Daran ist seit zehn Jahren nur noch bei einem Rendezvous im Restaurant zu denken. Manchmal habe ich das mittelalterliche Bedürfnis, autoritär zu rufen: »Kinder schweigen bei Tisch, wenn Erwachsene reden!« Ich weiß gar nicht, wer dieses Kulturgut abgeschafft hat. Sicherlich kein dreifacher, kindsmagdloser Elternteil.

18 Uhr. Werner sägt Holz, Jan steht ihm hilfreich zur Seite. Ich schmücke mit den Mädchen das Haus winterweihnachtlich. Das macht mich ein bisschen kribbelig, weil Gott mir nicht die Gabe der Dekoration geschenkt hat, aber tief in mir drin bin ich davon überzeugt, dass es zu meinen vorweihnachtlichen Pflichten als Mutter gehört, meinen Kindern durch musisch-kreative Tätigkeiten das zunehmende Licht des ankommenden Messias begreifbar zu machen. Anna und Lena jedenfalls sind zufrieden, basteln und lassen sich von Jesus erzählen.

19 Uhr. Putze Jan die Zähne, wasche ihn und ziehe ihn um. Er war den ganzen Tag gut drauf und lässt sich nun fröhlich fertig machen. Süß. Heute Mittag war ich sehr gereizt und habe auf sein lautes, eindringliches Dauergeplapper, das ich nur bei voller Konzentration und unverwandtem Blickkontakt verstehe, immer wieder monoton und abwesend geantwortet: »Jan, sei mal still!« Jetzt wird mir mein Versagen schmerzlich bewusst. Als ich mit ihm bete und Gott für all das Gute des heutigen Tages danke, erzählt er mir aufgeregt eine lange Geschichte. Ich verstehe ihn nicht und könnte schreien vor Traurigkeit. Wie hält Jan nur diese Mauern um sich aus? Wie erträgt er es, wenn ihn nicht einmal seine eigene Mutter versteht? Mir wird wieder himmelangst vor seiner Zukunft.

Einmal mehr muss ich mir bewusst machen, dass Gott Jan mitsamt seiner Behinderung geschaffen hat und dass dieses Leben in seiner Hand liegt. Ich kann es nicht lenken. Ein leiser Schmerz bleibt.

20 Uhr. Ruhe senkt sich auf das Haus. Ich sinke ins Auto und schreie hemmungslos: »Frei! Frei! Ich bin frei!!!«, werfe eine Kassette ein und singe lauthals mit. Ich fahre zum Hauskreis, meinem geistlichen und menschlichen Highlight des Tages. Liebe Menschen nehmen mich freundlich auf, wir singen, lachen, erzählen aus unserer Woche, beten, lesen in der Bibel, tauschen uns darüber aus, trinken Kaffee, essen köstlichen Kuchen, wie ich ihn selbst nie hinkriege, und reden bis weit nach Mitternacht. Ich lasse den Tag hinter mir, genieße die Gemeinschaft, Gottes Wort und seine Gegenwart. Bereichert und mit Frieden im Herzen kehre ich heim.

Samstag, 9. Dezember

7 Uhr. Von einer inneren Unruhe getrieben wache ich auf und weiß in derselben Sekunde: Flohmarkt! Minuten später durchkämme ich schlaftrunken, aber sensationslüstern Flohmarktstände nach Schnäppchen und feilsche um die Preise wie eine alte Zigeunerin. Ich kann mir nicht erklären, warum mir dies so eine diebische Freude bereitet. Werner, mein mir anvertrauter Humangenetiker, schreibt es gewissen durch den wilden Osten reitenden Vorfahren zu. Der Tag ist jedenfalls gerettet. Ich erstehe zu Dumpingpreisen Eishockeyschlittschuhe für Anna, zwei Bücher für Lena Leseratte, ein großes Müllauto der Mercedes-Klasse mit täuschend echten Mülltonnen für Jan, topaktuelle Kinderkleidung für die nächste Saison und einen zukünftigen Lieblingspulli Marke »Lässiger Tragekomfort, kastig und kurz« für mich. Zugegebenermaßen auch einen anderen Pulli, der niemandem passt und den ich »für daheim rum« tragen werde, und ein Hemd, das Werner nur zum Hausmeistern anziehen kann. Mit duftenden Brötchen kehre ich heim. Meine Familie hat sich längst an mein seltsames Treiben gewöhnt und stürzt sich auf das Frühstück.

Für Prinzessin Anna bauen wir zur Zeit den Speicher aus. Jan, der noch die Speisekammer neben der Küche bewohnt (die leergeräumte natürlich), wird unser geräumiges Schlafdomizil erhalten und wir werden uns, bescheiden wie wir sind, zum Schlaf in Annas derzeitiges Zimmerchen zwängen. Nachts ist sowieso alles gleich dunkel. Heute ist der historische Tag, an dem wir den neuen Deckenabschnitt für die Speichertreppe öffnen werden. Vorher wollen wir in weiser Voraussicht auf den entstehenden Dreck das ganze Haus mit Tüchern abdecken, ehe wir dann ganz langsam das Stück Decke herunterlassen.

Doch erstens kommt es anders und zweistens als man denkt: Werner, mein mir anvertrauter Heimwerker, wollte nur mal eben ein bisschen gucken, wo er ansetzen muss ... da ist plötzlich und völlig unerwartet der Deckenabschnitt schon von uns gegangen: Noch bevor ein Zentimeter Haus mit den bereitliegenden Zeitungen und Kilometern Stoff abgedeckt ist, stürzen mit einem ohrenbetäubenden Lärm drei Quadratmeter siebzig Jahre alter Dreck, Lehm und Stroh explosionsartig zwei Meter in die Tiefe. Zehn Minuten lang rieselt noch Staub herab, dann herrscht absolute Stille. Ich stehe zur Salzsäule erstarrt in der Küche und kann nicht abschätzen, ob gleich das restliche Gemäuer einstürzt und ob der Heimwerker noch lebt. Das ganze Haus ist bis in den Keller hinunter und in allen Ritzen mit einer Zweizentimeterschicht Dreck bedeckt. Eine gespenstisch weiße Figur, einer ägyptischen Mumie ähnlich, erscheint in Zeitlupe in der Küchentür. Er lebt! Stumpf sehen wir uns an und holen mechanisch Schaufel und Besen, um den Teppichboden freizufegen ...

Statt des geplanten Männeressens (Rahmschnitzel mit Spätzle) gibt es Eiernudeln. Dreck, Dreck, Dreck.

15 Uhr. Stunden später. Stehe immer noch unter Schock. Treffe mich dennoch (oder gerade deswegen) mit Berta wie verabredet am Weihnachtsmarktstand des Buchladens. Habe sie

letztes Jahr aus Versehen und ohne triftigen Grund allein in der kalten Bude sitzen gelassen. Wage es nun nicht, nicht einmal mit Grund. Verlasse Werner und das sinkende Schiff, ohne zu wissen, ob ich jemals zurückkehre. Vielleicht wenn der Dreck verdunstet ist.

Weihnachten? Glühweingesichter, Bratwurstgeruch, quengelnde Kinder. Elegante Mütter und Väter mit mohrenkopfverschmierten Jackenärmeln suchen nach weihnachtlichen Kindheitsgefühlen. Nur an unserem Stand können sie keine finden. »Bücher« sagen manche tonlos und ziehen mit leeren Blicken weiter. »Jingle Bells« plärrt aus dem Lautsprecher, der Bürgermeister hält eine stimmungsvolle Eröffnungsrede.

Als ich dann doch heimkomme, frisch gestärkt für den Kampf gegen den Dreck, ist alles erledigt: Die neue Treppe sitzt an ihrem Platz und das Haus ist sauber, zumindest oberflächlich. Ich fasse es nicht! Werner, der Held, hat die ganze Zeit über gekämpft wie ein Galeerensträfling! Dankbar lege ich die Kinder ins Bett und putze die Ritzen. Erschöpft versenken wir uns in ein Melissebad. Das Leben hat wieder eine Zukunft.

Sonntag, 10. Dezember

8 Uhr. Erwache mit einem Kribbeln im Bauch: Kinderstunde! O Herr, lass Abend werden! Bitte, bitte hilf mir, mit dieser Horde klarzukommen und ihnen ein wenig von meiner Liebe zu dir in ihr Herz zu geben.

Wir geben uns große Mühe, pünktlich zu kommen, haben aber wie immer grundsätzliche Schwierigkeiten damit.

Gemeinde ist für mich wie Nachhausekommen. Ein Stück Heimat. Ich gehe gerne zu uns, und meinen Kindern geht es genauso. Kaum sind wir angekommen, brauchen sie mich schon nicht mehr. Verschwinden erwartungsschwanger hinter verschiedenen Türen. Von Anfang an hat es mich fasziniert, wie freundlich sie hier aufgenommen wurden, habe ich genossen, dass andere mir helfen, ihnen Gott erfahrbar zu machen. Ich liebe die Menschen, den Gesang, die lebendigen, abwechslungsreichen Gottesdienste, die vielfältigen Gaben der Leute.

»Meine Kinder« singen volle Pulle mit, ich staune über das Repertoire an Liedern, das sie mittlerweile haben, und ihre Lernwilligkeit. Sie lassen sich von meiner Geschichte mitreißen, erleben sie mit Haut und Haaren. Meine Sorge, sie sei ihnen nicht anspruchsvoll genug, war wieder umsonst. Später sitzen dreißig Drei- bis Sechsjährige um kleine Tische und malen voller Ernst und Hingabe. Noch einmal umkreisen Camilla und ich sie lobend, naseputzend, tröstend und helfend, reichen Farben, Scheren und Kleber. Dann geht die Tür auf, die Eltern kommen. Geschafft! Fremdsprachige Vorträge vor einem akademischen Publikum zu halten kann nicht anstrengender sein...

Nach dem Gottesdienst geht es zu wie auf dem Pariser Westbahnhof. Bei manchen Geschwistern muss man für Gespräche anstehen. Audienz. Werner, mein mir anvertrauter Gemeindegast, unterhält sich lachend und Kaffee trinkend. Ich verteile noch einige Bücher aus dem Buchladen, treibe das Geld ein und geselle mich zu Freunden. Wer ausharrt bis zum Schluss, erlebt, wie sich Betriebsamkeit in Gemütlichkeit verwandelt.

Im Auto drehen die Kinder dann wie jedes Mal durch, streiten, schreien, kämpfen, heulen. Ich blicke auf die Uhr und diagnostiziere Unterzuckerung. Flexibel wie ich bin, ändere ich mein geplantes Dreigänge-Fünfsterne-Sonntags-Menü in Dr. Oetker-Fastfood-Nouvelle-Cuisine und werfe die letzten vier Tiefkühlpizzas in den Backofen. Beim Servieren entgleitet mir eine und fällt mit dem Gesicht auf den Boden. Mit feuchten Augen verteile ich die übrig gebliebenen drei unter uns fünf. Nach kurzem Küchenputz und noch kürzerem Mittagsschlaf (der Eltern) fahren wir zu Biesters. In ihrer Gegenwart fühlen wir uns ganz kinderarm, ein Genuss der besonderen Art. Zwanzig Minuten lang ziehen wir neun Kindern Stiefel, Jacken, Mützen, Schals und Handschuhe an und marschieren motiviert und wetterfest in den kalten Nieselregen, das Baby gut verpackt unter Eleonores Mantel. Es gibt kein schlechtes Wetter, nur schlechte Kleidung. Das Baby ist auch nicht das Problem, aber acht Heranwachsende nölen von Anfang an wegen dieser Zumutung. Eine Weile noch lassen sie sich ablenken durch das Schauspiel, das uns Charly und Biesters Hündin Wuschel bieten. Noch ein paar Schritte in Erwartung eines Aussichtspunktes, von dem aus die acht mit einem Fernglas die Welt entdecken wollen. Dann bricht die Truppenmoral endgültig zusammen und wir kehren um. Nach einer wilden Kuchenschlacht – ich habe in Eleonores Ökoreich (»Wenn überhaupt Zucker, dann braunen«) zwei Blech süßen, weißmehligen Apfelkuchen eingeschleust – ziehen sich die Kinder in alle möglichen Ecken des schönen, uralten Fachwerkhauses zurück und wir können uns tatsächlich in Ruhe unterhalten.

Auf der Heimfahrt fragt Lena: »Werner, arbeitest du heute noch weiter auf dem Speicher?« Nichts liegt ihm ferner, aber der kluge Vater fragt vorsichtig nach dem Warum. »Weil, das soll man doch nicht!« Werner: »Wer sagt das?« Lena: »Der Gott, weil der sich sonntags ausgeruht hat!« Wo steht das, dass man seinen Kindern die Gebote Gottes auf die Stirn schreiben soll? Gilt das auch für so extrem ordnungsliebende Töchter wie unsere Lena? Das hat man davon: Ständig werden sie einem vorgehalten, ständig wird man kontrolliert.

Montag, 11. Dezember

Ich taue die Kühltruhe ab.
Ich säubere die Küchenschränke von innen und sortiere den Inhalt neu.
Ich putze alle Wohnungstüren.
Ich erledige den zwei Meter hohen Flickberg.

Dienstag, 12. Dezember

Ich vernichte sämtliche Spinnweben vom Keller bis zum Speicher.
Ich wasche im Bad die Kacheln ab.
Ich wachse sämtliche Holzböden mit Bienenwachs.
Ich erledige die Korrespondenz, den Lohnsteuerjahresausgleich und alle fälligen Anrufe.

Mittwoch, 13. Dezember

Ich sortiere im Kellerregal die Vorräte durch.
Ich räume Garten, Schuppen und Waschküche auf.
Ich pflege alle Holzmöbel.
Ich färbe meine Haare bordeauxrot.
Ich schneide Anna, Lena, Jan und Werner die Haare.

Donnerstag, 14. Dezember

Ich ziehe fünf Betten ab und wasche die Wäsche.
Ich lüfte die Federbetten im Freien.
Ich wachse den Boden unter den Betten mit Bienenwachs.
Ich wasche alle Flickenteppiche und staube zwei Kilometer Holzdecken ab.
Ich entkalke alle Armaturen und die Kaffeemaschine.
Ich sauge hinter der Verkleidung sämtlicher Heizkörper.

Freitag, 15. Dezember

Da ist es wieder! Plötzlich und völlig ohne Vorwarnung. Schleicht sich dunkel von hinten an, kriecht meinen Nacken hoch und schüttelt mich. Wirft mich in einen schwarzen Abgrund, versetzt mich in Angst und Verzweiflung. Glasklar erkenne ich plötzlich das Grauen der Welt, den Schmerz der Menschheit, die Bosheit des Einzelnen. Ich will weinen, schreien, davonlaufen. Ich weine, schreie und bleibe. In mir kribbeln tausend Ameisen. Ich kann nicht mehr innehalten, muss wüten, arbeiten, hasten. Bin empfindlich wie auf dem Zahnarztstuhl. Die Kinder bekommen das Meiste ab, Werner den Rest. Bis er abends heimkommt, bin ich erschöpft und voller Kopfschmerzen. Ich weiß nicht, was mit mir los ist, denke, ich werde krank. Ich klage: »Die letzten Tage war ich noch so fit!« Werner kapiert es zuerst: »Sieh mal in deinen Kalender!«

»Prämenstruelles Syndrom«! Seit das Kind einen Namen hat, ist der Schrecken fassbarer geworden. Ich bin nicht allein. Millionen und Abermillionen von Frauen leiden im Verborgenen darunter, jede auf ihre Art. Fast ebenso viele Ehemänner unter ihren prämenstruell Syndromierenden. Der einzige Vorteil in meinem Fall ist der, dass aufgrund meiner vorübergehenden Persönlichkeitsänderung unserem Haus jedesmal eine gründliche Reinigung widerfährt.

Samstag, 16. Dezember

Erlöst. Kann wieder Schmutz und Chaos ertragen. Bin wieder ansprechbar und zurechnungsfähig. Bis auf weiteres.

Der Endspurt in Sachen Weihnachtsfeiern beginnt. Heute: Weihnachtsfeier in Jans Kindergarten. Ich gehe mit Anna hin, derweil Werner Lenas Weihnachtsfeier vom Turnverein besucht (oder die »Jahresabschlussfeier«, wie es neuerdings ehrlicher heißt). Weihnachtliche Arbeitsteilung. Diesmal habe ich das bessere Los gezogen, Jans Weihnachtsfeier ist wunderschön. Ganz auf die empfindsamen, verletzlichen Gemüter von Eltern behinderter Kinder abgestimmt, Balsam auf wunde Seelen. Jedes Kind bringt sich mit seinen Möglichkeiten oder auch einfach mit seinem Wesen ein. Kleine Schicksalsgemeinschaft, hinter jeder Familie steht eine Geschichte. Im Alltag steht man oft abseits, eine Ausnahmeerscheinung am Rande der Gesellschaft. Hier ist man nicht mehr allein, manche hat es zum Teil viel härter getroffen, man kann sich in die Lage der anderen hineinversetzen. Kein unnötiges Mitleid, das niederdrückt, kein fassungsloses Größermachen der Bürde (»Das könnte ich nie verkraften, woher nimmst du nur die Kraft dazu?«), kein Anstarren der Kinder, sondern ungezwungener Umgang mit dem Thema Behinderung. Dadurch rückt die Behinderung in den Hintergrund, nimmt den Platz ein, der ihr zusteht. Hier, in diesem behüteten Rahmen, ist innerhalb der Gegebenheiten normaler Alltag möglich.

Im Dunkeln machen sie einen Lichtertanz. Jedes Kind trägt mit ernster Miene eine Kerze und bewegt sich andächtig zu den sanften Klängen klassischer Musik im Kreis. Gelähmte Kinder werden im Rollstuhl geschoben, manche bekommen sogar die Kerze gehalten. Aber alle sind dabei. Jan macht zum ersten Mal richtig mit, bisher hat er sich immer verweigert. Er ist stolz und schüchtern und mein Mutterherz fängt an wild zu schlagen. Im Halbdunkel lasse ich meinen Tränen freien Lauf. Es ist anders als bei einer Weihnachtsfeier im Regelkindergarten, Glück und Rührung der Eltern sind noch um ein Vielfaches größer.

Werner ist auch ganz stolz. Lena hat mit einer Horde Gleichaltriger einen seltsamen Tanz zu Techno-»Musik« aufgeführt, wobei man immer wieder nur die Worte »Ah, eine Insel!« verstanden hat.

Montag, 17. Dezember

Kinderstundenbesprechung bei uns. Wir lernen neue Spiele. Sieben Frauen spielen »Gehn wir heut' auf Löwenjagd?«, und bei dem beruhigenden, schenkelklopfenden Singsang schläft Charly im Flur ein. Sehr zur Erleichterung von vier hundescheuen Kinderstundenfrauen, die überaus froh sind, unbeschadet an unserem Schaf im Wolfspelz vorbeigekommen zu sein. Zum Schluss schlafen alle Indianer ein, sind ganz still, um plötzlich mit einem siebenfachen Aufschrei: »Waaaaah!!! Der Löwe kommt!!!« aufzuwachen. Der arme schlafende Charly hechtet total alarmiert mit einem einzigen, großen Satz ins Wohnzimmer und starrt die Frauen an, die ihrerseits mit einem Satz aufs Sofa gesprungen sind. Er sieht aus wie der Löwe, den wir die ganze Zeit verfolgt haben. Wir kringeln uns vor Lachen.

Samstag, 23. Dezember

Wie jedes Jahr habe ich wieder den Ehrgeiz, einen Nadelbaum zu finden, der unter zwanzig Mark kostet. Meine Nase sagt mir, dass heute der richtige Tag dafür ist. Finde einen Ladenhüter für achtzehn Mark. Ich muss ihn nur vorteilhaft in einer Ecke drapieren. Fast unmerklich ist er jedes Jahr zwei Zentimeter kürzer für das gleiche Geld. Meine Schwägerin kleidet ihren Dreimeterbaum dieses Jahr in Mocca/Silber. Der nordmännische Mammutbaum meiner Freundin geht heuer in selbst angefertigtem Schmuck aus Naturmaterialien, ganz dezent, ganz geschmackvoll. Ich bin keine Dekorateurin, dieser Baum ist keine Herausforderung für mich. Die Kids dürfen ihn nach ihrem Geschmack vollhängen. Ich bin froh, wenn er wieder das Feld räumt. In einer Woche, an Jans Geburtstag, fliegt er wegen akutem Nadel- und Platzmangel raus.

Sonntag, 24. Dezember

Bin total nervös. Alles erledigt? Alle Geschenke zusammen, alle Briefe geschrieben, die ich heute Freunden geben will? Jan hat Durchfall bekommen, ist er gottesdiensttauglich? Mit den Bärchen soll ich ein Lied vortragen. Befürchte, dass ich – äußerlich fröhlich, innerlich verkrampft – ein munteres Solo singen werde, im Hintergrund dreißig schweigende Bärenkinder mit verschränkten Armen und bockigen Gesichtern. Selten sind sie so still wie auf der Bühne. Himmel, und der spontan ins Leben gerufene Kleinchor, bei dem ich mitmache, singt auch ein Lied. Es sitzt noch nicht perfekt, wir sollen um viertel vor zehn zur letzten Probe kommen. Heiligabend der 33te. Mir fällt auf, dass ich so alt bin wie Jesus, als er starb. So langsam sollte ich mich mal daran gewöhnen, dass ich erwachsen bin. Erwachsener kann man gar nicht mehr werden.

Werner geht heute mit, selbst Heidis Mann kommt zum ersten Mal. Geburt Jesu! Als ich in die Küche komme, hat Lena einen Zettel an die Tür gehängt (»Frohe Weihnacht«) und deckt den Tisch. Ernst sagt sie: »Ich wollte dir eine Freude machen!« Turbofrühstück wäre angesagt, aber Werner will sich gemütlich fertig machen; harmonisch, wohlig und fernab jeglicher weihnachtlicher Hektik. Zuerst einmal geht er mit dem Hund fort, frühstückt danach ausgiebig und macht mich dann noch nervöser mit der Ankündigung, dass er jetzt duschen gehe. Als ich vorsichtig zu bedenken gebe: »In fünf Minuten beginnt die Probe!«, entgegnet er in stoischer Ruhe: »Dann beginnt sie eben ohne dich!« Als wir fünf vor zehn mit dem üblichen Sturmgepäck auf halber Strecke unterwegs sind, steigt Werner in die Bremse. Er hat seine Augenprothese vergessen. Er kann unmöglich einäugig in den Gottesdienst kommen. Das sehen wir natürlich ein. Frohe Weihnachten! Leicht gereizt treffen wir als Letzte ein. Freue mich, als mir einige Leute von der Bühne zuwinken, bis ich erkenne, dass der gut trainierte Chor etwas nervös seiner zweiten Altstimme zuwedelt. Alptraum in Moll. Doch auch das geht vorüber. Spontan beschließe ich, dass wir uns den mittelmäßig einstudierten Part mit den eingeschüchterten Bärchen schenken, und entspanne mich endlich. Die Beiträge im Gottesdienst fügen sich aneinander wie in einem Puzzlespiel. Fünf junge Schönheiten an der

Grenze zu heranwachsenden Damen musizieren hinreißend miteinander. Eine Gruppe langarmiger, selbstbewußt wirken wollender, unsicher lärmender Teenies führt ein beachtliches Schauspiel auf. Die chaotische Gruppe der »Clowns«, zu der Anna und Lena als einzige Mädchen gehören, schauspielern ebenfalls, völlig zahm! Anna als schüchterner Statist im Hintergrund, Lena munter plaudernd im Vordergrund. Mit dem Gottesdienst ist die Kür vorbei, die Pflicht beginnt. Kabarettreife Szenen bei der Verwandtschaft, Konsumrausch bei der Bescherung, gespaltene Gefühle.

Nachts erhole ich mich bei einem besonderen Geschenk: Lena hat uns zu Weihnachten ein ganzes Buch gebastelt, gemalt, geschrieben! Ein Kunstwerk für die Ewigkeit. Ein Akt der Liebe, ein Schatz. Nachdem ich es jedem, der es sehen oder nicht sehen wollte, gezeigt habe, lege ich es andächtig in den alten Schweinslederkoffer vom Flohmarkt, in dem ich von Anfang an die Werke meiner Kinder gesammelt habe.

Mein Sammel- und Dokumentiertrieb wurzelt in meiner ganz frühen Kindheit. Schon im zarten Alter von sechs Jahren war ich mir der Vergänglichkeit des Lebens seltsam schmerzlich bewusst und begann fortan, Erinnerungsstücke zu horten, um glückliche Zeiten vor dem Vergessenwerden zu retten. Als ich den Kindergarten für immer verlassen musste, wusste ich genau, dass ein ganz besonderer Lebensabschnitt unwiederbringlich abgeschlossen war. Ich besitze heute noch das Kreuz aus Gips, in das ich glitzernde Mosaiksteinchen gedrückt habe, und weiß noch genau, warum ich welche Farben geliebt und miteinander kombiniert habe. Braun gehörte immer zu orange, blau logischerweise zu rot, gelb gehörte zwingend zu grün, als gäbe es ein ungeschriebenes Gesetz. Aus jedem Urlaub brachte ich Gegenstände mit, wie italienische Lira, Bierdeckel und Pizzarechnungen aus meinem Lieblingsrestaurant, Eintrittskarten, Kaugummipapiere, Fotos und Unterschriften von Urlaubsfreunden. Schon als

Kind führte ich ein Reisetagebuch mit nahezu wissenschaftlicher Genauigkeit: In Tabellen hielt ich Datum, Wetter, Laune und unsere Unternehmungen fest. Ich sammelte Briefchen und Unterschriftenlisten von meinen Klassenkameraden und notierte mir ihre witzigen Äußerungen während des Unterrichts. Ich besitze einen großen Holzkoffer, der überquillt von Briefen und Postkarten – Dokumente aus 25 Jahren Leben. Ein Bündel Liebesbriefe zeugt von Werners Sturm- und Drangzeit während des Wehrdienstes.

Mein Hang zum Dokumentieren zog sich durch bis heute. Statt Kaugummipapierchen sammle ich heute eher Fotos und Eindrücke. Mit dreizehn fing ich an, Tagebuch zu schreiben. Schon während der Schwangerschaft legte ich für jedes Kind, das zu uns stieß, ein eigenes Buch an. Es war für mich jedes Mal unendlich spannend, wie diese »unbeschriebenen Blätter« die Seiten ihres Lebens füllten. Selbst als Charly als kleiner Welpe zu uns kam und unser Leben veränderte, musste ich schreiben. Ich tat es heimlich, damit mich niemand auslachte, aber heute besitze ich ein Buch mit den süßesten Fotos von ihm und Geschichten über seine unmöglichsten Taten und (unsere) erstaunlichsten Gedanken.

Mein Reisetagebuch liegt im Wohnwagen. Ich kann keinen Urlaubstag verstreichen lassen, ohne ihn wenigstens in groben Zügen festzuhalten. In meinem Hinterkopf habe ich eine Vision: Ich bin achtzig Jahre alt, sitze auf einer Holzveranda in einem Schaukelstuhl mit einer von meinen Enkeln gefertigten Patchworkdecke auf den Knien und lasse mein Leben Revue passieren. Lasse all diese Dinge durch meine müden, faltigen Hände gleiten, lese vergnügt und ein wenig wehmütig all die vielen Zeilen, studiere Fotos und staune über Gott. Selten blicke ich heute schon zurück, bisher genügte mir die Gewissheit, dass wenigstens manches fragmentarisch irgendwo festgehalten ist, um bei Bedarf ans Licht geholt zu werden. Aber einmal habe ich Bilanz gezogen: Als ich dreißig Jahre alt wurde, habe ich meine sämtlichen Tagebücher gelesen. Damals waren das siebzehn Jahre Leben, von meinem Teenagerdasein bis zur dreizehnten Klasse, von meiner großen Liebe, meinem Auszug von daheim und einem neuen Leben mit Werner an meiner Seite, von meiner Ausbildung, meiner verzweifelten, rastlosen Suche nach der Wahrheit, meiner Bekehrung, von der ersten Schwangerschaft und der zweiten, vom Kauf unseres Hauses, von meiner Entdeckung der Gemeinde und von Jan, unserem dritten Kind. Damals war ich irgendwie an einem Scheidepunkt angelangt, einer Grenze zwischen vorher und nachher. Alle meine Zukunftsträume hatten sich in irgendeiner Form verwirklicht, nichts davon war mehr offen. Der Mann, der Beruf, die Kinder, das Haus, meine Lebensphilosophie. Dreißig war für mich als Schülerin die absolute Schallgrenze. Danach kam Greis. Nun war ich so alt, konnte mich aber immer noch lässig an mich, meine Gedanken und Gefühle von damals erinnern und hatte doch selbst bald eine Tochter in diesem Alter.

Mittwoch, 27. Dezember

Seltene Ehre: Meine Eltern haben von draußen unseren Weihnachtsbaum gesehen und kommen kurz herein, um ihn zu bewundern. Unangemeldet, unaufgefordert, spontan. Ich freue mich. Aber sofort sehe ich mich und meine Umgebung mit ihren Augen, eine alte Krankheit von mir. Was kann bestehen? Wir essen gerade köstliche, überbackene Brötchen, Küche und Wohnzimmer sind aufgeräumt und strahlen Wärme aus, aber mein Vater geht hoch zu Werner, der im Speicher arbeitet, und ich höre, wie er eben mal schnell ins Schlafzimmer guckt. Keine Betten gemacht. Ich schäme mich. Ärgere mich darüber, dass ich mich schäme. Das ist mein Schlafzimmer, er muss nicht gucken. Bevor er geht, gibt er mir noch ein paar väterliche Ratschläge mit auf den Weg, die alle mit demselben Satz beginnen: »Hör auf meine Worte!« Er klingt so weise in letzter Zeit. »Was tust du, wenn der Baum brennt? Hast du einen Eimer Wasser daneben stehen? Hör auf meine Worte! Du musst mit einer Decke wild draufschlagen!« Weg sind sie wieder. War das alles nur ein Traum?

31. Dezember

Silvester dieses Jahr im vertrauten Kreise. Gastfreundliche Einladung zum Dinner for four plus five kids bei Freunden zum Raclette. Ich muss nur Käse, ein paar Dosen Ananas und Krabben mitbringen. Laufe also total erholt ohne Vorschnippelarbeit ein und setze mich an den stilvoll gedeckten Tisch mit allerlei kulinarischen Köstlichkeiten, dekoriert in Blau. Gläser klingen mit Sekt-Orange, wir verteilen uns auf die Plätze. Automatisch setze ich mich an die Grenze zwischen den Erwachsenen und raclette-unerfahrenen Kids. Unser Freund ist ähnlich veranlagt. Die nächste Stunde sind wir zwei damit beschäftigt, gepellte Kartoffeln, Geschnippeltes und Dienstleistungen anzubieten und nebenbei zerstreut der entspannten Unterhaltung der anderen beiden zu folgen. Als wir nach der Speisung mit vollen Bäuchlein im Sofa hängen, erschreckt uns die befreundete Hausfrau mit dem ihr persönlich sehr wichtigen Wunsch, dieses Jahr das Feuerwerk vom Gipfel des Hausberges aus zu verfolgen. Nach Abwägen der Gegenargumente (»Das Volk pilgert in einer langen Prozession dorthin und steht oben in Zehnerreihen, die Kinder werden schlapp machen und nicht mehr heimlaufen wollen«) entscheiden wir, der Perle des Hauses diesen Wunsch nicht abschlagen zu können und ein für allemal wissen zu wollen, ob es lohnt. Fünfzehn Minuten lang bekleiden wir uns und die Kinder mehrlagig angesichts der anstehenden Polarexpedition und marschieren mutig hinaus, die Knaller in der Tüte. Der Weg, es war zu ahnen, geht bergauf und ist spiegelglatt. Es hat geregnet und anschließend gefroren. Die großen Kids murren angesichts solch einer Zumutung mit vorpubertärer Ausdauer, die Kleinen lassen ebenfalls ihren Gefühlen freien Lauf und heulen, was das Zeug hält, wenn ihre Führer das Gleichgewicht zu verlieren drohen. Wir schieben, ziehen und ermuntern sie den Berg hoch (»Bald sind wir oben«). Immer wieder rutschen wir gemeinschaftlich unter Gestöhne und Gelächter zwanzig Meter zurück, ohne irgendetwas dagegen unternehmen zu können. Irgendwann gelangen wir auf gestreutes Gebiet, es ist fünf vor zwölf und wir hetzen die letzten paar hundert Meter im Schweiße unseres Angesichts hoch (»Gleich sehen wir das Feuerwerk«), gefolgt von einer Prozession Gleichgesinnter.

Überholende Autos strafen wir mit Verachtung, ihre Insassen haben den Ausblick wohl kaum verdient. Am Gipfel angelangt, beginnt die Knallerei auch schon, man hat wahrscheinlich nur noch auf uns gewartet. Die Kleinen heulen auf Kommando los, halten sich die Ohren zu und kriechen an den letzten vertrauenserweckenden Zufluchtsort in dieser feindlichen Welt: unter die mütterlichen Jacken. Wir trösten: »Gleich ist es vorbei!« Die großen Kinder kommen nun voll auf ihre Kosten, kommentieren jeden Knaller mit ihrer einfallsreichen, jungen Sprache (»Geil! Voll geil! Cool!«), ich kommentiere ebenfalls, in etwas reiferer Sprache (»Wieder fünf Mark in den Wind gesetzt«), sie tauschen ihre Kracher untereinander und machen Entspannung unmöglich, sprungbereit beobachte ich ihre Aktivitäten. Ein Kracher amüsiert selbst mich, er liegt wie ein länglicher Stab auf dem Boden und sprüht mit Original-Spuckgeräuschen wie ein freches Lama in regelmäßigen Abständen Feuer von sich, immer weiter, bis er schließlich unter dramatischem Stöhnen verendet. Nun überfällt uns doch die Rührung, wir fallen uns in die Arme, wünschen uns ein gutes, neues Jahr und meinen es ernst. Die Kleinen verbitten sich solche Distanzlosigkeit und heulen wieder lauter (»Mir ist kalt! Ich will heim!«). Wir: »Gleich gehen wir wieder heim!« Neben uns feiert ein junges, elegantes Paar in Pumps und Blazer Verlobung, sie tauschen Ringe, Champagnergläser klirren, und ab und zu entzündet er gepflegt eine kleine Rakete, belohnt durch ihr glockenhelles Gelächter. Nett. Ein Fotoreporter für Familienzeitschriften könnte ein Bild von uns veröffentlichen mit dem Untertitel: »Jahre später«. Mein Liebster ist so mit seiner Aufsichtspflicht beschäftigt, dass er ganz vergisst, mir »Prost Neujahr« zuzurufen. Wie haben wir vor Jahr(zehnt)en diese Stunde genutzt zum Rück- und Ausblick! Das Gejammer der Kleinen (»Ich kann nicht mehr laufen, meine Füße tun mir weh, ich bin müde«) kontern wir unermüdlich mit Engelszungen (»Gleich sind wir unten!«), nehmen sie aber vorsichtshalber doch auf die Schultern und reihen uns ein in die umgekehrte Prozession. Ab dem Eisweg weichen wir aber genial aus und hangeln uns die Weinberge hinab. Die letzten paar hundert Meter rutschen wir auf dem Po runter, immer den Weg entlang. Das ist unsere einzige Chance, ohne Frakturen unten anzukommen. Die großen Kids finden's cool, die kleinen zum Brüllen.

Gegen halb zwei kommen wir völlig verdreckt im befreundeten Haus an. Mein Mann beweist Stil und will noch »fünf Minuten« bleiben, ich will lieber gleich heim, weil sich die Auszieh-großaktion doch nicht mehr lohnt. Da kommt die Hausseele mit Sektgläsern und wir trinken doch noch Champagner, »ein letztes Glas im Stehn«. Wir stehen noch eine halbe Stunde beieinander, gemeinsame Erlebnisse verbinden mehr als alle Worte. Als wir unsere Freundin fragen, ob sie nun glücklich sei, meint sie zerknirscht: »Ne, überhaupt nicht, ich hab mich die ganze Zeit damit herumgeplagt, dass wegen mir alle leiden müssen . . .«

Donnerstag, 4. Januar

Ich bin die Vertreterin einer aussterbenden Gattung: Ich hasse Fernsehen. Ich liebe Kino, aber ich hasse Fernsehen. Ich komme lässig ohne dieses Medium aus. Ich bin ein Opfer dieser Einrichtung, ohne Lobby. Ich kann nicht in meiner gemütlichen Wohnzimmerecke sitzen und lesen, während Werner einen Film ansieht, weil ich mich nicht wehren kann gegen die Bilder, Wortfetzen, Musik. Werner liebt Fernsehen!

Die Zeit verstreicht, ohne dass ich je das überaus breite Angebot der Sender nutze. Keine Aerobic-Übungen vor dem Bildschirm um sieben Uhr. Bügeln ohne »Der Doktor und das liebe Vieh« und Kochen ohne eine Folge der 537-teiligen kalifornischen Urlaubsserie. Abends ist mir meine Zeit sowieso zu schade. Da will ich schreiben, lesen, telefonieren, Fotos einkleben oder ansehen, plaudern, schmusen, Musik hören, baden, Leute besuchen, Sport treiben, fortgehen. Nur nicht fernsehen.

Ich weiß nicht, ob ich ein arroganter Ignorant mit zu hohen Ansprüchen bin oder ein zurückgebliebener Hinterwäldler. Kaum eine Sendung ist mir jedenfalls gut genug.

Für Krimis, Actionfilme, Horrorszenen und Sciencefictions sind meine Nerven zu schwach. Mein Blut erstarrt, mein Hals schwillt an, mein Puls rast. Panik beim ersten dumpfen Trommelwirbel, während der Rest der Familie routiniert auf dem Sofa rumhängt. Serien öden mich an.

Eine Zeit lang versammelte sich unsere Familie sonntagabends vor dem Fernseher, um eine halbstündige Endlos-Serie über eine Schwarzwaldbauernhoffamilie anzusehen. Wir hatten nämlich gerade von einer Pfälzer Filmtierdresseurin Charly, den wuschligen Welpen mit den Riesenpfoten, erstanden, dessen leiblicher Vater kurioserweise der Hofhund dieser Serie war. Wie gebannt starrten wir auf den Bildschirm, um nicht zu verpassen, wenn »Benjy« für Sekunden gemütlich über den Hof schlenderte. Die Story war tödlich, aber wir wollten eine Ahnung davon bekommen, wie Charly wohl in einem Jahr aussehen würde. Sobald der Hund eingeblendet wurde, ging ein Aufschrei und dann ehrfürchtiges Raunen durch die Reihe. Das war spannend! Das hatte echt etwas mit meinem Leben zu tun.

Spielfilme, Seifenopern und Heimatfilme dagegen wecken meinen Zynismus, weil sie so haarscharf an der Wirklichkeit vorbeigehen und ich immer genau weiß, was als nächstes passieren wird. Ich kann kaum einen Dialog kommentarlos hinnehmen.

Western wiederum bringen mich zum Lachen: Ich kann mich nicht des Eindrucks erwehren, dass ein paar Männer nie aufgehört haben, Fasching zu feiern und wie früher »Peng-Peng« und: »Du bist tot! Ich hab dich getroffen!«, zu rufen. Die coolen Sprüche, die tödlichen Blicke, der drohende Cowboystiefel-Gang, das Aufspringen der Saloontür, die Schießereien von den Dächern und in den Canyons – jede Szene erheitert mich und reizt mich zu permanenten Begleitkommentaren wie Reporter beim Fußballspiel. Aber wenn ich mich derart gehen lasse, bringt mich der Cowboy in unserem Wohnzimmer mit seinem gefährlichen Wenn-du-nicht-still-bist-geh-lieber-raus-Blick zum Schweigen. Unnötig zu erwähnen: Werner liebt Western.

Sport auf dem Bildschirm berührt mich nicht. Gesponserte, gedopte, gekaufte Fremde, die um Milli-Irgendwas kämpfen, lassen mich kalt. Wenn ich selbst Sport treibe, kann ich schon Siegerehrgeiz entwickeln. Aber nicht bei diesen Unbekannten, Unerreichbaren.

Politik kann ich nicht ernst nehmen, ich fühle mich benutzt, auf den Arm genommen, der Umgang der Politiker untereinander, mit den Wählern, Steuergeldern und Wahlversprechen macht mich ohnmächtig und zornig.

Talk-Shows sind unglaublich: Sie setzen gedichteschreibende Homosexuelle, skateboardfahrende Nonnen, umoperierte Transsexuelle (»Aus Michael wurde Michaela«), bescheiden gebliebene Männermodels und reiche Geistheiler nebeneinander und werfen einen provozierenden Satz in die Runde. Die Mischung soll der Garant dafür sein, dass die Fernsehminuten sich füllen. Aber womit sie sich füllen!

Melodramen sind unfassbar melodramatisch. Da schlägt die Schicksalsmacht 120 Minuten lang blind und grausam zu, wer will sich denn so was antun?

Nachrichtensendungen verkrafte ich nicht – das geballte Elend der ganzen Menschheit rüttelt an meiner Haustür und hinterlässt mich verzweifelt, depressiv, fatalistisch und hilflos.

Wetter habe ich sowieso.

Fischschwärme im Bildschirm, jagende Tiger im Dschungel, sich paarende Warzenschweine erreichen mich auch nicht wirklich.

Stars in Shows sind albern und narzisstisch.

Nur ganz selten kommt ein echt guter Film: glaubwürdig, mit Tiefgang und diesem feinen Humor, den ich liebe. Mit schlauen, witzigen Dialogen und einer überraschenden Handlung. Zum Schluss, wenn möglich, ein frohmachendes Happy-End. Eine Story mit Biss, über die ich noch zwei Tage später schmunzle und nachdenke, in der ich mich wie als Kind mit einem Darsteller identifiziere oder mich gar in ihn verliebe. Eine Geschichte, in die ich eintauche und mit der ich glücklich einschlafen kann. Leider meist zur falschen Uhrzeit, und der Videorekorder funktioniert wieder nicht.

Wenn ich heute wirklich mal Lust auf Film habe, gehe ich ins Kino. Das ist dann immer ein Fest mit einer Freundin zusammen. (Werner hasst Kino.)

Ich jedenfalls wende mich meistens einem anderen Medium zu. Als Kind sah ich gern fern, bevorzugte es aber selbst damals schon: das Buch. Im Bauch meiner alten Dorfkirche gab es einen geheimnisvollen Ort, die Krypta, wo hinter Säulen, zwischen tiefen Fensternischen, in alten Truhen und Regalen nach Weihrauch duftende Bücher lagen. Sobald ich lesen konnte, pilgerte ich jeden Mittwochabend dorthin, eine kostbare Mark in der Tasche, für die ich zehn Bücher ausleihen konnte. Welche Welten haben sich mir hier erschlossen! Im Laufe der Jahre las ich mich durch alle Bücher dieser Bibliothek. Ich begann links oben mit der Kinder- und Jugendliteratur und arbeitete mich durch, bis ich rechts unten beim letzten Erwachsenenbuch angekommen war. Ich weiß noch genau, wie diese Bücher rochen, und wenn ich diesen Geruch irgendwo noch einmal in die Nase bekomme, durchströmt mich ein geheimnisvolles Glücksgefühl, eine Ahnung von heiler Welt und Geborgenheit. Dann erscheinen Erinnerungssplitter von einem wunderschönen Blumengarten, umgeben von einer hohen, idyllischen Steinmauer und, auf einer Wiese unter hohen Bäumen, einem kleinen Mädchen darin. Neulich in Italien habe ich die Mauer wieder gesehen! Gerade als ich das letzte Buch gelesen hatte, wurde die Bibliothek erweitert und in die Schule verlegt, wo ich mit einem anderen Bücherwurm zusammen mein erstes, aufregendes Rendezvous hatte. Im Gymnasium arbeitete ich in der großen Pause in der Schülerbibliothek, und bei meiner Berufswahl unterlag ich dem Charme endgültig: Ich wurde Bibliothekarin. Mein Mann liebt Bücher nicht, aber das ist ein anderes Thema.

Freitag, 5. Januar

Mein Vater hat Geburtstag. Wir feiern im kleinen Kreis: meine Eltern, mein Bruder, ich und unsere Familien. Nach der köstlich-oppulenten Mahlzeit herrscht Stille. Keine der besinnlichen Art, die darauf wartet, mit philosophischen Gedanken gefüllt zu werden. Eher die satte Stille vor dem Sturm auf das Abspülen. Da kommt meine kleine Quengelnichte Denise herein, den Unterkiefer weit vorgeschoben und fest entschlossen, die Stille zu füllen. Sie drückt dicke Tränen heraus und schreit irr. Wir geben uns Mühe und finden heraus, dass die Ursache ihres Elends diesmal meine Mutter ist: Zwar hat sie ihr ein Eis gegeben, jedoch die grausame Auflage gemacht, es am Tisch zu essen. Denise hasst Einschränkungen und zieht alle Register. Wir schmelzen dahin. Sie flüchtet vor unserem Beileid auf ihrer Mutter Schoß, die die Schreitherapie herzlos kommentiert: »Lasst sie einfach, das braucht sie jetzt.« Da kann mein Vater angesichts von so viel Grausamkeit nicht mehr an sich halten und ruft werbend: »Nein! Das muss nicht sein! Schon gar nicht an meinem Geburtstag! Komm mal her zum Opa – äh, wie heißt sie wieder?«

Es sind die kleinen Dinge, die den Alltag von seiner Eintönigkeit befreien. Werner und ich klopfen uns auf die Schenkel vor Lachen, während uns die anderen freundlich, aber verständnislos angrinsen. Wir wissen ja, dass wir einen etwas eigenen Humor haben. Mittlerweile färbt er schon auf die Kinder ab. Anna kann beißend ironisch sein und selbst Jan kann sich schon köstlich darüber amüsieren und macht mit. Lena übt noch, sie nimmt uns meistens zu ernst, weshalb sie es nicht einfach hat bei uns.

Montag, 8. Januar

9 Uhr. Eingemummt wie ein Eskimo auf einer Survival-Expedition radle ich mit Charly in den Wald. Treffe auf einen älteren Mann in grünem Kittelchen. Halte ihn auf den ersten Blick irrtümlich für einen Jäger. Er hat zwei Hündinnen, mit denen Charles, der Männliche, glücklich herumtollt. Also unterhalten wir uns notgedrungen ein wenig. Der Mann gesteht, er habe mich auf den ersten Blick für eine Landstreicherin gehalten, weil ich so viele Satteltaschen am Fahrrad habe. Stumm vor Glück schweige ich. Er fühlt sich dadurch ermuntert, mich auszufragen, warum und wie oft ich wann hier bin und wie viele Kinder ich habe. Meine Mutter hat mich immer ermahnt, älteren Menschen gegenüber höflich zu sein. Gebe ihm also bereitwillig Auskunft. Ärgere mich sofort danach über meine naive Zutraulichkeit gegenüber fremden Männern im Wald. Als er hört, dass ich drei Kinder habe und nachdem er auch schon weiß, dass eines

davon behindert ist, sieht er mich ernst an und meint weise: »Dann sind Sie reich!«

Als ich weiterziehe, ruft er mir nach: »Auf Wiedersehen, Pennerin!« Weiß nicht, ob ich mich ärgern oder freuen soll. Selten kommentiert jemand meine dreifache Mutterschaft so positiv und mich gleichzeitig so schmeichelhaft. Schätze mich im Normalfall schon glücklich, wenn jemand das Maß meiner Arbeit hervorhebt und ich als fleißiger Mensch davonkomme. Viel häufiger machen sich die Menschen ungefragt Gedanken darüber, ob denn bei so vielen (?!) jedes Kind gewollt war und welch ein Stress das sein muss und ob man »das mit Jan« nicht vorher hätte sehen können . . .

15 Uhr. Die Ärztin vom Medizinischen Dienst der Krankenkasse kommt, um herauszufinden, ob mir noch Pflegegeld für Jan zusteht. Sie schicken immer frustrierte, unfreundliche Mediziner mit Selbstwertproblemen. Die verbittert wirkende Dame, Parfüm Marke »WÜRG!«, durchforscht mit strengem Blick meinen Alltag. Gewohnt, belogen zu werden, misstraut sie jeder Antwort. Zum Schluss weiß ich selbst nicht mehr, was ich sagen soll, und fühle mich in die Enge getrieben. Wenn ich tue, was alle anderen tun, brauche ich mir keine Sorgen zu machen. Ich muss nur denken, die Welt ist mir das Geld schuldig, und sagen, dass Jan auch tagsüber noch Windeln braucht und immer noch nur Püriertes essen kann. Da sehe ich Jesus neben der Frau sitzen. In meinem Wohnzimmer. Er sieht nicht die makellose Ordnung, mit der ich der Dame zu imponieren versuche, er sieht das Chaos in meiner Seele. Fragend sieht er mich an: Noch irgendwelche Unklarheiten? Irgendetwas Grundlegendes noch nicht begriffen? Alte Gewohnheiten von früher noch nicht beerdigt? Aus dubiosen Gründen war heute Morgen mein Deo Marke »Frühlingsgezwitscher« unauffindbar. Der Angstschweiß (Marke »Herbstmoder«) von meinem Kampf gegen sichtbare und unsichtbare Mächte dringt mir jetzt aus allen Poren. Seufzend sage ich die Wahrheit.

Den restlichen Tag bin ich zu nichts mehr zu gebrauchen. Ärgere mich über die Welt im Allgemeinen und die Kinder im Besonderen, über das Leben und mich. Als Werner heimkommt, ziehe ich meine Joggingschuhe an, nehme den Hund und fliehe in den Wald. Als ich tief genug im Wald bin und mich nach allen Richtungen vergewissert habe, dass ich allein bin, lasse ich mich gehen. Ich schreie die Bäume an, die keine Ahnung von nichts haben, den grauen Himmel, diesen ignoranten, und die kahlen Büsche, die so blöde glotzen. Charly bleibt immer wieder irritiert stehen und kann sich nicht richtig auf die Walddüfte konzentrieren. Ich schreie gegen den Wind, ich brülle in die kalte frische Luft und renne, bis ich nicht mehr kann. Das hilft. Heiser und erschöpft sinke ich daheim in ein wohltuendes Kräuterbad, bis ich mich wieder riechen kann.

Dienstag, 9. Januar

2 Uhr. Lena erwacht weinend, hält sich die Hände sterbend um den Hals und sagt, sie habe Halsweh. Ich eile, ihr ein schmerzlinderndes Bonbon zu bringen. Habe es wieder nicht erkannt. In Wirklichkeit ist ihr speiübel und sie wird die nächsten Stunden alle sieben Minuten aufschrecken und unter Panikgeschrei und mit meiner stützenden Begleitung zur Toilette rennen. Die Minuten dazwischen wird sie neben mir im Bett verbringen und schwer atmend weinen. Brechdurchfall. Die Diagnose trifft mich hart und unvorbereitet wie immer. Ich hasse es. Ich fühle mit Lena, bange um meine Bettwäsche, bekomme keinen Schlaf und kann ihr doch nicht helfen. Aber seit wir zusammengehören (immerhin fast acht Jahre), mache ich zum ersten Mal ihr Leid nicht völlig zu meinem. Ihre Körperbeherrschung ist inzwischen so weit fortgeschritten, dass sie sich nicht mehr in meinen Pyjama übergibt, sondern rechtzeitig die Toilette erreicht. Tagsüber hängt sie nicht mehr an mir wie ein sterbender Schwan, sondern

kümmert sich selbst um sich. Ich muss sie nur mit Tee und Wärmflasche versorgen und verbringe die Nacht im Halbschlaf, nicht wie früher in ständiger Alarmbereitschaft. Später sieht sie ihre Lieblingsvideos an und ich kann sogar einkaufen und Charly ausführen.

Mittwoch, 10. Januar

2 Uhr. Jan schreit. Noch hoffe ich, dass er einen bösen Traum hatte. Als er eine Viertelstunde später von seinem Zimmer zu uns hochtaumelt und sich neben mir unruhig hin- und herwirft, ahne ich schon den Ausgang der Geschichte. So glimpflich wie gestern komme ich heute nicht davon. Schlaftrunken breite ich alte Handtücher um ihn aus und hole den Eimer. Jans Körperbeherrschung ist noch nicht so ausgereift und nun komme ich doch noch zu meiner Alarmbereitschaft. Beim ersten Anzeichen der herannahenden Naturkatastrophe schnellt mein Adrenalinpegel in die Höhe, ich schnappe Jan und renne los. Tagsüber liegen jetzt zwei kranke Kinder auf meinem Sofa. Ich jongliere mit Cola, Salzbrezeln, Kamilletee und Eimern.

Donnerstag, 11. Januar

2 Uhr. Anna erwacht weinend, klagt über Kopfweh, schlüpft zu mir ins Bett und will am Morgen nicht zur Schule. Ich verdränge jegliche aufkommende Ahnung und schicke sie gnadenlos in die Kälte. Ich entsinne mich noch sehr gut an meine letzte Kopfweh-Erfahrung mit ihr, als ich sie daheim behielt und sie eine halbe Stunde nach Schulbeginn quietschvergnügt eine Mathematikarbeit versäumte. Eine halbe Stunde nach Schulbeginn ruft mich meine ehemalige Mathematiklehrerin an, die heute meine Tochter unterrichtet, und tadelt mich streng: »Anna geht es schlecht, in so einem Zustand brauchen Sie sie nicht mehr in die Schule zu schicken! Bitte holen Sie sie ab.« Fühle mich plötz-

lich sehr jung, so um die neun Jahre. Sage ihr kleinlaut, Anna müsse allein heimkommen, weil Jan krank sei. Versagt. Fühle mich mies. Hohläugig kommt Anna heimgeschlichen. 39,7 Fieber. Wenn sie krank ist, sieht sie sofort tot aus. Stündliche Wadenwickel lassen keine Langeweile aufkommen, da sie aber ansonsten symptomfrei ist, gehe ich nicht mit ihr zum Arzt. Ich hasse es, mit einem Fieberkind im Wartezimmer zu schmoren. Nachts, als sie fieberatmend neben mir liegt, überfällt mich plötzlich Panik: Und was, wenn sie eine Hirnhautentzündung hat? Gesegnet mit einem angeborenen, faustdicken Pessimismus bin ich immer bereit, mit dem Schlimmsten zu rechnen, das Unwahrscheinlichste auf mich zu beziehen und zu denken: »Es wird schon schief gehen. Warum soll es ausgerechnet mich nicht treffen?« So mache ich mir das Leben schwer. Die Verantwortung für die drei Seelen liegt dann wie ein Felsbrocken auf mir, und mir wird bewusst, dass ich keinerlei Anspruch auf ihre Gesundheit und ihr Leben habe. Spätestens jetzt sollte ich zu meinem Freund und Helfer fliehen, Gott, der diese Kinder in meine Obhut gegeben hat. Ich erinnere ihn an sein Versprechen, dass kein Haar von ihnen gekrümmt wird, ohne dass er darüber Bescheid weiß. Mir fällt Psalm 91 ein: »Er hat seinen Engeln befohlen, dass sie dich behüten auf allen deinen Wegen.« Ich gebe die Verantwortung an ihn zurück, werde ruhiger und harre der Dinge, die da kommen sollen.

Freitag, 12. Januar

Sie kommen nicht, die Dinge. Die Legionen haben ganze Arbeit geleistet. Ab 7 Uhr sitzt Lena fix und fertig angezogen mit dem Schulranzen auf dem Rücken und der Eieruhr in der Hand auf der Treppe vor der Haustür. Armes Kind. Leidet unter der zwanghaften Vorstellung, seine anarchische Mutter würde es nicht rechtzeitig zur Schule schicken. Was muss das für eine Qual sein, bei Eltern aufzuwachsen, deren beider Schwäche die Unpünktlichkeit ist ...

Werner verabschiedet sich mit den bewegenden Worten: »Hast du meinen Schlüssel gesehen?«

Annas Fieber ist Gott sei Dank gesunken, wir machen es uns gemütlich. Sie hat zum Geburtstag von Bille ein Kinderkochbuch bekommen. Kochen ist leider keine Leidenschaft von mir, Geduld keine meiner Gaben. Ich habe es lange vor mir hergeschoben, aber heute kochen wir zusammen daraus: Lagerfeuerkartoffeln mit Quark. Es ist furchtbar umständlich, dauert ewig und schmeckt am Schluss wie verkohlte Pellkartoffeln. Aber Anna ist dankbar.

Waldsterben in unserer Straße. Vor jedem Haus lehnt eine prächtige Nordmannstanne, jede mit einer stattlichen Mindesthöhe von zwei Metern. Vor unserem Haus die kleine Fichte. Das unsentimentale Ende der flüchtigen Beziehung zwischen einem Weihnachtsbaum und seiner Hausfrau. Würde man das Geld für die Nordmänner addieren, käme man sicher auf eine interessante Summe!

Höhepunkt des Tages: Ich organisiere in einer raffiniert ausgeklügelten Entführungsaktion Lenas Lieblingsstofftier, das in ihrem Bett haust, einen stinkenden Grauschimpansen, der früher weiß war. »Affi«. Ich wasche ihn klammheimlich. Ermutigt durch das Waschergebnis stopfe ich ihn auch noch frisch aus, so dass er wieder eine artgerechte Form erhält. Sticke sogar noch neue Augen in sein zerfurchtes Gesicht. Mein stilles Mutterglück ist vollkommen.

Werde Lenas Entsetzensschrei nie mehr loswerden ...

16.30 Uhr. Werner kehrt heim. Ich übe gerade mit Anna Oktavsprünge auf der Blockflöte, was durchaus kein Kinderspiel ist. Seine ersten Worte lauten: »Auf dem Hof sieht es aus wie auf einer Mülldeponie!« Wir ignorieren diesen respektlosen Rüpel, er verzieht sich verstimmt aufs Klo.

Später umtigert er mich den ganzen Abend mit diesem »Heute-bist-du-fällig-Blick«. Als ich die Kids ins Bett gebracht habe und vorsichtig zu meinem mir anvertrauten Liebhaber ins Wohnzimmer schleiche, schläft er völlig erledigt auf dem Sofa. Also, ich kann mich auch zügeln ...

Sonntag, 14. Januar

Naturgemäß war ich es, die die Einrichtung des schwarzen Brettes in der Gemeinde anregte (siehe Zigeunerblut). Zwecks Austausch gebrauchter Gegenstände. Stellte mir das ungeheuer sinnvoll und effektiv vor. Tatsächlich hing irgendwann eins aus weißem Holz am Eingang. Sag ich's doch. Bald hafteten auch mehrere Zettel dran: »Espressomaschine zu verschenken. Bianka«. »Ölbrenner zu verschenken. Bianka«. »Dreirad zu verschenken. Bianka«. Und: »Geschossleiter zu verschenken. Bianka«. Sonst hing nichts dran. Die Espressomaschine war gleich fort. Die frohe Besitzerin staunte. Dann erkundigte sich Rolf nach Jans Dreirad, er hielt es für ein Behindertenfahrrad mit drei Rädern. Den Rest vermittelte ich Wochen später mündlich an Geschwister, die das Brett gar nicht entdeckt hatten. Traurig stelle ich fest, dass ich das einzige Gemeindemitglied zu sein scheine, das Blut vom fahrenden Volk in sich fließen hat. Das weiße Brett ist traurig schaurig langweilig.

Dienstag, 16. Januar

In einer jungen, christlichen Familienzeitschrift hat ein resoluter Autor endlich und in aller Offenheit beschrieben, wonach sich Männer im richtigen Leben sehnen, was sie zum Gedeihen brauchen – nachdem er immer wieder an den Mann gerichtete Artikel darüber gelesen hatte, was Frauen zu einer gesunden Entwicklung im Leben und in der Ehe brauchen. Es stellt sich revolutionärerweise heraus, dass auch Männer Anerkennung brauchen. »Sagen Sie Ihrem Mann doch einmal, dass Sie ihn bewundern, wie er jeden Morgen so selbstverständlich arbeiten geht und jeden Monat Geld beschafft!« Lernbereit wende ich diese kompetente Anregung gleich heute Morgen an und sage aufmunternd zu dem verwuscheltsten aller schlüsselsuchenden Ehemänner: »Ehrlich gesagt, ich bewundere dich, wie du so selbstverständlich jeden Morgen aufs Neue arbeiten gehst und jeden Monat Geld heimbringst!« Der müde Mann schweigt hohläugig, schweigt nachdenklich, seufzt endlich: »So habe ich das noch nie gesehen! Du hast Recht. Eigentlich ist es gar nicht selbstverständlich. Das stürzt mich jetzt in eine echte Krise!« Bestürzt helfe ich ihm, seinen Schlüssel zu suchen. Bin ich froh, als er schließlich doch noch arbeiten geht...! Erschrecke, als es kurz darauf klingelt, aber er sucht nur mit verwirrtem Blick seine Geldbörse.

Nicht ganz ohne Risiko, die Umsetzung solcher Empfehlungen. Aber offensichtlich brauche ich erst noch eine Vertiefung dieser Erfahrung, um zu erkennen, dass an meiner Seite der einmaligste aller Ehemänner lebt. Besagter Autor empfahl weiter: »Nehmen Sie die Hobbies Ihres Mannes ernst! Wenn Ihr Mann gerne Fußball spielt, überraschen Sie ihn doch einmal damit, dass Sie seine besten Freunde zu einem interessanten Fußballspiel im Fernsehen einladen! Kaufen Sie ihm eine Fußballzeitschrift, stellen Sie seine Lieblingssnacks auf den Tisch und machen Sie sich dann dezent aus dem Staub! Dann fühlt sich Ihr Mann in seiner Gesamtheit respektiert und ist stolz auf seine aufmerksame Frau, die nicht ständig an seiner Fußballfernsehfreude herumnörgelt.« Danke Gott für die praktische Ehefrauenlebenshilfe dieser familienfreundlichen Zeitschrift. Eine gelungene Idee, diese Tipps so vertraulich von Mann zu Frau. Darauf wäre ich nie gekommen. Tatkräftig gehe ich daran, sie umzusetzen. Kaufe eine Fußballzeitschrift und lade heimlich zum

Endspiel der Fußballweltmeisterschaft meines Mannes Freund ein. Der fragt, ob sein Freund auch mitkommen dürfe. Umso besser! Dieser hat allerdings schon zwei uns weitläufig bekannte Männer zu sich eingeladen, sagt aber liebenswürdigerweise trotzdem zu und denkt daran, sie einfach mitzubringen. Dann verselbstständigt sich die Sache. Innerhalb von 48 Stunden sagen zwölf Männer zu, elf davon ungeladen. Der ahnungsloseste aller Ehemänner wird staunen! Habe alle Mühe, meine Vorfreude zu verbergen, schwelge in der angenehmen Gewissheit, die wohlwollendste aller Ehefrauen zu sein.

Donnerstag, 18. Januar

Gestern Abend hing der erschöpfteste aller Ehemänner völlig erledigt in seinem Sessel und sagte: »Weißt du, worauf ich mich so richtig freue? Am Samstag das Fußballendspiel zu sehen, ganz alleine in meinem Sessel, eine Flasche Bier in der Hand und die Füße auf dem Tisch!« Aber erst, als er heute von einem, den er nicht sonderlich mochte, angehauen wurde: »He, ich hab gehört, unsere Mannschaft sieht das Endspiel diesmal bei dir, wo wohnst du eigentlich?«, und er mich hilflos ansah, gestand ich ihm alles. Er war so fertig mit den Nerven angesichts der Aussicht, während des heiß ersehnten Spiels eine ganze Mannschaft bewirten zu müssen, dass die kleinlauteste aller Ehefrauen allen wieder abtelefonierte. Nichts ist individueller als eine Beziehung zweier Individuen. In Zukunft verlasse ich mich wieder auf meinen bewährten Instinkt . . .

Freitag, 19. Januar

Durch eine Hintertür bin ich völlig unbeabsichtigt ein wenig berufstätig geworden – obwohl ich doch ständig jedem Fragenden beteure, dass ich wirklich nicht arbeiten gehen möchte, wenn es sich irgendwie vermeiden lässt, dass ich mich auch selbst verwirklichen kann, wenn ich »nur« daheim arbeite, dass ich ganz gut ohne Anerkennung von außen und ohne selbstverdientes Geld klarkomme.

Im Grunde fing es damit an, dass Gott mich damit erschreckte, dass er ein Gebet von mir ernst nahm. Bei einem Gottesdienst hörte ich eine Predigt über Gaben, die ein jeder erhalten habe, um Gott damit zu verherrlichen und seinen Mitmenschen zu dienen. So sehr ich auch grübelte, mir wollte beim besten Willen keine Gabe einfallen, mit der ich gesegnet sein könnte. Alles höchstens Mittelmaß. Keine Gabe der gütigen Ermahnung, der weisen Prophetie, der vollmächtigen Rede, der organisierten Haushaltsführung, der geistreichen Diskussionsbeiträge, der fachkompetenten Bücherberatung, der niveauvollen Gastfreundschaft. Es ist nicht so, dass ich nicht singen kann, aber es reicht nicht aus, um Geschwister mit engelsgleicher Stimme zu verzaubern. Nicht, dass ich völlig unfähig wäre, ein Instrument zu erlernen, aber ich bin bei der Blockflöte auf dem Stand von einem Jahr Musikschulunterricht einer Neunjährigen. Meine Kuchen sind essbar, aber nicht ästhetisch erhebend, schon gar nicht köstlich. Meine Fenster sind immer fleckig, meine Zimmerpflanzen totkrank. Ich kann kein Kasperletheaterstück erfinden und eine Meute Siebenjähriger damit auf einem Kindergeburtstag in Bann halten. Wenn ich einen Hund male, meint Jan, es sei ein Walross. Okay, ich kann Socken stricken, aber wenn ich eine Hose nähe, nähe ich zwei Vorder- und zwei Hinterteile zusammen und niemand kann sie tragen.

»Herr, nimm mir doch den Schleier von den Augen, damit ich die vielfältigen Gaben erkenne, die du mir geschenkt hast!« Ich glaube, ich habe nicht wirklich mit einer Reaktion Gottes gerechnet. Zwei Tage später schrieb mir Olga, die Herausgeberin des Gemeindebriefs, und bat mich darum, als »normalgebliebene Mutter von drei Kindern, vor Gott und den Geschwistern stehend« Tagebuch über ein paar vorweihnachtliche Tage aus meinem Leben zu führen. Sie würde es gerne im Januar bringen. Eine Sekunde später saß ich am Schreibtisch. Ich vergaß alles um mich her und schrieb und schrieb. Etwas in mir hatte nur darauf gewartet. Es fehlte nur noch die Stimme eines Menschen, die sagte: »Schreib!« Lieferte einen Artikel ab, der die Maße eines Gemeindebriefbeitrags gewaltig sprengte. Olga machte eine Fortsetzungsgeschichte daraus. Hansbert, ein Freund aus der Gemeinde und Lokalredakteur bei der Tageszeitung, fragte mich daraufhin, ob ich nicht freie Mitarbeiterin bei ihm werden wolle, wo ich doch offensichtlich die Gabe des Schreibens habe. Ich wusste nicht, wie mir geschah. Zauderte, zierte mich und nahm an. Gab's was zu verlieren?

Heute erfülle ich meinen ersten Auftrag: Ich soll die idealistische Gründerin einer privaten Tierschutzinitiative aus meinem Dorf interviewen. Sehr lokal. Bewaffnet mit Hansberts Kamera und Schmetterlingen im Bauch erscheine ich zum ersten Mal im Leben fünf Minuten vor einem verabredeten Termin. »Vorsicht Katze« steht an der Haustür, eine blasse, blonde Frau empfängt mich. Unmengen von Katzen auf Schränken, Tischen, Katzenbäumen, dem ausgeklappten Sofa. Wittere schon meinen Einstieg in den Text, da mahnt sie: »Das dürfen Sie nicht schreiben, dass bei mir Katzen wohnen, sonst bekomme ich Ärger mit meinem Chef!« Das kann ja heiter werden. Beim Schreiben stößt ständig eine kleine Katze meinen Kuli mit der Nase weg, als wolle sie alles ausradieren. Alle zwei Minuten muss ich sie vom Tisch nehmen. Die Tierschützerin klagt, jammert, erzählt, ich notiere alles mit meiner schnellsten Sauklaue. »Wie praktisch, wenn man Steno kann!«, meint sie bewundernd. Unprofessionell gestehe ich, dass ich das heute zum ersten Mal mache. Ihr Kinn verliert an Spannung und klappt runter, als sie tonlos sagt: »In der Redaktion sagte man mir, sie schickten jemanden, der besonders kompetent sei!« Ich lache kompetent und flöte: »Dann ist ja alles bestens!« Das meiste Bauchweh macht mir das Foto, das ich schießen soll. Zum Glück ist die Dame genauso aufgeregt wie ich, weil ihr Gesicht in die Zeitung kommt und keine Katze auf dem Bild erscheinen darf, was sich als das Schwierigste bei dem Unternehmen herausstellt. Ich hoffe, dass mich als Reporterin und Fotografin der Tageszeitung eine respekteinflößende Aura umgibt und drücke ab. Beim Gehen stelle ich voller Entsetzen fest, dass der Pelzrand meiner Daunenjacke abgefressen ist ... Ich fliehe heim und beginne zu schreiben. Stunden später ist mein Bericht fertig, ich auch. Ich kann nicht gerade behaupten, dass er mir gefällt. Keine Ahnung, ob die so was drucken. Verliere den Respekt vor allem Geschriebenen in der Zeitung. Wenn sich das alles so normale Hansels wie ich ausgedacht haben! Zähneknirschend bringe ich mein Geschreibsel in die Redaktion. Hansbert bearbeitet meinen Bericht sofort, ändert fast nichts. Ich fasse es nicht: Mein Aufsätzchen steht morgen im Lokalteil der Zeitung! Und nicht genug der Ehre, man notiert auch noch meine Kontonummer! Im Auto singe ich einen neuen Song:

> »Ich bin frei-
> er Mitarbei-
> ter der Zei-
> tung, juchhei!!!«

Sonntag, 21. Januar

Werner geht mit in die Gemeinde, als hätte er die letzten sieben Jahre noch nie etwas anderes getan. Er treibt uns sogar zu Pünktlichkeit an! Doch ganz egal, wie wir uns sputen, wir kommen wie immer drei Minuten zu spät.

Mittags wühle ich in alten Zeitungen nach Konzertbesprechungen und forsche nach dem Geheimnis ansprechender Rezensionen. Mein nächster Job steht schon heute Abend an.

Hansbert will es wissen. Dieser Redakteur lässt mich auf ein Konzert los! Weiß er, was er tut? Werner hat mir einen antiken Computer organisiert. Das war schöner als der größte Blumenstrauß!

Dienstag, 23. Januar

Zahnarzttermin: Mutter, Kind, Kind, Kind. Rationeller Massenauflauf. Zu viert stehen wir im Behandlungszimmer, einer nach dem anderen wird abgefertigt und geht erleichtert ins Wartezimmer. Allmählich leert sich der Raum. Jan schreit, dabei kann ihm Dr. Berger prächtig in den Mund sehen. Geteilte Angst ist geviertelte Angst. Das stimmt auch für mich. Seit ich die Kinder mitnehme, komme ich gar nicht mehr dazu, Angst zu haben. Ich bin viel zu sehr damit beschäftigt, angstfrei zu wirken, sie zu ermutigen, abzulenken und zu beaufsichtigen. Und dann bin ich immer total überrascht, wenn es plötzlich heißt: »So, jetzt wollen wir noch bei der Mama nachsehen!« Ich versuche, gleichmütig auf den Stuhl zu steigen, spätestens dann jedoch überfällt mich zumindest Spannung. Ich bin auf das Schlimmste gefasst. Rechne mit dem Urteil: »gesamten Oberkiefer sanieren«, als Dr. Berger sagt: »Der vierte Quadrant ist auch in Ordnung, Frau Grobmann. Wir lassen die Mutter wieder laufen!« Ein freudiger Schreck durchrieselt mich. Noch einmal davongekommen! Immer noch keine Dritten. Für den Rest des Tages psychischer Höhenflug und das Gefühl, mich belohnen zu dürfen. Hinterher dürfen sich alle außer mir billiges Plastikspielzeug aussuchen. Jan greift sofort zur Trillerpfeife, Anna und Lena wählen Fingerringe, die schon in meiner Kindheit in Kaugummiautomaten lebten. Lena ergreift blitzschnell einen blauen. Anna sucht ungefähr eine Viertelstunde und fragt dann wählerisch: »Sind das Diamanten?« Ähem. Hätte ja sein können. Ich bin fast manisch, als wir alle wieder unter freiem Himmel sind.

Abends beim Zähneputzen sagt Anna mit Schaum vorm Mund: »Ich esse jetzt nie mehr Süßigkeiten!« Lena: »Anna, das kannst du gar nicht aushalten! Wenn du deine Regel kriegst oder so, dann musst du Süßes essen. Gell, Bianka?«

Mittwoch, 24. Januar

5 Uhr. Frühspurt zum Briefkasten. Ich lauere der Zeitungsfrau auf, um ihr die Zeitung zu entreißen. Ich glaube es nicht! Sie haben tatsächlich alles gedruckt! Mit meinem vollen Namen darunter. Werde im Laufe des Tages elfmal angerufen, ob ich das sei. Frage bei meinen Eltern in aller Bescheidenheit nach, ob ich ihnen die heutige Zeitung bringen soll – wir platzen alle vor Stolz! Mein Vater füllt sofort eine Abo-Karte aus.

Zum Rhythmus von Eric Claptons Songs belege ich beschwingt zwei Blech Pflaumenkuchen. Das Leben ist so schön, wenn es schön ist! Auf dem Übertopf meiner Efeuaralie sitzt malerisch in grauer Eleganz eine Motte und singt mit. Sie harmoniert in farblicher Vollkommenheit mit den darüberschwebenden Spinnweben.

So oft es mir gelingt, konsequent Stille Zeit zu halten, so oft gelingt es mir, diszipliniert einen Speiseplan für eine Woche im Voraus zu erstellen: sehr, sehr selten. Heute ist so ein erhabener Tag. Häufiger leide ich unter dem Fünf-vor-zwölf-Syndrom: Fünf Minuten vor zwölf fällt mir siedend heiß ein, dass fünf Minuten vor zwölf ist und die Kinder gleich von der Schule kommen, mit der Frage auf den Lippen: »Gibt's was zu essen?« Rätselhaft, warum sie das fragen. Für gewöhnlich hat es schon immer etwas zu essen gegeben. Aber unter welchen Umständen es zustande kommt, das ist der Unterschied. An den Fünf-vor-zwölf-Tagen stürze ich voller Panik zur Kühltruhe, von dort zur Mikro und verwickle die hungernden Kinder für die nächsten zwanzig Minuten in ablenkende Gespräche, um ihren Unterzucker zu überspielen.

Die Straßen sind spiegelglatt! Ich verschiebe meine Einkäufe auf irgendwann, muss aber trotzdem raus, der Hund ruft. Ich vermute, dass es mit dem Fahrrad immer noch besser geht als zu Fuß, rein intuitiv physikalisch aus dem Bauch raus betrachtet. Nicht völlig unsportlich und dennoch umsichtig radle ich los. Es funktioniert gut, wie gedacht. Optimistisch fahre ich vier Straßenzüge entlang und es geht immer besser. Ha, kein Mensch traut sich das, aber ich war schon als Kind so couragiert! Ach! Da vorne am Eck ist Paul, mein alter Schulveteran. Amüsiert sehe ich, wie er storchenbeinig und sehr vorsichtig um sein zugefrorenes Auto herumstakst. Köstlich, die Nummer. Ich mag Paul. Er war nicht gerade eine Sportskanone, aber keiner aus der Klasse amüsierte sich so liebenswert über meine Witze wie er. Gut gelaunt radle ich heran und begrüße ihn mit einem kleinen Scherz: »Paul! Ich wollte dir schon immer mal sagen, dass ich an dir besonders deine sehr elegante Gangart liebe!«, rufe ich und kichere in mich hinein. Paul stutzt, erkennt den Witz, lacht und ruft gutmütig: »Ach so, jaja! Hihi. Oje, ich würde mir in die Hose machen auf dem Fahrrad!« Ganz der alte, höfliche Paul. Ich entgegne bescheiden: »Ne, du, das geht sogar besser als zu Fuß!«, steche in die Kurve und – stürze. Unabwendbar und ziemlich dramatisch. Nein! Wie sitzt meine Frisur? Ist die Hose arg versaut? Oh, ausgerechnet an dieser Stelle . . . Die Schmerzen sind heftig, aber auszuhalten, es scheint nichts gebrochen zu sein, ich reagiere so souverän wie möglich. Streiche mir die Haare aus dem Gesicht, den Dreck von der Jacke und lache arglos: »Hahaha, Hochmut kommt vor dem Fall!« Paul und der Hund beobachten stumm, wie ich mich aufrapple und davonmache. Zu Fuß und immer an der Wand lang, zum See und einmal drumherum. Als ich daheim meine blauen Flecken mit Klostermann Melissengespenst einreibe, fällt mein Blick auf den heutigen Kalenderspruch: »Wer zu stehen meint, der gebe Acht, dass er nicht falle« (1. Korinther 10,12).

Donnerstag, 25. Januar

Der Kolonialwarenladen im Dorf hat sich in eine avantgardistische Boutique für den sehr gehobenen Geldbeutel verwandelt. Eigentlich verweile ich seit einem Schockerlebnis nie mehr darin:

Am Pinbrett meiner Küche hing jahrelang das Bild eines Kleides, das für mich zum Inbegriff des Kleides schlechthin geworden war. Schlicht und dennoch ergreifend, eine Anschaffung fürs Leben! Das wollte ich haben! Und wenn es 200 Mark kosten würde! Das Unglaubliche geschah: Eines Tages hing es im Schaufenster des ehemaligen Kolonialwarenladens. In meinem Dorf! Ich schlafwandelte hinein, noch nie so nah an der Erfüllung meines Traumes gewesen, um rückwärts wieder rauszufliegen: 400 Mark!

Zum Winterschluss reduziert der Laden mit Weltstadtflair die gesamte Ware um die Hälfte. Radikal. Nun wird's für mich interessant.

Heute Morgen komme ich ganz unerwartet rein zufällig mit Charly daran vorbei. In luftiger Höhe, schräg über uns, schweben Anzüge, wehen sanft im Wind hin und her. Charly geht in Deckung, pirscht sich ängstlich knurrend ran, Alarmstufe, so viele Männer in der Luft. Dann verbellt er sie mutig. Mit Charly kann man sich gut amüsieren. Durch sein Verhalten aufmerksam gemacht, bleibe ich an einem Schaufenster kleben, das schreit: »Leder – zeitlos – jetzt schon an den nächsten Winter denken und wirklich Geld sparen!«

Da hängt tatsächlich die Lederjacke, deren Existenz ich seit vielen Jahren ahne und die jetzt genau zu meinem neuen Journalistinnenleben passen würde! Edel, cool, gerade geschnitten. Sehe mich schon damit auf Konzertveranstaltungen sitzen, Bianka Kolumna, die rasende Reporterin, dezentes, kühles Understatement, professioneller Look. Reduziert von 670 auf 330 Mark.

Nicht, dass ich an diesem Morgen gedacht hätte, ich bräuchte eine Lederjacke. Oder dass ich 330 Mark zu viel hätte. Gar nicht. Aber manchmal muss man im Leben etwas riskieren. Tollkühn seine Chance ergreifen, wenn sie sich so dreist bietet! Ich überwinde die Hemmschwelle in dem klaren Bewusstsein, dass ich ziemlich underdressed dastehe. Weniger weltstädtisch, eher im Dorflook. Aber da ich nicht mehr von den Meinungen meiner Mitmenschen abhängig bin, seit Jesus meine Wertvorstellungen neu sortiert hat, habe ich damit ja kein Problem.

Die sehr elegante Verkäuferin mustert mein Outfit geringschätzig. In mein Gesicht sieht sie nicht. In angemessener Entfernung bleibt sie stehen, ihre Blicke gehen an mir vorbei ins Unendliche. Komme mir jetzt doch vor, als hätte ich Pestbeulen. Mit der Jacke bekleidet tripple ich eingeschüchtert ein wenig hin und her und entdecke in dem goldumrandeten Spiegel voller Entsetzen, dass ich noch die alte Jeans anhabe, die ich seit zwei Wochen zum Ausgehen mit Charly anziehe, weil sie sowieso dreckig ist. Genau so sieht sie aus. Mein Selbstbewusstsein schrumpft gegen Null. Für einen Augenblick ziehe ich in Erwägung, mich dafür zu entschuldigen, verwerfe den Gedanken aber mit einem Restanflug von Stolz und meine auffordernd: »Sagen Sie doch mal was!« Das heißt, ich will eigentlich wissen, ob mir die Jacke steht und ob es wirklich die Jacke schlechthin ist. Die Verkäuferin braucht ein wenig Bedenkzeit für diese ungewöhnliche Bitte. Schließlich entgegnet sie: »Ich sage nichts. Sie müssen selbst wissen, ob Sie die Jacke wollen!« So was! Jetzt will ich sie auf jeden Fall, ich wusste gleich, dass es meine Jacke ist, die da hängt. Ich lasse sie zurückhängen, was ihrer Miene nach zu urteilen hier äußerst unüblich ist, aber ich habe kein Geld dabei und will, vernünftig wie ich bin, noch eine Nacht darüber schlafen und die Anschaffung in den Familienrat einbringen.

Freitag, 26. Januar

Früh am Morgen. Werner meint, wenn ich eine Jacke brauche, solle ich sie mir eben holen. Sehr hilfreich. Bevor er geht, fragt er noch geheimnisvoll: »Noch etwas ganz anderes: Weißt du, wo mein Schlüssel ist?«

Jan kickt im Flur. An der linken Hand trägt er einen Strumpf, rechts einen Arbeitshandschuh von Werner. Er schreit: »Ich Jens Todt heiß! Tooooor!«, und wirft sich der Länge nach hin. Süß. Nervig. Noch nie habe ich mich so hingeworfen. Jungen! Kommen auf die Welt, wissen, der Ball ist rund, wachsen und beginnen eines Tages, sich auf den Boden zu werfen.

Ich fahre die Jacke holen, obwohl ich mir nicht ganz sicher bin, ob sie mir steht. Und obwohl ich mir ziemlich sicher bin, dass sie mir nicht zusteht, sprich, dass ich sie mir nicht leisten kann. Manchmal überfällt mich dieser kleine Wahnsinn, dann höre ich eine Stimme, die mir zuflüstert: »Lebe dein Leben, lustvoll und tollkühn! Wer weiß, ob du nicht morgen schon von einem Lastwagen überfahren wirst!« Bille, meine Freundin, beneidet mich darum, sie hält es für Lebenskunst. In Wirklichkeit ist es reiner Leichtsinn. Da Werner genauso veranlagt ist, müssen wir ständig Krisensitzungen halten. Dabei beschließen wir dann einmütig, das Geld jetzt ganz eisern zusammenzuhalten. So sagen wir wirklich immer: »Ganz eisern!« Kann sein, dass abends schon einer umkippt und sagt: »Wer weiß, was morgen kommt!« Oder: »Das muss drin sein!«

Bis ich das Geld über die Ladentheke schiebe, bin ich mir nicht völlig sicher, ob ich einen Fehlkauf mache. Als ich endlich schweißgebadet heimkomme, robbt Jan immer noch den Flur entlang. Er hält in jeder Hand winzige Männchen, die gemeinsam einen großen Lederball durch den Flur kicken, und schreit: »Jens Todt! Oliver Kahn! Toooor!« Ich befürchte, so wird das die nächsten zehn Jahre gehen. Ob er dereinst Sportmoderator werden wird? Müsste nur noch die Aussprache minimal verbessern...

Abends auf der Elternversammlung von Jans Kindergarten entdecke ich dann die Jacke, die es wirklich gewesen wäre: softes Veloursleder, mittelbraun, mit Reißverschluss. Und auf einen Schlag erkenne ich: Meine ist zu dunkel, zu glänzend, zu geknöpft. Nun habe ich sie für die nächsten zehn Jahre, lustvoll und tollkühn wie ich bin.

Samstag, 27. Januar

Auf dem Markt treffe ich eine Mutter vom Elternabend. Sie gesteht mir, dass sie gestern Abend die ganze Zeit meine Lederjacke bewundert habe. Ich ahnte schon immer, dass die Frau sympathisch ist. Wieder versöhnt.

Abends nehme ich mir diese ganz andere Frauenzeitschrift vor, die mir Olga als Anregung für meine Schreiberei geliehen hat. Sie ist ungewöhnlich, weil christlich, und unterscheidet sich schon im Titelblatt von gewöhnlichen Frauenzeitschriften: Da lächelt eine Frau jenseits der Vierzig, ungeschminkt und mit nicht gerichteten Zähnen im neutralen Hausfrauenlook. Die Haare mausgraubraun und nicht frisch gewaschen, geschweige denn gestylt. Das macht neugierig. Bleibe in der Rubrik »Mach dich mal wieder schön« hängen und lese interessiert: »Unsere Männer sind Augentierchen!« Huch! Wie niedlich! »Ein Mann ist weniger versucht, nach anderen Frauen zu schielen, wenn die eigene Frau auf ein ansprechendes Äußeres achtet.« Ach! Ich erfahre, dass Esther (aus dem Alten Testament) ein Jahr lang auf einer Schönheitsfarm für die Begegnung mit ihrem späteren Mann, dem König, vorbereitet wurde. Ja so! Die Autorin erinnert mich daran, dass vor so manchen Jahren mein König mich ebenfalls erwählt habe, unter all den anderen Frauen, zu seiner Königin. Fühle mich geehrt. Aber soweit ich mich erinnern kann, war ich es, die ihn erwählt hat, schönheitsfarmmäßig völlig unvorbereitet. Sowohl ich als auch er. Autorin (gönnerhaft): »Erinnern Sie sich noch an die Anfangszeit Ihrer Beziehung? Fallen Ihnen nicht Szenen ein, in denen Sie sich lange sorgfältig zurechtmachten, auf frisch gewaschenes Haar achteten, sich einige Male umzogen, um dann die Kleidung zu wählen, in der Sie sich am attraktivsten fühlten? Seine verliebten Blicke entschädigten Sie für alle Mühe, die Ihnen mit den Jahren dann lästig wurde. Und welchen Anblick bieten Sie heute Ihrem König, der von einem fordernden Berufsalltag nach Hause kommt?« Mir bleibt die Spucke weg. Wer wagt es, so mit mir zu reden? Wer will den Maßstab meiner Werbekampagne von damals auf mein Ehe- und Familienleben von heute übertragen? Alles hat sich verändert, mein König steht auch nicht mehr täglich frisch gebügelt und parfümiert mit einem Blumenstrauß vor der Tür meines Herzens und singt: »Du bist die Schönste der Welt für mich, Bianka!« Unter welchen Druck will man uns Frauen denn noch setzen? Nach »Seid perfekte Hausfrauen« und »Seid perfekte Mütter« nun auch noch »Seid perfekte Models«? Welchen Anblick bietet mir eigentlich mein König, wenn er von einem fordernden Berufsalltag nach Hause kommt? Steht mir nicht der gleiche Anspruch auf Ästhetik zu? Meine Hoheit jedenfalls wirft sich zuerst in ausgebeulte, bequeme »Daheim-rum-Kleidung«, dann mit der Zeitung aufs Klo, dann an den Küchentisch. Deshalb halte ich doch nicht auf der Straße Ausschau nach anderen Prinzen. Autorin weiter: »Eheberater empfehlen einer Frau, das Nachhausekommen ihres Mannes zur wichtigsten Tageszeit zu machen, weil die ersten fünf Minuten darüber entscheiden, wie der Abend verläuft.« Ich hasse ultimative Forderungen! Die Autorin jedenfalls weiß Rat, wie man sein einfaches Augentierchen bei der Stange hält: »Niemand verlangt von Ihnen, im Ballkleid zu putzen.« Bodenlose Erleichterung. »Ziehen Sie die Bratenschürze aus. Achten Sie auf frisch gewaschenes Haar, legen Sie ein leichtes Make-up auf, wenn Ihrem Mann das gefällt. Nach einiger Übung geht das in zwei Minuten. Gönnen Sie sich einige neue Kleidungsstücke, in denen Sie für Ihren Mann eine Augenweide sind.« Das leuchtet mir nun ein. Dankbar dafür, nicht in meinem kleinen Schwarzen und den hohen Pumps wischen zu müssen, sondern mir neue Kleidungsstücke kaufen zu dürfen, entscheide ich, in der nahe gelegenen Großstadt mit Möchtegern-Weltstadtcharakter einen Einkaufsbummel zu machen, was ich seit fünf Jahren nicht mehr getan habe. Werde sämtliche Kinder- und Herrenkollektionen ignorieren und mir einige Kleidungsstücke gönnen, die meinem Stand als Königin angemessen sind. Immer betrachtet unter dem ehetherapeutischen Aspekt. Das muss drin sein! Der Artikel endet mit dem schwesterlichen Rat: »Zum Schluss beachten Sie bitte folgendes Warnsignal: Sobald Sie unter Druck geraten, sich nun nur noch 150 % gestylt durch den Ehealltag bewegen zu müssen, sind Sie in die Perfektionismusfalle geraten, aus der Sie sich befreien sollten!« Dankbarkeit durchrieselt mich. Wieder frei wie zuvor!

Sonntag, 28. Januar

Wir frühstücken. Lena liest auf der Packung: »Ballaststoffmüsli – Werner, das wäre für dich gut! Du willst doch abnehmen!« Während ich noch über ihre ernährungswissenschaftlichen Kenntnisse staune, erklärt sie: »Da kannst du dann Ballast abwerfen!« So redet Lena immer. Den ganzen Tag. Und meint es bierernst.

Mittags betrachten wir alle zusammen alte Fotoalben. Werner und Bianka (noch ohne irgendein Kind, nicht einmal schwanger) zelten mit einem Zweimannzelt am französischen Atlantik. Ich schwelge verklärt in meinen Erinnerungen: »Da haben wir mit unserer Hundehütte Urlaub auf dem Bauernhof gemacht! Die Hühner sind morgens bis ins Zelt reingekommen! Und außerhalb des Zeltes, auf der Abfalltüte, direkt neben meinem Kopf, hat der Hahn morgens um fünf immer gekräht!« Lena völlig entgeistert: »Hat man früher im Urlaub in einer Hundehütte schlafen müssen? Und warum habt ihr die Hühner mitgenommen?«

Die Kinder wollen heute das Haus nicht verlassen. Auch recht, Werner und ich ziehen mit Charly von dannen. Endlich frische Luft! In Höchstgeschwindigkeit marschieren wir durch den leicht verschneiten Wald, bis unsere Wangen glühen. Heftige, atemlose Gespräche über Jan, immer wieder stundenfüllender Stoff.

Wie schwer wird der Weg noch für ihn? Sein Verstand wird immer klarer, er lebt bewusster und ich freue mich darüber. Sein Bedürfnis nach Austausch und Gemeinschaft ist groß, Jan ist kein bisschen introvertiert. Das ist wundervoll. Aber immer noch steht er in dem Konflikt, dass seine Angst vor Kindern größer ist als seine Sehnsucht nach ihnen. Seine Behinderung legt ihm Steine in den Weg.

Ich stelle mich auf den Kopf, um allen drei Kindern gerecht zu werden. In anderthalb Jahren kommt Jan in die Schule und kann immer noch nicht malen. Ich habe das Gefühl, die Zeit läuft ihm davon, reicht nicht aus, um aufzuholen. Sein Muskeltonus im Mund ist zu schwach, um klar abgegrenzte Laute bilden zu können, sein geflickter Gaumenmuskel zu unbeweglich. Er braucht täglich logopädische Übungen. Ich bade ihn in Sprache, lese ihm immer wieder Bücher vor, er saugt sie auf wie ein Schwamm das Wasser. Und er geht vorwärts. Ich bin sein Dolmetscher, sein Kommunikationszentrum. Jan kämpft unermüdlich und hochmotiviert. Fast unmerklich spricht er deutlicher. Er hat viele neue, wichtige Wörter und Wendungen entdeckt, wie »Dingsbums«, »vielleicht«, »genau!«, »früher« »Stimmt, was Mama sagt«, »Ich weiß nicht ganz genau!« oder »So was hab ich noch nie gesehen!« Er hat Interesse an Zahlen, Buchstaben und Uhrzeiten. Es ist und bleibt spannend mit ihm.

Immer mehr kommen Werner und ich zu der Überzeugung, dass Jan ein normaler, kleiner Junge ist, nur dass er keine guten Voraussetzungen zum Hören und Sprechen mitbrachte und die ersten Jahre seines Lebens schwer krank war. Ein Kind mit massiven Problemen, aber nicht geistig behindert. Der Schock, den diese Fehldiagnose ausgelöst hat, sitzt so tief, dass wir immer noch darüber staunen, wie klar er denken kann. Dennoch ist Jan in seiner Entwicklung zurück.

Ich bin oft erschöpft, traurig, hin- und hergerissen. Fühle mich kraftlos, habe Angst. Wird er je verständlich reden können? Wird er je eine Familie gründen können? Es fällt mir schwer, seine Zukunft unabhängig von meinen Vorstellungen, von dem, was mir das Leben lebenswert zu machen scheint, zu bewerten. Sprechen können und eine eigene Familie haben zum Beispiel sind für mich so hohe Werte . . .

Als ich Werner bekümmert frage, ob er sich denn keine Sorgen um Jans Zukunft mache, meint er: »Ich genieße meine drei Kinder zur Zeit so, dass ich gar keine Zeit habe, mir Sorgen zu machen. Jan ist so glücklich. Ich kenne so viele Erwachsene, die reden können und dennoch unglücklich sind.« Pessimistisch entgegne ich: »Aber wer weiß, wie lange er es sich erhalten kann.« Werner, mit beneidenswerter Gelassenheit: »Ist doch unwichtig! Jetzt ist er glücklich. Ich kuschle so gerne abends zu ihm ins Bett und erzähle ihm Geschichten. Er ist so begierig zu lernen.« Ich, verzweifelt: »Ich weiß halt immer noch nicht, ob er geistig normal ist oder nicht doch zurückgeblieben.« Für Werners Antwort liebe ich ihn: »Ist doch egal! Jan ist Jan, und wie er ist, ist er super. Wenn er geistig behindert sein sollte, kriegt er sowieso nichts von seiner Behinderung mit. Für mich ist das nicht wichtig. Höchstens als Begründung für sein Umfeld.« Ich bohre weiter: »Aber dass er keine Familie gründen kann, tut dir das nicht weh?« Werner mit stoischer Ruhe: »Woher weißt du das? Und muss man unbedingt eine Familie gründen, um glücklich zu sein? Dann bleibt er eben bei uns. Wer weiß, vielleicht wird er ja sogar eine Familie gründen!«

Ich weiß schon, warum Gott Jan ausgerechnet in diese Familie gestellt hat.

Montag, 29. Januar

Unterwegs für die Zeitung, mit dem bedeutenden Auftrag, mich in der nahe gelegenen Kleinstadt mit Möchtegern-Großstadtcharakter eine Stunde lang unauffällig unters Volk zu mischen und dieses beim Winterschlussverkauf zu beobachten und zu fotografieren. Witzig soll der Bericht sein, so Hansberts Wunsch. Dem Redaktör ist nichts zu schwör.

Als Hausfrau würde ich diese Veranstaltung ja sowieso besuchen, meinte er, weshalb ich die Zeit nicht als reine Arbeitszeit betrachten solle. Raffiniert will er mir damit einen höheren Zeilenlohn vortäuschen. Neulich fragte er Werner, ob er stolz sei auf seine Frau, wo sie doch jetzt für die Zeitung schreibe. Ironisch wohlwollend meinte der: »Aber ja, das bringt ein bisschen Geld, sie ist beschäftigt und hat Außenkontakte!«

Das mit dem Foto stelle ich mir schwierig vor. Wer will denn schon sein Einkaufsgesicht in der Zeitung sehen? Doch das erweist sich als das geringste Problem. Alle wollen ihr Einkaufsgesicht in der Zeitung sehen! Außerdem opfert sich meine Cousine Christiana freiwillig. Ich treffe sie mit Hexe, ihrem Riesenhund, bei den Wühltischen. Interessiert treibt sie sich für mich in der Dessousecke herum. Viel schlimmer ist, dass überhaupt nichts los ist. Stundenlang durchstreife ich das einzige Kaufhaus der Stadt auf der Suche nach Szenen mit winterschlussverkaufstypischer Situationskomik. Am besten sind noch die ganz Alten. Immer paarweise oder zu mehreren beraten sie sich gegenseitig fachmännisch. Sie probieren Hüte auf, halten Unterwäsche in die Höhe, ich notiere ihre Dialoge und kaufe selbst Unterwäsche, allerdings nicht reduzierte. Hansbert hatte nicht Recht. Nie im Leben hätte ich heute Unterwäsche gekauft! Keine zwanzig Pfennig bleiben von meinem Geld übrig, so dass ich mir bei meinem üblichen Unterzuckerungsanfall nicht einmal eine Brezel kaufen kann. Zitternd radle ich heim, kämpfe gegen den eiskalten Gegenwind und kann es nicht fassen, als mich eine mittelalterliche Hausfrau drahtig überholt. Träume ich oder wache ich? Was tue ich eigentlich? Hat das alles wirklich Sinn? Ich schaffe es gerade noch rechtzeitig, mit meiner üblichen Dreiminutenverspätung Jan im Kindergarten abzuholen.

Blitzkochen. Mehrere Telefonate mit Baufirmen im Auftrag von Werner führen. Lena zum Klarinettenunterricht fahren, Jan in den Kindergarten, einkaufen, alles per Fahrrad. Als ich gerade erst mit den Zimmern oben fertig bin, kommt Werner schon. Das verwirrt mich. Was ist das für eine kurze Zeit, die für den Haushalt bleibt, wenn frau arbeiten geht? Gehe ich arbeiten? Kann man das so nennen oder spiele ich nur? Logopädietermin mit Jan. Danach bringe ich ihn ins Bett, während Werner noch mit einer Eselsgeduld mit den Damen Kniffel spielt.

Ich beginne zu schreiben. Da nichts zu beobachten war, schreibe ich notgedrungen über die gähnende Leere. Auch eine Herausforderung, über das Nichts zu schreiben. »Keine hektischen Menschenmassen, kein gieriges Eintauchen in Wühltische, keine Ellenbogenarbeit, keine Anzeichen von Kaufrausch, nicht einmal verhaltene Leidenschaft. Der Sturm bleibt aus . . .« Wenn denn nichts Auffälligeres geschieht, beschreibe ich eben das Alltägliche. »In der Miederwarenabteilung hält eine zierliche, alte Dame ein Nachthemd der Marke ›Sonderproduktion für den Winterschlussverkauf‹ Größe 48/50 in die Höhe. Irritiert über den niedrigen Preis erkundigt sie sich: ›Das Nachthemd ist doch in Ordnung, oder?‹ Die Verkäuferin nickt zustimmend: ›Die fallen nur ein wenig kleiner aus.‹ Ob sie es denn dann lieber eine Nummer größer nehmen solle?! ›Ne, das brauchen Sie nicht, es geht ja noch ein!‹« Neunzig Zeilen wollen gefüllt werden.

Dann schildere ich ausführlich die wirklich atemberaubenden Szenen. »Plötzlich kommt etwas Bewegung ins Geschehen: Im Fahrstuhl ein Aufschrei des Entsetzens, gefolgt von einem noch schrilleren: ›Ihr Hund hat mir die Hand abgeschleckt!‹ Die erschrockene Besitzerin des riesigen Tieres erleichtert: ›Ach so. Du liebe Zeit!‹« War Christianas Geschichte, als sie von der zweiten Etage kam. Kann man so etwas »arbeiten« nennen?

Dienstag, 30. Januar

Hansbert betrachtet meinen Bericht so wohlwollend wie Dr. Berger mein Gebiss beim letzten Zahnarztbesuch. Ähnlich beglückend fühlt sich das dann auch an. »Ja, mal was anderes!« Ich darf so schreiben!

Mittwoch, 31. Januar

Meine Winterhöhle fällt mir auf den Kopf. Obwohl die Tage allmählich länger werden, beginnt nun der härteste Teil der Strecke. Ab jetzt heißt es durchhalten. Noch fünfzig Tage, bis der Frühling durchbricht. Draußen gefriert das Wasser der Tiere seit Wochen. Die Einmummerei vor jedem Ausgang geht mir auf die Nerven. Selbst der Hund liegt nur noch teilnahmslos vor dem Ofen rum. Heute werde ich etwas gegen die aufsteigende Depression unternehmen. Ich weiß schon lange, dass meinem Bad lila nicht steht. Der Badezimmerteppich stammt noch aus meiner lila Epoche. Habe flaschengrüne Farbe gekauft, um ihn umzufärben und gehe hochmotiviert an die Arbeit. Endlich wird sich das Gesicht meines unvorteilhaft akzentuierten Badezimmers zum Vorteil verändern. Neugierig wie eine Elster ziehe ich Stunden später den Teppich aus der Maschine – schlammgrau!

(Tage später sehe ich auf der Waschmaschine den eingeweichten Fixierer stehen. Er hat sich chemisch verändert von Pulverform zu Zementstein, sich jedoch nie aufgelöst im Färbevorgang befunden . . .)

Donnerstag, 1. Februar

Null Lust auf Kindergeburtstag. Aber Lena wird morgen acht Jahre alt und hat ein Recht auf eine angemessene Jubelfeier. Bereite heute schon alles vor, weil ich morgen früh im Buchladen bin und wir mittags gleich mit den Gästchen ins Hallenbad wollen. Mein Tag besteht darin, mit dem Fahrrad den Großeinkauf zu machen, für zwanzig Menschen Gulaschsuppe vorzukochen und mehrere Kuchen zu backen. Habe dabei die ganze Zeit die Verwandten-Jury im Hinterkopf.

Jan kommt in die Küche, unterm Arm ein unförmiges Päckchen: Er hat sein Lieblingstelefon in Malpapier gewurstelt! »Mema Äng!« (Lena Geschenk), ruft er stolz. Ich zeige es Lena gerührt und verbiete ihr, es heute schon auszupacken. Sie geht zu ihm und sagt: »Jan, vielen Dank für dein Geschenk!« Er jubelt: »Telefon!« Jetzt kennt sie auch den Inhalt, und ist erst recht überwältigt. »Der Jan liebt mich wirklich, wenn der mir sein liebstes Spielzeug schenken will, gell, Bianka?«

Stunden später, als das Haus im Schlaf liegt, wanke ich erschöpft durch die Küche. Erschrecke beinahe zu Tode, als das Päckchen plötzlich laut zu piepsen beginnt.

Freitag, 2. Februar

Um 5.30 Uhr macht Lenchen Frühstück in der Küche. Als sie fertig ist, ziehe ich sie in mein Bett, krieche mit ihr unter die Decke und erzähle ihr Geschichten aus ihrem früheren Leben.

Was sie so dachte, sagte und tat als Baby. Sie war so umwerfend süß und so ungeheuerlich anstrengend!

Werner sieht »meinen« Buchladen zum ersten Mal von innen. »Nett, oder?«, meint er und lässt sich alles zeigen. Nett, dass er's nett findet! Ich lege immer noch gesteigerten Wert auf seine geschätzte Meinung. Er kauft sich auch gleich ein Buch, noch dazu eine Bibel! Er wollte schon immer mal eine eigene Bibel haben. Dass daran noch keiner gedacht hat! Gleich mit Lederhülle, Griffregister, Stiften zum Anstreichen und Leseplan. Nägel mit Köpfen, solche Kunden liebe ich! Registriere alles mindestens ebenso staunend wie die Güte meines Redakteurs und die Weisheit meines Zahnarztes. Demnächst startet er vielleicht noch eine Bibelschulausbildung. Mich wundert wirklich gar nichts mehr...

Eine Kundin geht in eine charismatische Gemeinde und erzählt mir hundertdreißig Minuten lang von ihren Erfahrungen mit Gott, von Befreiung von Zwängen, Dämonenaustreibungen, Bildern, die Gott ihr immer wieder schenkt und Wunderheilungen. Ich soll mit Jans Problemen zu ihnen kommen, sie werden über ihm beten, und er wird gesund werden. Ich dachte immer, es ginge darum, dass ich seine Probleme annehme und ihm, so gut es geht, helfe. Sollte ich Gott stattdessen bestürmen, ihm seine Behinderung abzunehmen? Dann könnte ich ja gleich darum beten, dass Werners Auge, das er bei einem Arbeitsunfall verloren hat, wieder nachwächst. Liege ich falsch oder hat sie nicht alle Tassen im Schrank? Bin ich zu nüchtern oder sie zu abgehoben? Unsere Liebe zu Jesus ist dieselbe, unsere Erwartung an ihn grundverschieden. Sie stellt meinen Glauben in Frage. Das ist unangenehm und destruktiv. Sie geht, weil sie nicht mehr mit mir reden kann. Erwarte ich wirklich zu wenig von Gott? Kann ich von ihr lernen? Ich habe aber gar keine Lust, in Zungen zu reden oder mysteriöse Bilder zu sehen. Werner holt eine verwirrte, befremdete »Schwester« ab.

14 Uhr. Neun wilde Achtjährige ziehen mit kleinen Geschenken ein und fallen über die Rotkäppchentorte her. Sieben Minuten später verlassen sie das Schlachtfeld Küche und stehen badebereit im Hof, fit und mit großen Erwartungen auf einen ganz besonderen Nachmittag. Mit den gleichen Kids waren wir schon letztes Jahr im Hallenbad, alles wiederholt sich irgendwie, nur die Beine werden schlaksiger, die Bewegungen im Wasser sicherer und die Sprüche cooler. Norman meint nach meinem eleganten Sprung vom Fünfmeterbrett, bei dem ich mir mit Klammergriff die Nase zuhalte, kumpelhaft zu Werner: »Gehört das Weib dir? Geiler Sprung!« Ich kichere stolz. Man muss die Komplimente nehmen, wie sie kommen.

Ich würde gerne noch öfter springen, aber das Wasser ist so unmenschlich kalt, dass ich beschließe, unmöglich für das Vergnügen von acht Achtjährigen verantwortlich sein zu können. Entspannt sitze ich mit dem Kindsvater auf der Wärmebank, plaudere stressfrei und beobachte die Kids, die in dem Wasser toben, als hätte es Badewannentemperatur.

Da holt mich gnadenlos meine Vergangenheit ein. Von hinten klopft jemand vertraulich auf meine Schulter und ruft: »Na, altes Haus, lange nicht mehr gesehen!« Ich flüstere: »Ronald«, heilfroh darüber, dass mir sein Name eingefallen ist und ich nicht »Der Mann ohne Kinn« gerufen habe. Mein Tanzkurspartner aus der Zeit, als ich sechzehn war! Ich habe ihn fünfzehn Jahre lang nicht mehr gesehen. Vom ersten Abend an besuchten damals doppelt so viele Mädchen wie Jungs den Kurs. Schüchtern plazierte ich mich strategisch ungünstig an den äußersten Rand der Schlange und blieb dort auch die ganze Stunde über sitzen. Ich tat so, als sei ich mit den Gedanken weit weg und hätte sowieso Besseres zu tun. In Wirklichkeit litt ich Höllenqualen. Wie Schuppen fiel es mir damals von den Augen: Dies würde mein Lebensschicksal sein. Hässliches Mauerblümchen, ausgestoßen von allen interessanten Menschen, abseits vom wirklichen Leben, Tod als alte Jungfrau. Denn dass ich hässlich war, ergab sich schon aus der Tatsache, dass kein Junge mich aufgefordert hatte. Damals auf der Holzbank erstickte ich meinen Traum von einer eigenen Familie, mit sechzehn Jahren! So war ich grenzenlos erleichtert, als beim nächsten Mal ein zwar nicht besonders hübsches, nicht besonders großes, aber immerhin männliches Wesen über den glattgebohnerten Parkettboden auf mich zueilte. Kurz bevor er mich erreichte, stürzte er, rutschte die restlichen Meter auf dem Bauch und stammelte mit rotem Kopf vom Boden hoch: »Darf ich bitten?« Als Ronald mich noch am selben Abend fragte, ob ich seine Abschlussballpartnerin sein wollte, sagte ich ja, dankbar, meinem Outcastdasein entronnen zu sein. Dass mich später noch zwei weitere, ziemlich attraktive und begabte Jungs dasselbe fragten, war hart, doch ich blieb ihm treu. Was haben die anderen über uns gelacht! Ronald tanzte so biegsam und rhythmisch wie ein Soldat mit Beinprothesen und starrte mir dabei aus zehn Zentimetern Entfernung mit hochrotem Gesicht in die Augen, während ich krampfhaft darum bemüht war, gleichmütig an ihm vorbeizusehen. Ich wurde zunehmend sicherer und begann zu ahnen, was Tanzen heißt. Ronald nicht. Immer mehr ärgerte ich mich über meinen stummen, steifen, starrenden Partner, der keinerlei Schwingungen in sich zu spüren schien. Beim Abschlussball war mein Selbstbewusstsein soweit gefestigt, dass ich als einziges Mädchen kein Abendkleid trug, sondern einen schwarzen Samtanzug. Ich glaubte, es sei der letzte Abend, an dem wir uns sehen würden, und beachtete Ronald wenig. Eine Woche später entdeckte ich, dass Ronald in meiner Parallelklasse war, und dann wurden wir doch noch richtig gute Freunde. Über den Tanzkurs redeten wir nicht mehr. Nach dem Abitur verloren wir uns aus den Augen.

Und jetzt sitzt er selbstsicher lächelnd neben mir und meint, als ich ihn prüfend ansehe, strahlend: »Tja, ein schönes Gesicht braucht eben Platz!« Eine Halbglatze ist das einzig neue an seinem ansonsten unveränderten Aussehen. Wir sind keine Halbwüchsigen mehr mit unbekannten Zielen, sondern zwei Erwachsene, in deren Lebensweg nicht mehr viel offen ist. Ronald erzählt und erzählt. Er scheint sich stark über seine beiden kleinen Töchter zu definieren: »Frederike ist ein wahrer Muskelprotz! Mit zwei Jahren ist sie schon geschwommen wie ein Frosch! Heute sagt der Schwimmtrainer schon, ich soll sie zweimal in der Woche bringen, sie hat Begabung! Die Klavierlehrerin sagt auch, wir sollen sie zweimal bringen, sie begreift so schnell. Sie ist im September geboren, aber alle Lehrer und Erzieherinnen haben gesagt, wir sollen sie schon einschulen, weil sie reif für die Schule ist. Und nun ist sie trotzdem die Größte in der Klasse. Als ihre Schwester auf die Welt kam – sie sind nur anderthalb Jahre auseinander – war sie schon trocken!« Derart warmgeredet rechnet er plötzlich und völlig unerwartet mit mir ab: »Weißt du eigentlich, wie sehr ich unter dir gelitten habe in unserem Tanzkurs damals? Wegen dir habe ich lange Zeit schwere Komplexe gehabt! Da hatte ich zum Abschlussball das schönste Mädchen vom Saal (!), und du hast den ganzen Abend nicht mit mir geredet! Du warst immer so schnippisch, ich musste so aufpassen, was ich sagte!« Oje! Das ist genau das, was ich mir unter Geburtstagsfeier vorstelle: »Was ich dir schon immer mal sagen wollte...!« Ich merke, dass ich wieder versuche, ihn zu ignorieren und jubele meinen neun Kindern zu, wenn sie vom Dreimeterbrett springen wie kleine Fröschlein. Das hier ist mir zu anstrengend. Soll ich jetzt ein schlechtes Gewissen bekommen? Natürlich haben wir Jugendlichen aneinander gelitten. Ich unter ihm und er unter mir. Ich sage nichts. Ich spüre wieder in nächster Nähe seinen bohrenden Seitenblick auf mir ruhen: »Sehr gestresst siehst du nicht aus!« Ich bin's aber! Gerade jetzt. Mit zwiespältigen Gefühlen trenne ich mich von ihm. Er war wieder ganz mit sich beschäftigt, hat wieder nicht bemerkt, wie es mir geht. Immerhin hat er mir zwei nette Komplimente an diesem Tag beschert!

Es sollen die einzigen bleiben. Die Verwandten verschlingen Gulaschsuppe und Kuchen, ohne ein Wort darüber zu verlieren. Ich schließe daraus, dass es schmeckt wie Hundefraß. Ich wollte, es wäre mir egal, was andere von mir halten. Ich liebe doch die Stelle, wo Paulus im Thessalonicherbrief schreibt: »Wir reden nicht als solche, die den Menschen gefallen wollen, sondern Gott, der unsre Herzen prüft.« Kein Wort über matt glänzende Lederjacken oder vor Glück schmatzende Verwandte. Werner meint hinterher, ich hätte sehen sollen, wie seine Mutter die Suppe reinschlürfte, es habe ihr vorzüglich geschmeckt. Warum sagt mir das keiner? Wirke ich eigentlich so, als bräuchte man mich nicht in den Arm zu nehmen? Als bräuchte man meine für zwanzig Mann gekochte Gulaschsuppe nicht zu loben? Mein Innenleben ist eine seltsame Mischung aus einigermaßen intaktem Selbstwertgefühl und unerklärlicher Menschenfurcht. Den höchsten Stellenwert dabei haben zum Glück Werners Gedanken. Seine zuverlässige Liebe und Wertschätzung ist ein Teil des Fundaments für meine heutige Selbstannahme. Ich lernte ihn noch während dieses Tanzkurses kennen, und von Anfang an zeigte er mir seine Gefühle und seine Bewunderung so offen und treu wie heute. Wenn er mich schon so mögen kann, wie sehr muss mich dann erst Gott mögen!

Montag, 5. Februar

Zur Abwechslung mal wieder ein Elternabend. Immerhin der letzte für dieses Quartal. Diesmal geht es darum, in welcher Schule unsere Viertklässlerin ihre Laufbahn weiterführen wird. Weil wir uns immer noch nicht sicher sind, welche Realschule für Anna in Frage kommt, stelle ich die für mich überaus wichtige Frage, wie es mit der Busverbindung zur Realschule der Kleinstadt mit Möchtegern-Großstadtcharakter aussieht – miserabel, wie ich befürchtet habe – und wie viele Schüler ungefähr jährlich von der Grundschule dorthin wechseln. Ein Vater kommentiert leise, aber gerade noch hörbar, dass er noch nie so eine dumme Frage gehört habe. Bin fassungslos, dass der Typ sich so gehen lässt und sich über mich derart ärgert. Ärgert mich total. Sage laut in den Raum hinein: »Wenn ich meine dummen Fragen beantwortet bekommen habe, können Sie dann Ihre intelligenten stellen, ich bin schon sehr gespannt darauf!« Zu mehr Sanftmut bin ich wirklich nicht in der Lage. Wäre Jesus etwas noch Liebevolleres eingefallen? Später, beim Elternstammtisch, sitze ich ausgerechnet diesem Mann gegenüber ...

Dienstag, 6. Februar

Jan hat Fieber. Hört es denn nie mehr auf?

Ich trau mich nicht ins Bett, obwohl ich müde bin, totmüde, tot. Seit Wochen chaotische Nächte wie zu Kleinkindzeiten, kein Durchschlafen mehr, immer ist einer krank. Nachts heult aus jeder Ecke ein Kind und morgens ist mein Bett voller Beine, Schneuzen und Husten. Jan hat Fieber und Krupphusten, Lena Fieber und Halsweh. Ich mag keine Kranken mehr um mich, mag keine Krankenschwester mehr sein, mag nicht mehr im Wartezimmer mit kranken Kindern rumsitzen, mag den Winter und diese unparadiesischen Zustände nicht mehr. Nur Anna ist gesund, hoffentlich bleibt sie es auch.

Ich esse ständig seltsame Kombinationen: Oliven und Schokolade, Lachsersatz und Apfelkuchen. Meine Mutter meint, das seien die Nerven.

Mittwoch, 7. Februar

Werner küsst mich wach und stellt mir in meinen wunderschönen Traum hinein die lang ersehnte Frage: »Weißt du zufällig, wo mein Schlüssel ist?« Antworte wie immer seit vielen Jahren mit einem klaren: »Nein.« Klarheit ist wichtig!

Meine Patienten erwachen – gesund! Sie sind wieder Menschen, keine dahinvegetierenden Sofa-Gestalten mehr, die mich in ihrem Bann halten. Habe die ganze Nacht ganz allein und ohne Unterbrechung in meinem Bett verbracht. Kann mich wieder auf andere Dinge besinnen als auf Fiebermessen, Medikamentieren, Arztbesuche, Teekochen, Bilderbücher vorlesen.

Acht Grad minus. Bringe den rekonvaleszenten Jan zu meiner Mutter und verbringe die Morgenfrische mit Charly wie üblich am Waldsee. Über dem zugefrorenen See liegt eine Schneedecke, der Fischerkahn ist eingefroren. Sehr malerisch. Bin überwältigt von Gottes Schöpfung. Diesen Moment nutzt mein Hund, um fröhlich auf zwei weit entfernte Hunde zuzurasen. Mein Einfluss auf ihn ist gleich Null und wird mit jedem Meter geringer. Als ich ihn endlich eingeholt habe, kann die Besitzerin ihren Hund nur noch mit Mühe davon zurückhalten, den meinen zu zerfleischen. Warum lassen sich Menschen des 20. Jahrhunderts auf so archaische Raubtiere ein? Was habe ich mir nur angetan?

Meine heutige Außendiensttour führt mich in die Bibliothek, zum Metzger und – Höhepunkt des Tages – zur Bank, wo ich die Anzahlung für den Osterurlaub mache. Glück, das der zweiten Tageshälfte Glanz verleiht.

Daheim erwartet mich aufgrund meines pflegerischen Ganztagsjobs der letzten Wochen ein unüberschaubarer Berg. Die liegen gebliebene Arbeit fordert mich zum Duell heraus. Ich habe die Wahl zwischen Angriff und Resignation. Arbeite mich erst einmal warm mit dem Notprogramm: Hühner, Hasen, Hund und Katze füttern, zugefrorenes Trinkwasser gegen frisches austauschen, Fenster aufreißen zum Stoßlüften – die Heizungsluft macht mir zu schaffen. Noch 42 Tage bis Frühlingsanfang. Unteres Stockwerk saugen. Seit wir wegen der Hundekälte Charly ab und zu wieder hereinbitten, breitet sich sein wunderschönes Fell dekorativ über dem Fußboden aus. Das Telefon unterbricht mich in meiner Arbeitswut. Unwirsch brülle ich »BLEIERRR« in den Hörer, um klar zu signalisieren, dass ich gerade arbeite. Freundliche Stimme: »Hallo, hier ist Hansbert aus der Redaktion! Hast du noch Kapazitäten frei für ein, zwei kleine Aufträge?« Hastig fahre ich meinen Ton runter auf durchaus beschäftigte, aber sich dennoch Zeit nehmende, freiberufliche Hausfrau. (Der neue Arbeitnehmer: flexibel und jederzeit erreichbar.) Eine theologische Frage, die mich seit Jahren umtreibt, klärt sich nun von selbst: »Darf ein Christ auf eine Faschingsveranstaltung?« Mein Redakteur, gleichzeitig Ältester in der Gemeinde, schickt mich auf den Faschingsumzug eines Nachbardorfes! In Anbetracht seines Amtes und seiner geistlichen Autorität gehe ich davon aus, dass Gott auch nichts dagegen zu haben scheint. Erfüllt mich mit einer gewissen Genugtuung, weil jedes Jahr viele Gemeindekinder mit Fahrgemeinschaften zu alternativen christlichen Veranstaltungen in weit entfernte Orte gekarrt werden, um den heidnischen Anfechtungen des Faschings auszuweichen. Dumm ist nur, dass ich wohl darüber stehe, aber Faschingsumzüge hasse! Wenn auch nicht aus geistlichen Gründen.

Räume nachdenklich den Geschirrspüler aus.

Räume die Waschmaschine aus.

Räume den Wäschetrockner aus.

Räume den Joghurtzubereiter aus.

Manchmal ist mir selbst das Ausräumen dieser Hausfrauenhelfer zu viel. Dann denke ich an meinen verstorbenen Onkel, der zu sagen pflegte: »Und wenn wir nur noch einmal im Monat in die Firma gehen müssten, um den Lohn abzuholen, wäre uns das auch noch zu viel!« Räume den Briefkasten aus: die Reservierung unseres Sommer-Campingplatzes in Holland! Jans Kindergarten meldet den Termin für eine neue Elternbeiratsneuwahl –

die alte Wahl ist von problembewussten Eltern angefochten worden aus formalen Gründen, ich fasse es nicht. Wieder ein Termin. Die meisten Termine machen sich ganz von selbst in meinem Leben breit, ohne mein Zutun. Ich habe manchmal richtig Angst vor dieser Eigendynamik und fühle mich ihr hilflos ausgeliefert. Die erste Telefonrechnung nach der neuen Gebührenordnung – ich lasse sie lieber zu. Werbung vom Flugrettungsdienst, von unserer Autofirma, der Glücksspirale. Die Ärztin vom Medizinischen Dienst der Krankenkasse schreibt. Hätte ich auch besser zugelassen – sie hat das Pflegegeld für Jan um die Hälfte gekürzt. Soll ich darüber lachen oder weinen? Ist das Glas nun halb voll oder halb leer? Sie hätte den Betrag ruhig unverändert lassen können, der Pflegeaufwand hat sich für mich nicht verringert. Ich entscheide mich dafür, das Glas halb voll zu sehen. Sie hätte es auch ganz streichen können. Vielleicht hat Gott auch schon weitergedacht, als er mir die Arbeit bei der Zeitung vermittelte.

Der nächste Akt: Kochen. Rote Bete mit Pellkartoffeln. Karg, aber gut! »Besser ein Gericht Kraut mit Liebe, als ein gemästeter Ochse mit Hass« (Sprüche 15,17). Zeitgemäße Übertragung etwa: »Besser vegetarisch aus Liebe zum Vieh als rinderwahnsinnig.«

Als Anna und Lena von der Schule heimkommen, habe ich das Chaos in eine Wohnung verwandelt, und das Essen steht pünktlich auf dem Tisch.

Während der Mahlzeit betrachte ich sie nachdenklich. Irgendwas an den Kindern erinnert mich an jahrtausendealte Felsmalereien. Ich glaube, es hängt mit ihrer Esshaltung zusammen. Sie sitzen am Tisch wie Höhlen-Bewohner am Lagerfeuer, in neandertalmäßig gekauerter Haltung, ein Bein angewinkelt auf der Eckbank, einen Unterarm auf das Knie gestützt, die andere Hand lässig auf die Bank. Sie essen mit den Fingern und reden schmatzend dabei. Sie rülpsen, wenn sie satt sind, und wischen die fettigen Finger am Tisch oder den Kleidern ab. Fehlt nur noch, dass sie die Reste hinter sich werfen. Die lassen sie stattdessen heimlich unter den Tisch fallen, für die Katze. Ich habe lange daran geglaubt, dass Erziehung viel mit stummem, gutem Vorbild zu tun hat. Werde noch mal bei Lektion eins anfangen.

Während ich spüle, geht Anna einer Tradition nach, die sich offensichtlich auch im Computerzeitalter unbeirrt hält: Sie hat mein altes, rotledernes Poesiealbum vor sich liegen und schreibt daraus einen Vers für das Album einer Klassenkameradin ab. Dabei spielt es keine Rolle, dass sie diese gar nicht leiden kann, wichtig bei einem Poesiealbum ist lediglich, dass es sich füllt mit Reimen und schönen Bildern. Weil sie Stephanie eingebildet findet, wählt sie den Vers, über den ich mich damals schon geärgert habe:

> »Blüh wie das Veilchen im Moose,
> sittsam, bescheiden und rein,
> und nicht wie die stolze Rose,
> die immer bewundert will sein.«

Für ihre eigene Ehre ist das sorgsam ausgesuchte Bild dazu von übergeordneter Wichtigkeit.

Beim Zähneputzen halte ich stumme Zwiesprache mit den Spinnweben zwischen Spiegel und Badezimmerdecke und meditiere über unseren Dialektbegriff »Schbinnahuddla«. Trage sie im Kopf auf meiner Zu-Erledigen-Liste ein und kehre diszipliniert an die Spüle zurück. Lasse mich von solchen Kleinigkeiten schon lange nicht mehr aus dem Konzept bringen. Werde auch diesen Teil vom Berg abtragen. Aber die Pyjamas, die im Bad rumliegen, trage ich noch eben ins Schlafzimmer. Da sehe ich mein Bett, spüre plötzlich meinen hohen Puls und meine Bleierne Müdigkeit. Seit sieben Uhr habe ich kein einziges Mal innegehalten. Von einem plötzlichen, lebenserhaltenden Impuls getrieben werfe ich mich mitsamt meiner »Bratenschürze« in die Federn und verharre minutenlang bei geöffnetem Fenster in Winterstarre. Dann höre ich etwas. Die Weichspülerstimme lamentiert: »Hier liegst du also faul rum, während die Mädchen unten deine Hilfe brauchen bei den Hausaufgaben! Dass du dich nicht schämst! Und hast du eigentlich mit Jan heute schon eine Minute lang gespielt oder Sprachtraining gemacht? Und überhaupt: Sieh dir mal die Flecken auf den Fenstern an! Raus aus den Federn! Was würde dein König sagen, wenn er dich so sähe!« Einen Moment noch kann ich mich an der Matratze festhalten, um eine Gedenkminute für meinen Mann zu halten, der sich aufreibt, um für uns den Lebensunterhalt zu verdienen. Dann siegt die Stimme. Schleiche in die Küche zurück und sehe noch aus den Augenwinkeln auf dem Wohnzimmertisch drei Maschinen voll Wäsche, die ihrer weiteren Bearbeitung harren. Mein innerer Schweinehund legt sich mit der Weichspülerin an: »Das alles willst du doch eigentlich gar nicht! Was tust du bloß hier den ganzen Tag?« Aber dann füge ich mich wieder in meine Rolle als Gemeines Hausweibchen. Die Zeit ist noch nicht reif.

Getragene Herrenunterwäsche vom Boden aufsammeln gehört nicht zum Notprogramm, mit Blindheit geschlagen schreite ich über sie hinweg. Zur Strafe bügle ich Werners Hemden nach dem Minimalprinzip: Das untere Drittel so gut wie gar nicht, ich konzentriere mich auf die oberen zwei Drittel. Schließlich gibt es Wichtigeres als geglättete, in Herrenhosen verborgene untere Hemdendrittel. Meiner Mutter würden die Tränen kommen, wenn sie das sähe. Sie arbeitete früher als Büglerin und verwendet bis heute für ein Hemd von meinem Vater an die fünf Minuten Liebe und Sorgfalt.

Ich male ein wenig mit Jan, bin immer noch froh, dass es ihm besser geht. Ich verzichte auf sein Kautraining und mache ihm den heißgeliebten Grießbrei, um sein Glück noch zu steigern. Jan konnte in den ersten zwei Jahren seines Lebens keine feste

Nahrung zu sich nehmen, was ihn bis heute auf süße Wabbelkost festgelegt hat. Dementsprechend stellt er sich den Himmel voller Pudding (»Huhin«), Grießbrei (»Hihei«), Joghurt (»Hohur«) und Eis (»Ei«) vor.

Werner kommt und mit ihm Musik. Im Gegenteil zu mir weiß er immer genau, was er gerade hören will, was er braucht, was zu seiner Stimmung passt. Gerade sind es pathetische Chansons von Jacques Brel, vom Akkordeon begleitet, und ich weiß, dass er jetzt gerne in einem Bistro in Paris sitzen und mit Franzosen erzählen, lachen, singen und tanzen würde. Er streift innerlich seine Arbeit ab und wird langsam ruhig.

Ich liebe meinen Mann unter anderem deshalb noch so sehr, weil er tatsächlich allabendlich mit immer demselben Interesse fragt: »Na? Wie war's heute? Hat jemand angerufen? War was mit den Kindern? War sonst noch was?« Und dann will er alles haarklein wissen, den ganzen Kram. Vielleicht macht er das, um Zeit zu gewinnen und mir keine Gelegenheit zu geben, dieselben Fragen an ihn zu richten. Egal. Er hört zu und saugt alle Informationen und Geschichten in sich auf. Das gibt mir das angenehme Gefühl, dass mein Leben wahnsinnig interessant ist, dass ich das heimliche Zentrum unserer Familie bin und dass alle Fäden in meiner Hand zusammenlaufen. Außerdem befriedigt es mein Mitteilungsbedürfnis.

Donnerstag, 8. Februar

Ich glaube, ich werde allmählich taub. Dass das Telefon klingelt, merke ich meistens erst daran, dass plötzlich wie von einer Hornisse gestochen ein Kind aus der letzten Ecke des Hauses geschossen kommt und sich mit einem Hechtbagger auf den Hörer wirft, um mögliche Konkurrenten zuvorzukommen. Dann schreit es in den Raum: »BIANKAAA! Telefon!!! Es ist irgendjemand, ich weiß nicht wer, so eine komische Stimme war das!«

In den Hörer hinein lässt dieser Mensch mit Berufung zur Vorzimmersekretärin dann noch schnell eine Botschaft folgen: »Sie kommt gleich, sie sitzt grad noch auf dem Klo«, oder: »Wart mal geschwind, meine Mama wäscht sich grad die Füße!« Würdevoll schreite ich zum Sprechrohr . . .

Bille ruft an. Nachdem wir minutenlang versucht haben, uns wie zivilisierte Menschen zu unterhalten und gleichzeitig das Geschrei ihrer Kleinkinder zu übertönen, fragt sie verwirrt: »Was macht man, wenn man zwei Kinder hat, das eine schreit immer und das andere versteht nichts? – Lea, zieh deiner Schwester endlich die gelben Gummistiefel an, und Klara, du lässt sie dir jetzt anziehen! – Im Keller, wo sie immer sind! – Doch, guck nur richtig! Neben der Kommode, wo sie hingehören. – Was? Dann nimm die blauen Halbschuhe!« So lässt mich Bille immer wieder an ihrem Leben teilnehmen und ich stehe da, lausche und warte geduldig, bis sie wieder Zeit für mich hat. Jedes Mal fühle ich mich um Jahre zurückversetzt, als meine eigenen Mafiosi mit starren, anklagenden Blicken ihre Nasen an der Glastür plattdrückten, hinter die ich mich zurückgezogen hatte. Meine Strategie hieß: Totstellen, Ignoranz, mich selbst und mein Telefongegenüber in dem Moment noch wichtiger nehmen als die kleinen Schmarotzer. Aber viel besser ist es heute immer noch nicht. Zwar kann ich morgens in Ruhe telefonieren, sofern keine Ferien und alle Kinder gesund sind. Aber bei den Nachmittagsanrufen haben sie gerade, wenn ich telefoniere, immer äußerst dringende Fragen, die keinen Aufschub erlauben. (»Wo sind die Gummibärchen?« »Kriegen wir ein Eis?« »Wann kommt Werner nach Hause?« »Ich kapier was in Mathe nicht!«) Oder sie streiten in so beängstigender Tonlage, dass ich es für ratsam halte, das Gespräch zu unterbrechen. Oder aber sie wollen selbst telefonieren und trippeln, penetrant mit spitzem Zeigefinger auf die Uhr deutend, vor meiner Nase herum. Lena schiebt mir neuerdings Zettel vor die Nase, auf denen ich Antworten ankreuzen soll: »Darf ich dein Schlüssel haben wegen ich muss gehn – Ja – Nein«. Mutter neigt beim Telefonieren eher zum Ja!

Freitag, 9. Februar

7 Uhr. Anna hat das Gefühl, jemand drücke ihr den Hals zu und ein anderer habe ihr in den Bauch geschlagen. Ich warte schon seit Tagen darauf, dass sie auch noch krank wird, war ja klar. Ärgerlich frage ich das unschuldige Mädchen: »Fängt es bei dir jetzt auch noch an?« Anna meint kleinlaut: »Oder es ist, weil wir heute Zeugnisse kriegen?« Ach! Als sie Stunden später heimkehrt, ist alle Last von ihr abgefallen. Beiläufig erzählt sie: »Herr Wolf hat gesagt, wenn ich mich in Deutsch noch etwas verbessere, kann ich aufs Gymnasium oder auf die Realschule.« Ich kann es nicht fassen, bin sehr stolz auf sie. Anna: »Aber ich hab ihm gesagt, dass ich lieber auf der Hauptschule bleibe!« Woher hat sie bloß diesen übertriebenen Ehrgeiz?

Es ist Abend. Kuscheldiskussion (eine Form der natürlichen Empfängnisverhütung, deren Zuverlässigkeit mit der Kinderzahl ansteigt). Heute: Kuscheldiskussion die 2875ste.

Anna: »Werner, kuschelst du heute zu mir?« Lena: »Werner, kuschelst du heute zu mir?« Jan: »Haha, hu heuhe hu mir huhelm?« Werner: »Wisst ihr was? Ich kuschel heute zu gar keinem kleinen Kind! Ich will auch mal wieder zu meiner Bianka kuscheln!« Anna erfasst die Situation nüchtern: »Ich will aber kein Geschwisterchen mehr!«

Lena ist es ernst: »Werner, zum hundertsten Mal: Kuschelst du zu mir?« Werner: »Zum hundertsten Mal: Nein!« Sie gucken sich an, gucken, gucken, ich sehe sie von der Seite, beide haben dieselbe Stubsnase, in mir gluckst ein albernes Lachen hoch. Werner, butterweich seufzend: »Wenn du in zwei Minuten fertig bist, kuschle ich kurz zu dir!« Sie, grinsend: »Hundertmal?«

Dann liegt Anna auf dem Sofa, deutet an die Wand und lacht.

Lacht und lacht ohne Ende. Wir wollen mitlachen, starren auch an die Wand, können aber nichts Ungewöhnliches entdecken. Kann sich gar nicht mehr einkriegen, das Kind. Fieber? Halluzinationen? Beunruhigt versuche ich die Symptome einzuordnen. Als sie sich wieder im Griff hat, zeigt sie uns Blinden den Anlass ihrer Heiterkeit: Es ist der Bibelvers auf dem Kalender. Sind wir denn total blockiert? Wir können nichts Witziges daran entdecken. Da liest sie ihn uns kichernd vor: »Selig sind die Friedfertigen, denn sie werden Gottes Rinder beißen!« Füge meiner inneren Zu-erledigen-Liste einen Augenarzttermin hinzu und sehe zu, dass Anna schnellstmöglich zu Schlaf kommt.

23 Uhr. Lena rennt schreiend aus ihrem Zimmer, wahrscheinlich verfolgt von einem zwölfarmigen Monster. Kurz bevor sie sich die Treppe runterstürzt, bin ich da, bereit, sie aufzufangen. Sanft frage ich: »Was ist?« Damit wecke ich sie auf. Sie starrt mich lange an und meint dann vorwurfsvoll: »Ich hab nur kurz geguckt!« Gelungene Late-Night-Shows, die sie da seit acht Jahren bringt!

Sonntag, 11. Februar

Jan geht heute als Müllmann. Mit einer Selbstverständlichkeit und Würde marschiert er orangefarben in den Gottesdienst, dass selbst die Haltung des letzten christlichen Faschingsgegners ins Wanken geraten muss. Das ist das Größte: Wenn seine Mama Kinderstunde macht. Camilla hat frühmorgens angerufen: Sie ist krank, ich muss ohne sie mit den Bärchen in der Kinderstunde klarkommen. Das ist schwieriger, als ich mir vorgestellt habe. Die Gruppe der Drei- bis Sechsjährigen ist insgesamt älter geworden und hat mittlerweile mehr Jungs. Die fallen ganz schön ins Gewicht. Sie boykottieren schon mal das Singen oder das Gespräch, wenn es ihnen nicht interessant genug ist, ich muss manchmal richtig durchgreifen. Das ist nicht besonders lustig. Heute fehlt Camillas ordnende Hand im Hintergrund, sie hält mir immer den Rücken frei.

Tischgespräche sind wichtig für die Allgemeinbildung. Beim Mittagessen kommt unser Gespräch auf Berlin. Werner, immer froh über eine Gelegenheit, bei der er seinen Töchtern die Welt erklären kann, verkündet, dass das unsere Hauptstadt sei. Lena überlegt kurz und schlussfolgert dann: »Wohnt da der König?«
  Lenas nächste Frage aus der Rubrik Weltbildung: »Welches Land gefällt dir am besten? Deutschland oder da, wo die Meere sind?« Ich: »Italien.« Sie: »Willst du da leben?« Irgendwie schon, aber nein, ich sei ganz gern Deutsche. Mein Kind hat Verständnis: »Ja, gell, weil wir richtig reden. Die haben alle so falsche Wörter für das richtige Wort. Bei denen heißt Eis Gelati; die müssen erst wissen, dass das übersetzt Eis heißt.« Kluges Mädchen, erweitert unaufhaltsam seinen Horizont.
  Habe mich auf einen geruhsamen Nachmittag eingestellt. Meine Familie scheint sich hinter meinem Rücken gegen mich verschworen zu haben. Mit allen Tricks versuchen sie mich dazu zu überreden, zum Faschingsumzug zu gehen. Wie flexibel ist der Mensch? Annas Tränen sind es schließlich, die dem Sieg zum Durchbruch verhelfen. Der Countdown beginnt. Kochen, essen, im Keller die Faschingsklamotten aus der Versenkung holen, bügeln, flicken, drei Kinder schminken. Wir schaffen es tatsächlich, fünf Minuten nach Beginn beim Umzug zu stehen. Bei den Guggenmusikern schwingt sogar der musikalische Anteil in mir mit, beim Rest quäle ich mich so durch, spröde fünfmal »Helau« rufend. Der lange Heinz aus der Gemeinde steht mir gegenüber und scheint genauso zu leiden. Jans stille Begeisterung, sein offener Mund, Annas aufgerissene Augen und Lenas Freude entschädigen mich einigermaßen.
  Lenas Nachtwandlung die 2000te. Stürzt heulend aus dem Zimmer, ich an die Treppe, wir sehen uns an. Rätselhafte Worte:

»Ich wollt's richtig machen, wegen den Räubern.« Welchen Umgang hat mein Kind nachtsüber? Ein letztes Rätsel bleibt immer.

Montag, 12. Februar

Charly beobachtet mich aus den Augenwinkeln, seine Schnauze ruht auf den Vorderpfoten, keine Bewegung entgeht ihm. Niemand hätte geahnt, dass er einmal so gewaltig wird. Längst ist er kein Hund mehr. Eher eine Hirschkuh. Wenn er gähnt, klingt es, als brülle ein Löwe. Kaum sind Mann (»Bianka, jetzt mal im Ernst: Hast du meinen Schlüssel gesehen?«) und Kinder aus dem Haus, nehme ich den Telefonhörer zur Hand: »Hallo! Ich bin's! Hast du Lust?« Vertraute Stimme: »Immer! Wo?« Ich überlege, was geschickter ist: »Bei mir!« Stimme: »Wann?« Ich, freudig: »So schnell wie möglich!« Stimme: »Okay. Zieh dich aber gut an!« Klasse, wenn der Tag so anfängt!

Ich raus zu Charly: »Hey, ich hab gerade ein Date mit deiner Freundin ausgemacht!« Er kann einen halben Tag daliegen, reglos, teilnahmslos, gelangweilt, bis ich das Zauberwort sage. Charles verdreht seinen Kopf, glotzt mich aufmerksam mit gespitzten Ohren an. Ich: »HEXE KOMMT!« Charles, der Liebhaber, hört, versteht und dreht durch. Aus der Bauchlage heraus macht er einen Bocksprung, ist nicht mehr zu bändigen, ein kraftvolles Energiebündel, das nur darauf gewartet hat, dass endlich was passiert. Bis Christiana, meine Cousine, mit ihrem Bouvier de Flandre kommt und wir in den Wald gehen, japst er zwischen Haustür und Hoftor hin und her. Es gibt nichts Größeres für ihn. Und wir zwei reden und reden und reden . . . Christiana ist die Frau, die am besten über die alltäglichen Einzelheiten meines Lebens informiert ist. Weil sie selbst ein behindertes Kind hat, kann sie sich sehr gut in mich einfühlen. Der regelmäßige Austausch tut uns gut, was haben wir schon zusammen gelacht und geweint!

Dienstag, 13. Februar

Der Faschingsumzugsreport liegt mir auf dem Magen. Warum habe ich nur zugesagt, schwach und blöde, wie ich bin. Nicht genug, dass ich bei solchen Umzügen schrecklich leide, nun muss ich auch noch darüber schreiben, und zwar so, dass sich die helauschreienden Straßenrandsteher darin wiederfinden können. Habe mich gestern Abend auf Hansberts Faschingsumzugsbericht gestürzt: eine ganze Seite mit zehn Fotos, megawitzigen Untertiteln, habe beim Lesen ständig lachen müssen, perfekt. Unbedarfte Leser vermuten im Schreiber einen närrischen Bauchmenschen. Kenne ich ihn so schlecht oder kann er sich so vollkommen rausnehmen? Fühle mich völlig überfordert. Frage in meiner Verzweiflung in der Bibliothek nach der Zeitung vom Vorjahr, in der Absicht, den damaligen Faschingsumzugsartikel zu aktualisieren. Es wiederholt sich ja doch alles. Leider werfen sie die Zeitung nach einer Woche zum Altpapier. Wenn ich hier Bibliothekarin wäre, würde ich jede Seite für Recherchen von freien Mitarbeitern der Zeitung aufheben.

Neue Idee: Ich schreibe von Kollegen aus der Stuttgarter Zeitung ab, die kennt hier eh keiner. Wo sind bloß die aktuellen Ausgaben? Erfahre von der Bibliothekarin, dass sie beim Bürgermeister auf dem Schreibtisch ruhen, er nimmt sich das Privileg, sie durchzusehen, bevor sie dem geneigten Leser zur Verfügung gestellt werden. Despot. Wenn ich hier Bibliothekarin wäre ... Meine Verzweiflung nimmt zu.

Mittwoch, 14. Februar

Helau! Morgen ist jedenfalls Fasching in der Schule. Anna geht dieses Jahr als Witwe. Traurig, aber wahr. Was hat uns das zu sagen? Ich hoffe, nichts weiter, sie mag bloß dieses schwarze Großmutterkleid mit dem Jäckchen. Ich habe es auf dem Flohmarkt gekauft in der ernsten Absicht, es selbst zu tragen. Man konnte sehen, dass es sehr alt war und außerdem wunderschön. Nach dem ersten Kontakt mit einem modernen Schleudergang von 1300 Umdrehungen schrumpfte es beleidigt auf zwei Drittel zusammen und wurde untragbar. Wanderte in die Verkleidungskiste.

Bei der Kostümgeneralprobe entsetzter Aufschrei: Anna kann unmöglich zum schwarzen Spitzenkleid diese plumpen, roten Goretex-Winterstiefel tragen. Das sehe ich natürlich ein. Wir verbringen einige nette Stunden im Schuhgeschäft, um 30 Paar Schuhe Größe 33 bis 36 durchzuprobieren. Das letzte Paar passt. Klassenfest gerettet. Abends dann wieder Unglück pur. Anna durchstöbert unsere Kassetten nach brauchbarer Musik für die Fete morgen. »Lauter Babymusik«, schnaubt mein neunjähriges Baby verächtlich. »Die brauchen doch Musik, wo man drauf tanzen kann!« Die! »Die« werden wahrscheinlich allmählich wichtiger als »ihr«, sprich »wir«. Beginnt nun dieser Prozess, den Dorothee, meine anthroposophische Freundin, neulich etwas abgehoben so umschrieb: »Mit neuneinviertel inkarnieren die Kinder endgültig in ihren irdischen Leib. Meiner Tochter war damals oft übel und sie sagte immer wieder, sie habe das Gefühl, als liege sie neben sich. Ich machte mir wirklich Sorgen um sie, denn manche Kinder packen es nicht, die sterben dann einfach. Die inkarnieren nicht!« Anna ist neundreiviertel. Vielleicht inkarniert sie etwas verzögert. Jedenfalls verlangt sie nach »richtiger« Musik. Zum Glück haben wir zwischen dem ganzen geistlichen, klassischen, folkloristischen, evergreenigen »Mist« noch diese Techno-CD, die Werner irrtümlicherweise von seinen Rehabilitanten zum Geburtstag geschenkt bekam. Gerettet.

Sandra, Lenas Schulkameradin, die es nie fassen kann, dass Lena ihre eigenen Geschwister leiden kann, sogar noch mit ihnen spielt und manches teilt, ist bei uns. Sie erzählt uns von ihrem letzten Urlaub. Vater Ingenieur, Mutter ganztags Sekretärin, Pisa. Auch schön. Mit etwas affektierter Stimme näselt sie: »Falls ihr jemals dorthin kommen solltet: An das Meer braucht ihr gar nicht erst zu gehen. Total schmutzig! Man kann überhaupt nur im Hotelpool baden!« Ach so! Sandra und Lena wollen tanzen, ziehen dazu ihre Hosen aus – Sandra trägt darunter eine edlere Feinstrumpfhose, als ich sie je besessen habe. Fühle mich underdressed in meinem Bratenschürzenaufzug. Ich soll ihnen tanzbare Musik auflegen, ich gebe mein Bestes. Sandra verlangt nach etwas Fetzigerem. Versuche es mit südamerikanischer Musik – sie fragt, ob ich nicht etwas Rockigeres habe. Ich entscheide mich für Elvis – sie fragt: »Hast du keine Musik aus dieser Zeit?« Bin alt, steinalt und schäme mich ein bisschen. Anna rettet mich mit besagter Techno-CD, und zufrieden hüpfen die beiden mit elfenartigen Bewegungen über Sessel und Sofa. Vor kurzem tanzte Lenchen noch den Bi-Ba-Butzemann...

Werner kommt mit einer Rose in der Hand nach Hause. Ich starre ihn verwirrt an. Okay, heute ist Valentinstag. Aber das kann nicht der Grund sein. So was tut Werner nicht, so was hat Werner noch nie getan. Er grinst, reicht mir die Rose, ich frage tonlos: »Was hast du verbrochen?« Werner grinst weiter, peinlich berührt: »Nein, nichts!« Es kommt mir immer komischer vor. Noch nie hat mir Werner Blumen gebracht, es muss etwas Furchtbares geschehen sein. Ich weigere mich, das Ding entgegenzunehmen, bevor ich nicht die wahre Geschichte kenne. Wird er rührselig auf seine alten Tage? Hat er vor zehn Jahren zu viel Rindsbouillon gegessen? Hat er sich mit seinem Chef überworfen und seine Stelle hingeschmissen? Hat er, ohne mich zu fragen, ein neues Auto gekauft? GEHT ER FREMD?

Lena erträgt es nicht länger und stöhnt schmerzvoll: »Freu dich doch! Sag doch endlich: Danke!« Werner erlöst mich aus meiner Starre und erzählt endlich die Geschichte zur Rose: Seine Kolleginnen können nicht begreifen, dass wir dereinst die

Abmachung getroffen haben, uns zu den üblichen Anlässen keine Geschenke mehr zu machen. Wir hatten unsere Gründe dafür und sind bis heute gut damit gefahren. Den ganzen Morgen lagen sie ihm in den Ohren, dass er seiner geliebten Ehefrau zum Valentinstag Blumen schenken müsse, um seine Liebe zu beweisen, das gehöre sich so, das sei das Mindeste, das würde sie erwarten, das würde ihr zustehen. Doch er blieb ungerührt. Da ließen sie vorerst von ihm ab, um ihn mittags listig um fünf Mark anzupumpen und mit der Rose zurückzukommen. Nun gehört sie mir.

Ich habe ein Problem mit »Das gehört sich so als richtiger Irgendwas, das tun alle richtigen Irgendwasse«. Ich habe sie nicht erwartet, die Rose, ich erwarte mehr. Und Werner gibt mehr. Hier steht sie nun, erinnert mich anmutig daran, dass ich anders bin als andere Frauen, und ist schön.

Donnerstag, 15. Februar

7 Uhr. Alle scheinen fit zu sein. Werner stürmt durchs Haus mit dem Ruf: »Mal 'ne blöde Frage: Weiß jemand, wo mein Schlüssel ist?«

Lena verkleidet sich als Sheriff für die Faschingsfeier in der Schule, klebt sich einen professionellen Clark-Gable-Bart an und fragt mehr nebenbei: »Wo war die Sandra in Urlaub? In Pieselland?« Annas Kleid hat plötzlich einen Riss, ich baue schnell die Nähmaschine auf. Noch halb schlafblind schminke ich sie wie eine flirtbereite Ballbesucherin. Zum Glück muss ich Jan nicht verkleiden, er feiert im Kindergarten eine Gespensterparty, zu der er dort zurechtgemacht wird. Kurz bevor der Bus eintrifft, rufe ich meine Cousine an, ob sie Lust auf einen Spaziergang mit mir und Charles, dem Großen, hat. Sie hechelt abgehetzt ins Telefon: »Keine Zeit, schminke gerade Oliver faschingsmäßig für den Kindergarten. Morgen bleibt mir das wenigstens erspart, da ist ja diese Gespensterparty!« Der Ziwi vom Fahrdienst klingelt. Ich habe genau eine Minute, um Jan in sein Indianerkostüm zu stecken und meinem verwirrten Sohn den Sinnes- und Kleiderwechsel zu erklären. Helau!

Freitag, 16. Februar

Sternstunde einer Mutter. Es sind Schulferien, damit alle Zeit haben, sich auf Fasching zu konzentrieren. Die Zeit, in der Mutter plötzlich wieder ganztags umringt ist von einer frischen, fröhlichen, weniger frommen, aber umso mehr freigelassenen Kinderschar. Das Kindergartenkind ist bei Oma gut versorgt. Mutter lässt ihre zwei größeren Kinder zurück, um wie jeden Freitag gegen den Wind in den Buchladen zu radeln. Um 12 Uhr radelt sie zurück, einem unbegreiflichen Naturgesetz zufolge wieder gegen den Wind, der gegen 11.45 Uhr dreht. Sie macht sich stark, um beim Eintritt in ihr Haus dem Wind der Verwahrlosung und der streitenden Kinder die Stirn zu bieten. Im Hof ist es seltsam ruhig. Mutter wird unruhig. An der Haustür klebt ein Zettel: »Bin bei Katja. Das Haus ist sauber.« Wie unheimlich! Vorsichtig dreht sie den Schlüssel im Schloss, schiebt verängstigt den Kopf durch den Türrahmen. Vom oberen Stockwerk kommt keine Ursuppe aus Spielsachen, Essensresten, leimverklebten Papierschnipseln und Schulheften heruntergeschwappt. Sie setzt einen Fuß über die Schwelle. Das Frühstücksgeschirr ist weg, die Küche sauber, alles gesaugt, aufgeräumt und geputzt. Lena liebt mich! Liebt mich auf ihre handfeste Art! Stilles Glück.

Dienstag, 20. Februar

Heute ist der mit Schrecken erwartete Tag, an dem ich als faschingsfeindliche Pressefrau zum Umzug im Nachbarort muss. Ich bügle nervös und unter Zeitdruck Lenas Sheriff-Kostüm und sage mir, dass ich diesmal die Kinder wenigstens stressfrei in den Kinderfasching ziehen lassen kann: Mutti nimmt sie mit. Da entdeckt Lena endlich ihr weibliches Wesen und verkündet mir, dass sie von nun an kein Sheriff mehr sein will, sondern als Zigeunerin gehen wird. Das Zigeunerinnenkleid stammt noch von mir, ich fühle mich geehrt und mache mich in aller Hektik daran, die aufgerissenen Seitennähte, die ich beim Bügeln entdecke, zu flicken. Viel zu spät rase ich zu meiner großen Reporteraufgabe, parke viel zu weit außerhalb und laufe mit viel zu vielen Taschen bepackt durch den langgezogenen, vollgeparkten, luftschlangenbehängten, laut plärrenden Ort. Bin aufgeregt wie zuletzt bei meiner mündlichen Prüfung. Ich bin ein Faschingsmuffel, ich kann das nicht, kann das nicht, kann das nicht. Dann gebe ich mir einen Stoß, lasse mich hineinnehmen in die seltsame, grundlose Ausgelassenheit der Narren und ziehe mit der Zeit sogar ziemlich vergnügt durch die Gruppen. Alle, die mich schreiben sehen, fragen, ob ich von der Zeitung sei. Nein, sage ich dann, das ist meine Verkleidung, ich bin Karla Kolumna, die rasende Reporterin, und manche entschuldigen sich. Hihi. Andere glauben mir nicht und buhlen um meine Aufmerksamkeit, wollen unbedingt aufs Foto. Nach der Hälfte des Umzugs muss ich los, renne schwerbeladen zwei Kilometer zurück zum Auto, unterwegs fallen mir die ersten Zeilen ein, ich rase ins Fotogeschäft, gebe die Filme ab, rase heim, an der Ampel notiere ich die ersten Stichworte. Mit hochrotem Kopf stürze ich an den Computer. »Um 17.30 Uhr ist Deadline, gnadenlos«, hat Hansbert gesagt. Todeslinie. Abgabeschluss. Abschuss. Unter Zeitdruck schreiben ist wie Schule, erinnert mich an meine Deutscharbeiten. Ich bin unfähig, ich werde nie mehr für die Zeitung schreiben! Um 17.30 Uhr fällt mein Blick auf die Uhr, ich falle fast tot vom Stuhl. In Hausschuhen rase ich in die Redaktion, renne die Treppen hoch, gebe mein unvollkommenes Werk als Letzte ab. Wer auch sonst. Dann falle ich ins Auto, schleiche heim, radle mit Charly durch den Wald. Völlig erledigt.

Montag, 26. Februar

Ich habe Weihnachten überlebt!

Ich habe Fasching überlebt! Ich habe zehn Tage Faschingsferien überlebt! Zehn Tage Full House und Anarchie! Ich habe den Bericht über den Faschingsumzug überlebt! Was kann mir noch geschehen?

Der Frühling kann kommen! Noch 24 Tage.

Dienstag, 27. Februar

Jan hat seit den Faschingsferien Kontakt mit zwei Nachbarskindern und pflegt ihn, als ginge es um sein Leben. Wie ausgehungert. Todesmutig überwindet er seine Berührungsängste. Jeden Tag will er jemanden besuchen oder es soll jemand zu ihm kommen. Ich helfe ihm, so gut ich kann. Fahre ihn durch die Gegend, wenn ich das Auto habe, lade Kinder aus seinem Kindergarten ein und fahre sie abends heim. Organisiere Dates für ihn, so oft es geht.

Jans Ohren sind mal wieder krank, er leidet unter der damit verbundenen Schwerhörigkeit und der belastenden Behandlung. Abendgebet an seinem Bett. Wie so oft danke ich Gott für all die schönen Dinge des vergangenen Tages. Am Schluss meint er: »Und Jesus mein Ohr heilen!« Ich freue mich über seinen eigenen Beitrag und bitte Jesus routiniert darum, dass er macht, dass Jans Ohren schnell wieder gesund werden. Jan sagt »Amen«, wie immer, aber dann setzt er sich wie elektrisiert auf, blickt zum verschlossenen Fenster und fragt mit gerunzelter Stirn: »Mama, wie Jesus hören? Wie Jesus Ohr gesund machen? Ich Jesus nein seh! Jesus Himmel!« Wie soll ich meinem schwerhörigen Sohn, der gerade begriffen hat, wie wichtig Hören für die Verständigung ist, erklären, dass Jesus, obwohl unsichtbar, allgegenwärtig und allmächtig ist und dass geschlossene Fensterläden kein Hindernis für ihn sind?

Mittwoch, 28. Februar

Jan wacht auf, greift an sein eiterndes Ohr und sagt enttäuscht: »Jesus nein Ohr heilt!« Oh, Gott. Wäre es dir nicht ein Leichtes gewesen? Okay, wenn du meine Bitten nicht erhörst, damit kann ich umgehen. Aber die von Jan . . . Aber Gott geht oft andere Wege, als ich es mir wünsche. Auch Jan muss lernen, dass Gott kein Automat ist – Gebet rein, Erhörung raus.

Freitag, 1. März

Jeden Morgen denselben Weg mit Charly um den Waldsee. Das Fahrrad fährt die Strecke schon von allein. Heute überrascht mich eine kleine Variante: Auf dem kleinen, zugeschneiten See sind plötzlich fünf Schwäne. Hier waren noch nie Schwäne! Wahrscheinlich machen sie Zwischenstopp auf einer Reise. Ich sehe sie erst gar nicht, sie sind weiß wie der Schnee. Aber dann zeichnen sie sich plötzlich ab und ich muss laut lachen: Sie haben eine Formation gebildet, irgendwas Richtung »Holiday on Ice«. Gerade üben sie symmetrische Figuren: Ein Schwan steht in der Mitte, rechts und links daneben sitzen jeweils zwei Kollegen. Sehr würdevoll das Ganze. Ich fahre weiter um den See herum und spähe zu ihnen hinüber, sobald das Gebüsch den Blick freigibt. Jetzt laufen sie im Gänsemarsch über den See, weihevoll wie Priester bei einer Fronleichnamsprozession, fünf Schwäne hintereinander, im Gleichschritt, gemäßigte Geschwindigkeit. Zum Brüllen. Und natürlich kein Mensch weit und breit, mit dem ich dieses Vergnügen teilen könnte. Als ich sie das dritte

Mal erblicke, sind sie plötzlich ganz nah bei mir. Sie stehen nun einfach nebeneinander und blicken mich stumm an. Ich bin begeistert! Während ich in den Buchladen radle, singe ich inbrünstig: »Zogen einst fünf wilde Schwäne, Schwäne leuchtend weiß und schön ...«

Sonntag, 3. März

Der Horizont lügt das Blaue vom Himmel herunter und mein mir anvertrauter Pfadfinder fällt darauf herein: Berstend vor Frühlingsgefühlen, wie ein Bär, der seinen Winterbau verlässt, rüstet er unsere Fahrräder und verkündet ansteckend fröhlich: »Wir machen einen Fahrradausflug, an den ihr euch noch lange erinnern werdet!« Er hat auch schon eine Idee, wohin, und kann es kaum erwarten, bis der Gottesdienst vorbei ist. Als Barbara aus der Gemeinde von unserem Vorhaben erfährt, schließt sie sich mit ihrem (uns bis dahin unbekannten) Mann und ihren Kindern spontan an. Wir machen einen Treffpunkt im Wald aus. Wir sind – natürlich – ziemlich spät dran. Angespannt rasen wir durch den Wald. Der Himmel hält sein Versprechen nicht und verfinstert sich zusehends. Eigentlich ist es ganz normalschlechtes Winterwetter, allerhöchstens zwei Grad warm. Und Bleiers machen einen Radausflug. Zur Verstärkung hat sich der fremde Ehemann, der mit der Gemeinde nichts am Hut hat und jetzt wahrscheinlich eine massive Bekehrungsattacke befürchtet, einen Hund ausgeliehen, und die zwei Rüden verstehen sich auf Anhieb schlecht. Der Mann ist leicht mürrisch, Barbara dagegen super drauf. Nachdem wir uns drei Stunden lang fast alles abgefroren haben, während ich mich außerdem ununterbrochen mit Jan unterhalten musste, der vorne bei mir im Kindersitz thronte und alles über Gott und die Welt wissen wollte, lädt mein mir anvertrauter Gastgeber die zusammengekauerte, frierende Familie noch zu einem Kaffee bei uns daheim ein. Mist. Um überhaupt einigermaßen pünktlich zu unserem Treffen zu kommen, haben wir Haus und Hof verlassen, als hätte uns eine Horde meuchelmordender, skalpellschwingender Partisanen überfallen. Wir haben alles stehen und liegen gelassen. Zwischen Frühstück und Gottesdienst genauso. Wir arbeiten noch an unserer Pünktlichkeit. Ich will ja nicht zwanghaft wirken, aber meine Hausfrauenehre ist ernsthaft bedroht. Warum kommt nie einer, wenn alles nach »Oberst Sauber« blinkt, das kommt doch auch immer mal wieder vor? Vorsichtig taste ich mich vor: »Ihr könnt wirklich gerne mitkommen, aber bei uns sieht's ein bisschen chaotisch aus.« Dem Mann, von Beruf Sozialarbeiter, macht das gar nichts aus: »Was glaubst du, in was für Familien ich überall hineinkomme, darauf achte ich gar nicht. Mir sind eher die suspekt, die zweimal in der Woche den Kronleuchter abstauben.« Sehr sympathisch. Ich überlege, zu welchen Familien wir gehören, jedenfalls nicht zu den Kronleuchterwedlern. Heimlich seile ich mich ab, meine letzten Kraftreserven nutzend, um zwei Minuten vor den anderen anzukommen, klettere über das Hoftor und sause mit wehenden Flügeln durch das Haus. Ich mache in der Garderobe Platz für Besucherjacken, räume die Reste von Frühstück und Mittagessen ab, stopfe alles in den Geschirrspüler, mache die Tische sauber, räume Kinderspielzeug und Herrenwäsche aus dem Wohnzimmer, ordne die Decken auf dem Sofa, setze Kaffee auf, durchforsche die Speiseschränke nach Essbarem: Nichts! Gähnende Leere. Die tüchtige Frau von Sprüche 31 hätte Apfelstrudel in der Kühltruhe, ich nicht. Wenigstens fülle ich die Tetrapackmilch noch in einen schönen Krug vom Küchenregal um. Da kommen sie schon. Mit einem ruhigen Lächeln auf den Lippen empfange ich sie. Gemeinsam tragen wir die Tassen und den Kaffee ins Wohnzimmer. So übel sieht es gar nicht aus hier, Barbara jedenfalls ist begeistert. So gemütlich! Ich entspanne mich. Sie spielt mit den Kindern ein Gesellschaftsspiel am Kaffeetisch, während ihr Mann, den wirklich stilvollen Milchkrug in der Hand, mich lässig fragt: »Hast du mal eben was zum Rausfischen?« Ich sehe ihn fragend an. Gibt es in dieser Jahreszeit schon Fliegen? Alle Blicke richten sich auf den Inhalt des Kruges. Die Kinder fragen: »Was ist denn da drin? Dreck?« Ich sehe rein: »Nein – äh – Spinnenbeine!«

Montag, 11. März

Die Situation mit Jan belastet mich zur Zeit so, dass ich mich immer häufiger dabei ertappe, wie ich vor ihm flüchte. Sobald er vom Kindergarten heimkommt und Ansprüche an mich stellen will, ziehe ich mich zurück in die Arbeit im Haushalt, für die Gemeinde oder die Zeitung.

Gestern Abend hat mir Werner vorgeworfen, ich wolle mein richtiges Leben gar nicht mehr leben. Ich würde mich am liebsten auf eine einsame Insel zurückziehen und nur noch schreiben. Stimmt. Mit schlechtem Gewissen stehle ich mir für das, was mich persönlich interessiert, hier und da ein wenig Zeit, immer auf Kosten des Haushalts oder der Kinder. Ständig setze ich mich unter Druck und fühle mich dann überfordert. In vier Wochen fahren wir in Urlaub, bis dahin sollen der Gemüsegarten angelegt, der Speicher ausgebaut und die oberen Zimmer renoviert werden. Daneben verfolgt mich die Angst, dass Jan die Zeit davonläuft und ich etwas versäume, wenn ich nicht jeden Tag mit ihm versuche, seine Möglichkeiten auszuschöpfen. Die quälenden Schuldgefühle jedoch lähmen mich.

Werner sieht das Ganze gelassener. Er glaubt daran, dass Jan es schaffen wird. Das hilft mir. Er korrigiert mich, hilft mir, meine Prioritäten immer wieder zurechtzurücken. Ich dürfe nicht meinen Maßstab für Zufriedenheit an Jans Leben anlegen, meint er. Jan könne sich seine Zufriedenheit auch aus anderen Bereichen holen. Ich soll ihn fordern und stützen, damit er Anschluss zu Kindern findet, ihn aber nicht damit überfordern, dass er überall dabei sein müsse. Und vor allem soll ich mich nicht ständig in der Hoffnung wiegen, Jan könne sich bei entsprechend hohem Einsatz meinerseits noch ganz normal entwickeln. Das sei nicht der Punkt. Der Punkt sei, ob ich ihn so annehmen kann, wie er ist. Traumvater.

Ich fahre mit Jan zur Sonderpädagogischen Beratungsstelle. Während mein kleiner Sohn auf Intelligenz und Entwicklungsstand getestet wird, unterhält sich Frau Baum, die Psychologin, mit mir. Ich bin sehr dankbar für diese Gespräche. Heute braucht sie mich nur mit ihren warmen Augen anzublicken und die erste verständnisvolle Frage zu stellen, da heule ich schon los. Froh, ein Gegenüber zu haben, das neutral und kompetent ist und Zeit für mich hat, erzähle ich ihr von meinen Ängsten und Unsicherheiten im Umgang mit Jan. Alles, was ich normalerweise immer in den Vordergrund schiebe, um mit Jans Behinderung besser umzugehen (»Ach, Jan geht's doch super, er kann ja immerhin laufen und ist ein fröhliches Kind«), fällt zusammen. Gefühle tauchen auf, die ich bisher nie zulassen wollte. Eigentlich will ich mal wieder in erster Linie an mich denken, mich nicht für alles, was meine Kinder bewegt, verantwortlich fühlen, mich ein Stück weit freisprechen. Beim Erzählen weine ich ununterbrochen, viel hat sich angestaut und löst sich endlich. Frau Baum hört zu, versteht, ermutigt, zeigt mir, was ich schon geschafft habe, und stärkt mein Selbstvertrauen. Mit wenigen Impulsen bringt sie mich dazu, laut über mein Leben nachzudenken, herauszublicken aus meiner momentanen Situation und Zusammenhänge zu sehen. Sie erklärt mir das Wechselspiel zwischen meinem Verhalten und Jans Reaktionen. Erstaunt erkenne ich Mechanismen, die Jan und ich im Laufe der Zeit eingeübt haben und die zwar funktionieren, aber für Jans Entwicklung nicht förderlich sind: Jan macht sich, sobald es für ihn anstrengend zu werden droht, klein und hilflos. Er nutzt seine Rolle als Behinderter aus.

Ich brauche Jan nicht ständig zu bemitleiden und zu beschützen. Das hilft ihm nicht. Ich verstehe nicht genau, warum es mir zur Zeit schlecht geht, warum dasselbe Leben manchmal mehr weh tut als sonst. Aber ich sehe wieder zuversichtlicher in meine und Jans Zukunft. Ich habe wertvolle Hinweise und Ratschläge erhalten, die mir helfen werden, mit Jans Situation wieder besser umzugehen. Mir ist vieles klarer geworden.

Freitag, 15. März

Seit gestern bin ich wieder ruhiger. Ja, am liebsten würde ich für ein paar Monate auf eine einsame Insel ziehen und ein Buch schreiben, aber ich habe drei Kinder, die mich brauchen. In zehn Jahren kann ich immer noch schreiben. Mit neuem Mut gehe ich wieder an den Alltag heran.

Hauskreis. Helmine (beim letzten Treff noch in ihrer Naturfarbe platinblond) stürmt zur Tür herein mit orangerot gefärbtem Haupthaar: »Fürchtet euch nicht, ich bin es!«, ruft sie zur allgemeinen Erheiterung und erspart uns damit jeglichen Kommentar. Reihum erzählen wir, wie es uns ergangen ist seit dem letzten Treff. Manche haben keine Lust, etwas zu sagen, andere schütten ihr Herz aus. Für mich ist es sehr hilfreich, in diesem Kreis zu erzählen, dass es mir schlecht geht, und zu wissen, dass sie für mich beten. Ich gebe meine Sorgen ab, Heilung beginnt.

Dienstag, 19. März

Sperrmüll. Volksfest der Kinder, Verwirrten und fliegenden Händler. Fahrräder darf man keine vor der Haustür stehen lassen, die haben sonst die längste Zeit dort gestanden. Die ganz Unverfrorenen reißen mir schon Dinge aus der Hand, die ich gerade erst vors Haus trage. Die weniger Mutigen, aber dennoch wild Entschlossenen treiben sich in der Hoffnung, unerkannt zu bleiben, unauffällig ab Einbruch der Dämmerung herum. Bin froh, dass die Matratzen in Charlys Hütte noch gut sind, sonst müsste ich mich auch unters Volk mischen. Mit dem Kombi gleichgültig die Straßen entlangfahren, bei einem Matratzenstapel stehen bleiben, rausschlendern, als ob ich nachsehen wollte, ob der Tankdeckel zu ist, Kofferraum auf, Matratzen rein, ohne nach rechts oder links zu sehen, Vollgas. Unsere erste Wohnung habe ich auf diese Art eingerichtet. Tisch, Stuhl, Sofa – alles antiker Wertstoff, von mir als brauchbar empfunden, den Leuten mit händereibendem Vergnügen hinterm Rücken weggetragen. Mein Geschmack hat sich geändert und Sperrmüll hat einen anderen Sinn bekommen. Darüber freut sich Werner, der mich immer mit Besorgnis von meinen Beutezügen zurückerwartete und in langen Diskussionen versuchte, mich von der Unbrauchbarkeit meiner Fänge zu überzeugen. Jetzt ist es die pure Lust, Haus, Hof, Keller und Schuppen von toten, sperrigen Gegenständen zu befreien.

Da kommt Anna glückstrahlend zur Tür hereingestürmt: »Bianka, ich hab was für dich, das gefällt dir bestimmt, das wird dir eine große Freude machen!« Sie bringt einen alten Korb, gefüllt mit mürbem, verstaubtem Dekomaterial aus Weihnachts- und Osterbasteleien. Eine Tüte voll halbverrottetem Trockengesteckmaterial. Eine kitschblau angesprühte, getrocknete Hortensie. Strahlend blickt Anna mich an. Hat Mutter da noch eine Wahl? Oh, Hilfe! Herausforderung an mein mütterliches, eigentlich nicht vorhandenes Schauspieltalent. Dank jahrelanger Übung meistere ich den Part relativ überzeugend. Ich und Dekomaterial, noch dazu eingestaubtes ... Wohin damit? Hilflos drapiere ich alles um mein Küchenfenster. Lena hat das große Schaukelpferd wiedergefunden, das ich vor zwei Jahren auf dem Sperrmüll entdeckte, mit dem ein Jahr lang niemand schaukelte und das ich letztes Jahr vor das Haus stellte, glücklich darüber, dass es gleich darauf fehlte. Ich hatte jemandem eine Freude gemacht, gewiss! Nun weilt es wieder unter uns, und ich bin sicher, Lena wird ihm das Gnadenbrot geben. Nach der nächsten Runde kommt Anna mit einem Necessaire Marke Konfirmationsgeschenk anno 1912 zurück. Darinnen Zahnbürstenbehälter, Bürste mit einigen antiken Haaren, Kamm, Nagelfeilen, Pinzette, Nähutensilien. Überglücklich ist sie über ihren Schatz und fest davon überzeugt, auch mich damit restlos glücklich machen zu können. Nach vielen geschickten psychologisch-pädagogischen Windungen bin ich so frei, das Geschenk abzulehnen, muss aber wenigstens die originalverpackten Nadeln nehmen, da sie sich meiner Argumentation entziehen (unhygienisch, gebraucht). Wird sie es seelisch verkraften? Oder ist dies wieder eines der durch ihre Mutter verursachten Traumata, die sie eines Tages auf der Couch ihrem Analytiker als Schlüsselerlebnis für Minderwertigkeitsgefühle anvertrauen wird?

Morgen früh muss Lena nüchtern zur Blutabnahme, wegen ihrer häufigen Brechanfälle. Abends erkläre ich ihr genau, was auf sie zukommt. Dann bete ich für sie. Aufmerksam lauscht sie. In der Nacht schläft sie durch.

Mittwoch, 20. März

Ein ungewohntes Geräusch weckt mich. Irgendwie kommt es mir bekannt vor. Noch im Halbschlaf weiß ich genau, dass ich es schon einmal gehört habe. Da, wieder! Ein Vogel plärrt an meinem Fenster! Immer wieder die gleichen Töne. Es ist eindeutig, er will mir eine Botschaft mitteilen! Was schreit er so aufdringlich? Ich öffne das Fenster einen Spalt, um ihn besser zu verstehen. »Frühlingsanfang! Frühlingsanfang!« Er jubiliert und tiriliert ohne Ende. Ich schlage im Duden nach: »Jubel, der: lauter Ausbruch ungebundener Freude; Fest zur Erinnerung an etwas Denkwürdiges.« »Tirili: Tonwort zur Bezeichnung des Vogelgesangs; Tirili, das: das Trillern, Singen der Vögel wie eine Lerche.« Das ist es! Es ist eine Lerche, die da draußen ausflippt, sich vergisst, hemmungslos das neue Leben ankündigt. »Frühling, der: Lenz, auf den Winter folgende Jahreszeit, Blütezeit des Lebens, des Geistes.« Geschafft! Ich habe es geschafft! Dieser ewig lange Winter hat mich nicht untergekriegt! Ade ihr langen Nächte, ade du kahle, schlafende Natur, ade du klirrende Kälte, ihr dicken Textilschichten, du miese Heizungsluft, ade du Eingesperrtsein! Seid gegrüßt, ihr hellen, langen Tage! Salve, du erwachende Natur, all ihr Blumen, Blätter, Vögel und Bienen! Sei gegrüßt, du wärmende Sonne, ihr lauen Nächte, ihr Düfte und Klänge, Frühlingssalate und Frühlingskollektion!

Radle mit Lena zum Arzt, furchtlos plaudert sie über den Frühling: »Woher wissen die Vögel eigentlich, dass Frühlingsanfang ist? Haben die auch einen Kalender?« Froh, einen Hinweis auf unseren Schöpfer geben zu können, entgegne ich unwissenschaftlich: »Das hat Gott so gemacht, dass sie das einfach von innen heraus wissen, dazu brauchen sie gar keinen Kalender!« Ja, das leuchtet ihr gleich ein: »Ach so, die wissen einfach: Heute ist der 20. März!«

Bei der Blutabnahme hat der Arzt mehr Angst als Lena. »Ach, du guter Gott!«, ruft er fromm, »du bekommst Blut abgenommen?!«, und wendet sich mit den ermutigenden Worten an mich: »Ist sie denn ein wenig vorbereitet?« Ja, das ist sie natürlich, und weil es genau so wird, wie ich es ihr erklärt habe, zuckt sie mit keiner Wimper. Ich bewundere sie. Hinterher frage ich: »Hast du große Angst gehabt?« Sie entgegnet zufrieden: »Nein! Dein Gebet gestern hat geholfen!«

Gott sei Dank erhört Gott auch die Gebete meiner Kinder! Habe ich je dran gezweifelt? Sollte ich etwa meine Gebete für erhörungswürdiger, da erwachsener, gehalten haben? Glaube ich etwa, dass Gott sich nur mit »Großen« ernsthaft auseinandersetzt? Meine anfänglichen Befürchtungen, Gott könnte ihre kindlichen Gebete ignorieren und sie gleich zu Beginn ihres Glaubenslebens entmutigen, hat er in alle Winde zerstreut.

Als Lena von der Schule kommt, hat sie den Morgen längst hinter sich gelassen. Ihr übliches Anliegen: »Darf ich Sowieso anrufen, um zu wissen, ob es heute Nachmittag klappt?« Nun haben wir ja Lena, den Nesthocker, jahrelang seelisch aufgebaut, damit sie das Nest endlich verlässt. Dass damit aber so hohe Kommunikationskosten verbunden sein würden, war uns nicht bewusst. Sie kommt von der Schule, telefoniert, isst, macht schwungvoll ihre Hausaufgaben, übt freiwillig Klarinette und verschwindet dann. Stunden später, immer kurz vor Einbruch der Dunkelheit, kehrt sie zurück, hat sich bei anderen Leuten durchgegessen und verlangt, den Film fertig sehen zu dürfen, den sie dort abbrechen musste, nur um zu ihrer Familie heimzukehren. Wie lästig! Deshalb unsere neueste Abmachung: Absprache in der Schule! Ohne Telefon, wie früher. Das letzte Ultimatum, die letzten Begnadigungen sind längst abgelaufen. Ab heute gilt's. Nicht für Lena. »Darf ich heute die Marion anrufen?«, fragt sie mit ihrer säuseligsten Stimme. »Nein.« Entsetzen. »Dann weiß ich ja gar nicht, ob es heute klappt!« Ich: »Vielleicht ruft sie ja dich an?« Doch Marion darf nicht anrufen, zu teuer. Ich mache meiner Tochter einen konstruktiven Vorschlag: »Wenn du mir dreißig Pfennig gibst, kannst du sie anrufen.« Blankes Entsetzen. »Dann habe ich ja weniger Geld!« Nun ja, so geht es mir auch, moralisiere ich. Leidvoller Aufschrei: »Dann bin ich heute Nachmittag ganz alleine!« Ich überlege mir, wie ich dieses Problem in meiner Kindheit ohne Telekommunikation gemeistert habe, und schlage ihr vor, die 700 Meter mit dem Fahrrad zu fahren und zu fragen, ob sie dableiben dürfe. Nackte Verzweiflung über verständnislose Mutter. »Und wenn nicht, dann war ich völlig umsonst da!« Horror. »Dann ruf halt an. Mit dreißig Pfennig bist du dabei!« Dann hat sie ja keine siebzig

Mark mehr! Sie flippt völlig aus, knallt Türen, wirft sich auf ihr Bett, schreit. Sie ruft nicht an und bleibt tatsächlich zu Hause! Später macht sie lachend mit ihrer Schwester Stuhl an Stuhl Hausaufgaben, spielt mit Jan Brettspiele, hilft mir bei der Hausarbeit und benimmt sich, als hätte sie alle Zeit der Welt. Denke, dass ich auf dem richtigen Weg bin.

Freitag, 22. März

Lena macht mit Charly einen Spaziergang um den See. Ganz alleine und zum ersten Mal. Kaum zurück, sprudelt sie aufgeregt los: »Bianka, da war eine Schildkröte, die ist immer ins Wasser gehüpft! Rausgeklettert, um den Baumstamm rumgekrochen und wieder reingehüpft! Das hat die immer wieder gemacht! Die hatte mindestens so viel Spaß wie ich auf dem Sprungbrett!« Und dann, ohne Übergang: »Wieso weißt du eigentlich, dass unser Gott der Richtige ist?« Nach kurzem Nachforschen stellt sich heraus, dass Lena beunruhigt ist, weil ihre Freundin Lela, die aus Albanien kommt, gerade Ramadan begeht. »Ist Lelas Gott der Falsche? Kommt sie nicht in den Himmel? Wenn ich in Albanien geboren wäre wie die Lela, würde ich dann auch Moslemin sein.« O Herr, Hilfe! Gerade jetzt habe ich gar keinen klaren Kopf. Was soll ich diesem ernsthaften, neunjährigen Mädchen antworten, das meinen Glauben prüft? Ich habe Angst, Lena mit irgendwelchen abgedroschenen Phrasen zu kommen. Wieso stellt sie ausgerechnet immer die Fragen, die mir bis heute selbst ein Rätsel sind? Wir kuscheln zusammen in unserem Lieblingssessel und reden über meine Erfahrungen mit dem liebenden, gewaltigen Gott, der meine kleinen, verzweifelten und oft zweifelnden Gebete erhört, der mich tröstet, meine Wunden heilt, mich in den Arm nimmt und mir Frieden gibt. Ein einziges Nachhausekommen.

Montag, 25. März

Putzlappenparty bei Cousine Christiana. Als auch die letzten Anwesenden restlos von den teuren Scheuerlappen überzeugt und kaufwillig sind, flicht die bisher eher unauffällige Verkäuferin noch einen kleinen Vortrag über die Ernährungsweise ihres Mannes ein. Er ernährt sich nämlich interessanterweise nach der »Instinktlehre« und reist demnächst nach Vietnam, um endlich einmal unter seinesgleichen zu sein. Instinktlehre? Nie gehört. Stelle mir spontan einen Mann vor, der einen Käfer krabbeln sieht und instinktiv zugreift. Oder einen Fisch angelt und ihn, einem plötzlichen Instinkt folgend, sogleich roh verzehrt. In mir wehrt sich alles gegen eine neue Ideologie, bin völlig desinteressiert, aber der Rest des Wohnzimmers lauscht gebannt ihren Ausführungen. So gebannt wie zuvor der Putzlappengeschichte. Es stellt sich heraus, dass der instinktsichere Gatte nichts Gekochtes, Gebackenes, Konserviertes, Gegärtes, Ausgepresstes, geschweige denn irgendwelche giftigen Genussmittel wie Tee, Kaffee oder Alkohol zu sich nimmt, sondern nur Nahrung, wie sie die Natur hergibt. Und auch die nicht einfach so, wie er sie gerade in seinem Vorratsschrank vorfindet. Er riecht zuerst an allen Nahrungsmitteln und wartet ab, wozu ihm sein Instinkt rät. Fleisch und Fisch tatsächlich roh, nur von einem speziellen Versand, und wenn er wirklich mal danach greift, schmeckt es ihm wie ein Wiener Schnitzel mit Zitrone und einem Hauch Sahne. Sowas. »Was macht Ihr Mann denn, wenn er mal zum Essen eingeladen ist?«, fragt eine Zuhörerin, gespannt wie ein Flitzebogen. »Dann isst er nicht mit!« Kann einem ja direkt Leid tun, der Arme. Aber dann erfahre ich, warum sich dieser Mensch so kasteit: Früher hätten sich die Menschen alle so ernährt, doch seit sie ihre Nahrung kochen, seien Krebs und viele andere Krankheiten entstanden. Wer sich jedoch instinktiv ernähre, werde 120 bis 160 Jahre alt, nie krank und bleibe geistig rege bis zum

Tod. Er heile damit Krebs und Schlimmeres. Mir fällt meine Vergangenheit ein, die Zeit meiner Ausbildung, als ich mit zwanzig Jahren auf der ruhelosen Suche nach der Wahrheit viel Kontakt mit anderen, manchmal etwas sonderbaren Wahrheitssuchern hatte. Manche nahmen nie Medikamente und stählten ihren Körper dadurch, dass sie Blutvergiftungen und Lungenentzündungen ohne ärztliche Versorgung überstanden. Ein großer, sehr beleibter, blondgelockter Jüngling trug immer einen selbstgestrickten, altrosa pflanzengefärbten Ganzkörperstrampelanzug. Einige Leute stellten ihr Leben nach ihrer inneren, biologischen Uhr um, die ihnen sagte, dass sie um 17 Uhr schlafen sollten, um dann topfit um 24 Uhr aufzuwachen und bis 17 Uhr keinen Schlaf mehr zu benötigen. Andere hielten geistigen Kontakt zu Gestalten aus den Gemälden Albrecht Dürers, gingen abends in den Wald, um bei der Umarmung einer Eiche Energie aufzutanken, und stellten unter jedes nicht ausgewünschelte, nach Norden ausgerichtete Bett eine Pyramide, um schädliche Erdstrahlen zu entschärfen. Sie aßen keine Kartoffeln, da Nachtschattengewächse und daher schädlich für das Kleinhirn, und zogen sich ihr Gemüse selbst, das sie nach dem Mondsaatenplan ausbrachten und bei dem Rote Rüben dominierten. Auf den ersten Blick wirkten diese Leute erfüllt und in sich ruhend. Damals begann ich, mich nur noch von Körnern zu ernähren und, unabhängig von jedem Diktat der Modeindustrie, in unförmige, pastellfarbene Schafschurwolltextilien zu hüllen. Bis ich es nicht mehr ertragen konnte, Frischkornbrei zu löffeln, derweil Werner mir gegenüber sitzend genüsslich sein saftiges Steak aß. Ich hatte auch den Kampf gegen Schmutz in Wäsche, Wohnung und Haaren mit Schmierseife als dem alleinigen Wundermittel satt und kapitulierte. Meine radikale Haltung hing eng zusammen mit meinen Zukunftsängsten, meiner Begrenztheit auf dieses mickrige Leben, der Sinnlosigkeit, die ich empfand. Disziplin und Enthaltsamkeit gaben mir dagegen das immerhin einigermaßen befriedigende Gefühl, die Qualität meines Lebens in der Hand zu haben. Eine Zeit lang überdeckten meine Bemühungen die innere Leere, aber dann vergrößerte sich meine Lebensangst nur noch mehr, weil ich die vielfältigen Gefahren von allen Seiten wahrnahm. Irgendwann machte ich mich rastlos und hungrig weiter auf die Suche.

Als die Putzlappenfrau erzählt, selbst Aids lasse sich durch diese Ernährungsweise heilen, sage ich todesmutig, dass diese Art zu leben mir wie eine Ersatzreligion vorkomme. Panik in den Augen meiner Cousine. Ich schweige gehemmt, wohl wissend, dass jeder weitere, zeugnisverdächtige Vorstoß meine Glaubwürdigkeit als normal denkender Mensch mit normalem Einfühlungsvermögen mindern würde, mich einreihen würde in die Riege der Ideologie verkündenden Putzlappenfrauen.

Mittwoch, 27. März

Ha! Habe meine wahre Identität wiedergefunden! (Identität, die, Wesensgleichheit; nachzuweisende Echtheit einer Person.) Ich bin's, Bianka! Nachdem Werner mich letzte Woche bei einem seiner übleren Scherze »Das Hild« genannt hatte und damit auf die Frisur von Heinz Beckers Gattin anspielte, war ein Friseurtermin keine Frage mehr. Fragte sich nur: Wohin? In einem letzten, Gewissheit schaffenden Telefongespräch mit Bille überredete sie mich zum Treuebruch: Die Zeit sei reif, zu einem anderen Friseur überzuwechseln – zu ihrem! Gioacchino, ihr Geheimtipp, habe bei Coiffeur François gelernt, dem Starfriseur der Stadt. Sie verriet mir, dass sie sich anfänglich zwar geniert habe, zu einem Mann zu gehen, aber heute wisse sie, dass »ein Mann eine Frau einfach anders sieht und viel mehr herausholt«. Zitatende. Die Empfehlung einer Freundin ist die beste Empfehlung.

Ich kannte den »Salon«. Von außen. Bei nächtlichen Schlendergängen durch die nahe gelegene Kleinstadt mit Möchtegern-Großstadtcharakter war ich öfters davor stehen geblieben und hatte erstaunt seine Ausstattung betrachtet und mir vorzustellen versucht, welches Publikum hier wohl ein- und ausging. Das avantgardistische Interieur war das genaue Gegenteil von Irmgards Barock: ein langer Raum mit drei kahlen Betonwänden und großen, schwarzumrandeten Spiegeln. Die vierte Wand allerdings strahlte in leuchtend orangerotem Rauputz. Drei ergonomische Friseurstühle aus den Fünfzigern, zwei kleine Waschbecken. Understatement. Hier hatte man es nicht nötig aufzutragen. Die Zierde des Salons war wahrscheinlich der Meister selbst.

Mut brauchte ich schon, um den Laden zu betreten. Zum ersten Mal im Leben hatte ich nicht den Anflug von einer Ahnung, was mit meinen Haaren geschehen sollte. Was das Ausmaß meiner Krise erkennen lässt. Und zum ersten Mal ließ ich einen Mann an meinen Kopf. Immerhin tröstlich, dass es auch in meinem Alter hin und wieder noch ein erstes Mal gibt. Ich setzte mein Insider-Gesicht auf und tat den Schritt über die Schwelle. Mit federnden Schritten kam ein Gleichaltriger auf mich zu, dünn, groß, schwarze Lederhose, großer Ohrring. Freundlich grinsend reichte er mir die Hand: »Joachim, kannst Gioacchino zu mir sagen.« Klar, dass man sich hier duzte. »Äh, angenehm, höhö!« Als er meine Unbeholfenheit bemerkte – wohin mit meinen Jacken und Taschen? – verfrachtete er sie kurzerhand ins Schaufenster. »Ach, das ist deine Dekoration!«, eröffnete ich sagenhaft originell das Gespräch und begann mich wohl zu fühlen. In einem Fernseher an der Decke lief stumm ein Musikvideo. Alte Rockmusik schallte aus einer überdimensionalen Anlage. Ob sie mir zu laut sei? »Ne, lass ruhig. Schön ist sie nicht, aber mir ist im Moment eh alles egal«, informierte ich ihn aufgeschlossen über mein Formtief. »Die Doors«, klärte er mich auf. Von mir aus.

Hatte ich am Morgen noch letzte Zweifel gehabt, ob meine Haare womöglich gar nicht nach dem Hild', sondern einfach wild wuschelig aussahen, und wollte ich ihn eben noch fragen, ob ich vielleicht erst nach Ostern kommen solle – er fegte alles mit einem Satz weg: »Das hier sieht unmöglich aus, erdrückt dich total, lauter Stufen drin, unten Locken, oben flach, unmöglich.«

Ich gestand ihm, dass ich außer dem Bedürfnis, von diesen Locken befreit zu werden, keinerlei Vorstellung hätte und mich ganz auf Billes Empfehlung verließe. (»Der Gioacchino sieht dich an und weiß, was dran ist.«)

»Ich bin zur Zeit so entscheidungsunfähig, mach einfach mal.«

»Oje«, meinte er mitfühlend, »dir scheint's ja nicht besonders zu gehen, lass mal sehen!«

Er hatte etwas Vertrauenerweckendes, Seelsorgerliches, und ich verstand, warum Bille sich bei ihm gut aufgehoben fühlte. Eine Weile bewegte er meine Haare hin und her und meinte dann unpathetisch: »Ich glaube, es wäre gut, wenn du sie aus dem Gesicht tragen würdest. Das macht dich freier.« Noch nie hatte mir jemand dazu geraten, aber ich wusste sofort, dass es das war, was ich wollte. Und dann hatte ich noch einmal im Leben ein erstes Mal: Kräftige Männerhände massierten mir eine geschlagene Viertelstunde lang fachmännisch den Kopf. Ich schwieg, staunte, entspannte mich, schmolz dahin. Witzig: Ein Mann und eine Frau allein in so einem Raum und er massiert ihr die Kopfhaut. Aber so wohltuend! Vorsichtig fragte ich, ob das der Erstkundenservice oder Standard sei. Gioacchino grinste: »Ich glaube, das brauchst du jetzt einfach.« Dann schnitt er. Ohne Netz und doppelten Boden. Ohne Kamm, nur mit den Fingern, souverän und sehr sorgfältig, keine überflüssige Bewegung und kein überflüssiges Wort. Man spürte ihm die gute Coiffeur-Schule ab. Ich beobachtete bewundernd, wie er mit der Schere jonglierte. Als er mich irritiert ansah, rechtfertigte ich mich ertappt: »Ich seh nur zu, wie du das mit der Schere machst, denn ich schneide meinem Mann die Haare selbst und breche mir dabei immer fast die Finger.« Am Schluss fragte er, ob ich mir die Haare selber fönen wolle. Huch, wie unkonventionell! Ne, er sollte mir lieber zeigen, wie das ginge, dass die Haare tatsächlich hinten blieben. Danach war ich eine andere Frau. Nicht mehr ländlich-feminin-lockig, sondern geradlinig, freier Kopf – voll cool, eh! Die Frisur passt zu mir, als hätte ich noch nie eine andere auf dem Kopf gehabt. Fühlt sich so leicht an, so gut. Endlich erkenne ich mich wieder. Als Gioacchino beim Bezahlen ein Foto von dem mir angetrauten Traummodel in meinem Geldbeutel entdeckte, riet er mir dringend, ihn zu überreden, doch auch einmal zu ihm zu kommen.

Freitag, 29. März

Es ist März. Die Blumen kennen ihre Zeit und starten durch, Schnee hin oder her. Die Erpel auf dem See tragen ihr Hochzeitskleid und verfolgen die Weibchen. Nur Bleiers werden nicht gesund. Ich habe eine Nebenhöhlenentzündung und Lena erbricht sich immer noch in unregelmäßigen Abständen, macht die Nacht zum Tag, jetzt auch noch mit einer quälenden Mittelohrentzündung. Da liegt sie im Bett neben mir, ihr ist übel und ununterbrochen jammert sie »AuaAuaAua!« Ich daneben, hellwach, todmüde, hilflos. Jan, so heiser, dass er keinen Ton rauskriegt, rennt morgens schon um 6.30 Uhr zwischen meinen Beinen rum, ohne was mit sich anfangen zu können. Heute war meine schlechte Laune schon vorprogrammiert. Werner fand seinen Schlüssel nicht, ich fand keine Buchladenvertretung und Claudine, die die Verantwortung für den Buchladen trägt, meinte, wenn ich mein krankes Kind nicht allein lassen könne, was sie selbst bei drei kranken immer tue, würde sie sich gezwungen sehen, in den Laden zu gehen, obwohl es für sie dann diese Woche das dritte Mal sei. Aber Lenas Geborgenheit in ihrem Schmerz waren mir dann doch wichtiger als der Buchladen.

Ich lebe auf die nächste Woche zu. Sehne mich nach Pause, Aufatmen, Familie, Natur. Seit drei Jahren erleben wir den Frühlingsbeginn in Italien am Lago Maggiore auf einem Campingplatz. Claudine versorgt unsere Tiere und Pflanzen – das macht sie dann auch noch. Bin ihr für ewig zu Dank verpflichtet.

Donnerstag, 4. April

Zwei Tage lang Dinge aus allen Ecken zusammentragen und im Wohnwagen verstauen, Eventualitäten voraussahnen und Unbekanntes einplanen, bei den Omas Osterhasen abholen, wegen Reisefieber fast nicht einschlafen können. Vom Wecker wie von einem gigantischen Donnerschlag geweckt werden, zitternd auf dem kalten Klo sitzen, todmüde durchs Haus torkeln, wie aufgescheuchte Fledermäuse durcheinander trudeln. Letzte Runde durchs Haus, jetzt müssen die Hühner die Diebe fernhalten. Die Kinder ins Auto tragen, Charlys spitze Ohren lugen hinten raus, alle an Bord.

»Behinderungen auf badischen Straßen durch Schnee- und Eisglätte.« Nichts wie weg hier, ab in den Süden, wo Palmen, Kamelien, Magnolien rufen. Ich sitze wie eine frierende Oma eingeklemmt zwischen drei unterschiedlich dicken Kissen, zugedeckt von einer Wolldecke und einem Schal, damit kein Zug an mich kommt und keine Rücken- oder Nackenschmerzen mich quälen. Essen und Trinken in Griffweite, zum ersten Belegten greife ich auf der Autobahnauffahrt. Reisebrötchen sind köstlich. Der Urlaub beginnt.

7 Uhr. Schweiz. Pinkelpause. Grauer Himmel bis runter auf schneebedeckte Häuser. Lena ist hell entsetzt. Aufgeregt plappert sie: »Fahren wir nach Italien oder nach Nordpol? Wenn ich den Berg da hochsteige, liegt dann immer noch Schnee oder

sieht das nur so aus? Oje, früher sind die das alles mit dem Esel gereist, das hat bestimmt Tage gedauert! – Gab es früher überhaupt Italien?« Der siebzehn Kilometer lange Gotthard-Tunnel ist ohnehin schon immer Grund für feuchte Hände: Nach fünfzig Metern dampft das Auto, der Zeiger steht im roten Bereich. Alptraum aller Wohnwagenfahrer. Es schluckt drei Flaschen Mineralwasser – Hilfe! Längste Tunneldurchfahrt, seit ich denken kann. Anna kaut ausgeruht an einem Brötchen und murmelt zufrieden: »Ist das schön – aufwachen und gleich das Frühstück kriegen!« Jan entdeckt glücklich schreiend eine Schweizer Polizeistreife. Lena verärgert ihn mit der banalen Feststellung: »Die sehen ja aus wie bei uns die Müllabfuhr!« Reisen bildet! Stück um Stück erweitert sich der Horizont unserer Kinder ...

Während die Reiseleiter unentwegt auf den roten Bereich starren und nichts anderes denken können als Motorschaden in diesem Schlund, erwartet Lena entspannt das Tunnelende und hofft auf den Wetterumschwung jenseits der Alpen. Wenn ihr nicht werdet wie die Kinder. Das Auto schafft es – gutes Auto – und dann: ein Raunen, ein fünffacher, frohlockender Aufschrei – Sonne scheint mitten in unsere Gesichter, strahlend blauer Himmel umrahmt schmeichelhaft weiße Bergspitzen, so kann Schnee schön sein! Wir zücken unsere Sonnenbrillen. Praise yeh the Lord!

Zu den Klängen von »The long and winding road« der Beatles fahren wir mit königlichem Gefühl »unserem« Osterwohnsitz entgegen, die lange, gewundene Straße am See entlang. Diesmal haben wir uns (Kenner wir) frühzeitig einen sonnigen Platz neben Fluss und Spielplatz reserviert. Wir bauen noch das Vorzelt auf, da spielen Anna und Lena schon Räuber und Gendarm mit den Urlaubsnachbarskindern vom Vorjahr, als hätten sie nur mal eben eine kleine Pause eingelegt. Jan schreit entspannt von der Rutschbahn: »E-e-oooh!« (Jetzt geht's los.)

15 Uhr. Die Sonne knallt auf uns herab. Bin so zufrieden

wie jemand nur sein kann, dessen tiefstes Bedürfnis gerade gestillt wird. Abends durchforschen wir den Reiseführer bei Rotweingesüffel. Haben das Gefühl, uns steht noch alles offen. Bei aller Zeit der Welt. Welch ein Reichtum! (Irrtum?) Todmüde ins Bett.

Freitag, 5. April

Selbst Jan ist mittendrin im Getümmel. Mit der nötigen Rückendeckung durch unsere Nähe wagt er sich zu den Kids auf dem Spielplatz, und nachdem Anna und Lena nebenbei in einem Satz seine Behinderung erklärt haben, akzeptieren ihn alle. Großartig! Ich entspanne mich. Der Urlaub beginnt auch in dieser Hinsicht. Die Kinder sind altersmäßig gut gemischt. Die Großen haben das Sagen, neidisch beobachte ich, wie die Kleinen sich widerspruchslos ihrer Autorität fügen. Alle rennen sie laut schreiend an uns vorbei, als ginge es um ihr Leben. (Außer dass unser Platz für die Kinder strategisch sehr günstig liegt, ist er auch eine beliebte Abkürzung – in die Seniorenpension können wir ja noch früh genug.) Schon nach einer Viertelstunde Kennenlernen sind alle total miteinander vertraut – faszinierend. Mindestens zwanzig fremde Kinder kennen sich binnen kurzem beim Namen und ziehen, nicht selten Arm in Arm, durch die Gegend. Wenn ich an die Verrenkungen von uns Erwachsenen denke . . . Bis wir erst mal beim Du sind!

Durch das waldige Tal bahnt sich der Cannobino, ein Fluss mit Riesensteinen zum Klettern, eingebettet in sanfte, sonnenbeschienene Berge. Weit hinten, am azurblauen Horizont, begrenzen schneebedeckte Alpenriesen die Sicht. Ich schlafe im Wind. Dann beginne ich, aus meinem Literaturberg zu wählen. Erst die kleineren Häppchen, die Zeitschriften, damit ich das Lesen wieder lerne.

Samstag, 6. April

Gemütliches Vorzeltfrühstück. Nach langem Ringen, zuerst mit uns, dann mit unseren »Heranwachsenden« darüber, was wir unternehmen könnten, entscheiden wir uns schließlich schwungvoll dafür, nach Verbania zu fahren, einer Stadt, auf der viele reiseführerische Verheißungen ruhen. Doch schon die sechzehn Kilometer lange Fahrt auf der engen Küstenstraße zehrt fast unsere ganzen Kraftreserven auf. Wir hängen im Stau, den Kindern ist schlecht, wir bereuen unseren Entschluss. Dann ist auch noch Markttag, was die Parkplatzsuche erschwert. Lena kauft sich von Omas Urlaubsgeld einen (grauenhaften) Plüsch-Turtle und ein Taschenmesser, Anna güldenen Plastik-Haarschmuck, Jan Plastik-Soldatenwaffen und einen Ball. Danach hängen sie durch und wollen nur noch heim. Ich streiche im Geiste Europas berühmte Marktstadt Luino am anderen Seeufer. Wehmütig fahren wir auf dem Rückweg an dem Stadtteil mit Parkanlagen und schönen alten Villen, der uns eigentlich interessiert hätte, vorbei. Wenn wir wie früher zu zweit unterwegs wären, würden wir jetzt in einer kleinen Trattoria einkehren und dann ginge es erst so richtig los . . .

Zurück auf dem Platz sind wir alle froh, dass es rum ist. Wenn ich allerdings unsere gleichaltrigen Zeltnachbarn mit ihrer noch nicht mal zweijährigen, knuddelsüßen Maja beobachte, die immer beschäftigt und umsorgt werden muss, sind unsere Kinder doch schon groß. Maja erwacht kurz vor Sonnenaufgang gut gelaunt und jubelt: »Hallo! Maja wieder da!«, und ab dann braucht sie mehr Aufsicht und Zuwendung als meine drei zusammen, während ich mich grunzend umdrehe und weiterschlafe.

Abends genieße ich mit Werner freie Stunden (Jan schläft, Anna und Lena spielen Räuber und Gendarm) und ausgiebige Spaziergänge am Fluss entlang. Wir laufen zu St. Anna, einer traumhaften Schlucht mit einer malerisch darüber schwebenden, uralten, kleinen Kirche. Wir bewundern den dortigen »Grotto« von außen, eine rustikale Gaststätte mit Steintischen, in der Mamma deftige Landesgerichte kocht. Da wollen wir hin. Neidisch blicken wir durch die Fensterchen auf die meist einheimischen Gäste, die die zwanzig Plätze belegen, und kehren in der Pizzeria auf dem Campingplatz ein, essen Lasagne und trinken Lambrusco aus kleinen Steinkrügen.

Ostersonntag, 7. April

Schade ist es schon, dass die Gemeinde sich heute ohne uns versammelt, aber meine Auferstehungsfreude wird ja nicht nur an einem Tag genährt. Ich kann mich das ganze Jahr darüber freuen, dass Jesus lebt und in meinem Leben gegenwärtig ist. Würde heute trotzdem gern jedem, dem ich begegne, zurufen: »Freu dich, Mensch! Jesus ist wahrhaftig auferstanden!«

Was mich wirklich umtreibt, ist diese Ostereiersucherei, die ich vor Jahren aus Familientraditionsbewusstsein begonnen habe und hinter der ich längst nicht mehr stehe. Nur hat der Brauch sich mittlerweile verselbstständigt. Mein ostereierdistanzierter Mann meint, ich erinnere ihn an Campingtouristen à la Gerhard Polt, und macht sich lustig über mich. Keine Hilfe, der Mann. Ich muss die Ostersachen verstecken, bevor Jan aufwacht und Charly Alarm schlägt. Jan glaubt als Letzter noch an den Osterhasen, Charly hat nie an ihn geglaubt.

5.30 Uhr. Wache pflichtbewusst beim ersten Vogelzwitschern auf und bleibe wach liegen, um die optimale Einsatzzeit nicht zu verpassen.

7.15 Uhr. Husche raus, begleitet von Werners hilfreichen Rufen: »Osterhasi!« Der Hund freut sich wie wild, benagt bereits die ersten Schokoladehasen, und als ich ums Vorzelt husche, schnappt er durch die Zeltwand nach meinem Hintern. Er findet das Ostereierspiel sehr interessant. Dann riecht's nach gekochten Eiern und er bellt und winselt los. Ich wecke nervös den mittlerweile wieder schlafenden Mann, der versprochen hat, wenigstens mit dem Hund zu verschwinden. Der findet das Ganze auf einmal gar nicht mehr witzig, setzt sich aber murrend in Bewegung. Schaffe gerade noch eine Kolonie Schoko-Marienkäfer zu legen, die Richtung Wohnwagen krabbelt, da sind die drei Kids nicht mehr zu halten und stürzen auf die paar Quadratmeter Rasen. Ich finde es selbst albern, aber Jan ist begeistert.

Trotz des blauen Himmels ist meine Laune nach diesem Stress auf dem Nullpunkt. Vor-»regulärer« depressiver Anfall. Prämenstruelles Syndrom zum hunderttausendsten. Auch das noch. Macht selbst im Urlaub nicht vor mir Halt. Ich könnte ständig heulen, fühle mich total überfordert, bin furchtbar gereizt, geräuschempfindlich und unausstehlich. Gleichzeitig kämpfe ich verzweifelt dagegen an, leide unter mir, will nicht ekelhaft sein, bin ekelhaft. Niemand bemerkt meine inneren Kämpfe, niemand begreift meine Not, keiner schont mich, nimmt mich in den Arm, tröstet mich. Werners einfühlsame Art hilft mir auch nicht weiter. »Du kriegst nur ein Ei, du bist nicht schwanger!« Das ist das Ergebnis, wenn Männer Artikel über die durcheinander geratenen hormonellen Zustände ihrer Frauen überfliegen.

Um mich herum idyllische Zustände, in mir Chaos. Dann halte ich es nicht mehr aus und gebe Anna und Lena Ohrfeigen wegen ihres penetranten, engstirnigen Streits um ein paar Mistschokoladeneier. Wann ist mir das zum letzten Mal passiert? Sie weinen und sind dann erträglicher, aber ich breche innerlich zusammen, gehe heulend spülen. Ich bin total verzweifelt. Als ich den Schmutz von den Tellern wasche, erinnere ich mich daran, Gott meinen eigenen Schmutz vor die Füße zu legen. Ich bitte ihn um Verzeihung für mein Versagen, flehe um Hilfe für den Tag. Das Unglaubliche geschieht: Meine Seele beruhigt sich während des Spülens, ich bekomme wieder einen längeren Atem im Umgang mit den Kindern, das Kribbeln, die Last fallen von mir ab. Der Tag wird noch wunderschön.

Wir wandern durch die Berge nach Cavaglio, einem abgelegenen Bergdorf mit hundert Einwohnern. Das ist eine total andere Welt, in der diese Leute leben! Sehr einfach, sehr aufeinander angewiesen, sehr intim. Eine Herausforderung, zu sehen, dass es das gibt. Lichter Laubwald, Esskastanien, Quellen, Wildwasserbäche, wir kommen ins Schwitzen. Unaufhörlich geht mir ein Lied von Peter Strauch durch den Kopf:

»Herr, ich sehe deine Welt, das weite Himmelszelt,
die Wunder deiner Schöpfung.
Alles das hast du gemacht, den Tag und auch die Nacht,
ich danke dir dafür.
Berge, Flüsse und die Seen, die Täler und die Höhn
sind Zeichen deiner Liebe.
Sonne, Wolken, Sand und Meer, die loben dich so sehr,
sie preisen deine Macht.
Darum bete ich dich an, weil ich nicht schweigen kann,
die Freude füllt mein Singen.
Staunend habe ich erkannt: Ich bin in deiner Hand
und du lässt mich nicht los!«

Der Fluss! Als hätte er eine Seele. Ununterbrochen rauscht er und füllt das Tal mit seiner mächtigen Hintergrundmusik. Ich sitze am Ufer und will heute zusehen, wie die Nacht kommt. Als Kind habe ich das immer versucht, später nicht mehr. Jetzt kann ich es bestimmt. Innerhalb einer halben Stunde verwandelt sich die Flusslandschaft von blaugrün in schwarzgrau. Zum Schluss höre ich nur noch das monotone Rauschen und ahne das milchigschwarze Wasser. Und wieder habe ich nicht gesehen, wann es dunkel wurde. Man spürt nichts und plötzlich ist einem klar, dass es jetzt dunkel ist.

Montag, 8. April

Heute haben wir den ganzen Tag nichts gemacht. Nichts. Saßen wie angewurzelt auf unseren Campingstühlen. Sahen, wie die Sonne auf die Blumen, Vögel und Schmetterlinge schien, fühlten sie warm auf unserer Haut, sogen den Frühlingsduft ein, hörten den Fluss rauschen. Wir atmen innerlich auf, werden ruhiger. Und dann noch dieses italienische Gericht mit diesem Lambrusco frizzante amabile auf den Zungen . . .

Die Tage verschwimmen ins Nichts, ins Zeitlose, keine straffen Strukturen, keine festen Mahlzeiten, jeden Tag aufs Neue alles offen.

Lesen, reden, Jans und Lenas Haare schneiden. Haare schneiden ist klasse. Danach sage ich mir immer: »Bianka, du bist gut! Sieh dir nur diesen Haarschnitt an! Gioacchino würde sagen: Nicht übel!« Damit kämpfe ich gegen meine Selbsteinschätzung an, ich sei handwerklich völlig ungeschickt und mit zwei linken Händen ausgerüstet.

Dienstag, 9. April

Jeden Morgen liegt ein Tag vor mir, dem ich eine eigene Note geben kann, weit weg von den Zwängen und Grenzen meines Alltags. Ich genieße zutiefst das Nicht-Tun, das Nicht-Gestalten, das Nicht-Planen. Lebe völlig aus dem Bauch heraus. Was habe ich alles sehen wollen, als ich herkam, und nun sitze ich zufrieden in der Sonne, gucke, schmecke, rieche, lausche. Die Mädchen sehen wir oft stundenlang nicht. Ich weiß noch gut, wie intensiv ich als Kind Urlaubsfreundschaften genossen habe und wie unwichtig Land, Leute und Essen waren. Eltern sowieso. Auch Jan findet immer wieder mal Anschluss, ist am Rande dabei oder spielt zufrieden mit sich selbst.

Ich kann zusehen und mitfühlen, wie der Frühling durchbricht. Es ist ein großartiges Fest! Jeden Tag wird die Luft wärmer, Wärmflasche und Wolldecken bleiben im Schrank, die Heizung ist schon lange aus, die Kinder rennen in Shorts herum. Sobald die Sonne hinter den Berg sinkt, wird es kalt, dann sitzen wir in unseren Schlafsäcken unter den Sternen und hören die Käuzchen schreien. Ab und zu torkelt ein vorpubertierendes Kind herbei, um Essen zu fassen oder sein Lager bei uns aufzuschlagen. Wird wohl eins von unseren sein, man müsste mal den Dreck entfernen ...

Diese Ferien schweißen Jan immer mehr mit Werner zusammen, der völlige Muße genießt und sich ganz auf seinen Sohn einlässt – meine größte Entlastung. »Jan, was sind wir?« – »Bli-Bli!« Dream-Team! Während die Mädels über den Campingplatz toben, amüsieren wir uns oft köstlich zu dritt. Werner seufzte neulich abends: »Ich bin total verschossen in Jan!«

Donnerstag, 11. April

Herrlich, wie mein mir anvertrauter Sanitärreiniger mit ausgestrecktem Arm, spitzen Fingern und angewidertem Gesicht immer viel zu spät (kurz vor dem Überlaufen) das Chemieklo leeren geht. Bis es endlich wieder frisch gereinigt an seinem Platz steht, jammert er das Putzmännerklagelied, das immer mit den Worten beginnt: »So wurde Werner zum Kloakenträger ...« Mit demselben Lümpchen, mit dem er vorhin auf seinem kaffeebesudelten Platz rumschmierte, putzt er nun den Klodeckel und als er rauskommt, wischt er noch schnell pflichtbewusst über die Lamperien damit. Selbst ist der Mann ...

Werner meckert jedes Mal, wenn er sieht, dass ich den Hund füttere, weil er befürchtet, dass dieser immer fetter wird. Kurz darauf steht er (Werner, nicht der Hund) auf der Waage und meint, dass der Wohnwagen wohl schief stehe, weil die Waage so ungenau gehe. Werner putzt wegen vergessenem Schuhputzzeug seine Wanderstiefel (die er das ganze Jahr nie putzt) mit Papiertaschentuch und Margarine, der Hund steht schmatzend daneben und poliert sie unbemerkt mit der Zunge. Ich hänge im Campingsessel und lache mich kaputt. Später wasche ich im Schweiße meines Angesichts Wäsche mit der Hand, hänge sie auf, tagelang tropft sie vor sich hin und sieht danach genauso dreckig aus wie vorher. Oben im Dorf ist ein Waschhaus mit verschiedenen Laugenbecken, in dem offensichtlich auch heute noch Frauen ihre Wäsche waschen. Wie schaffen die das bloß?

Weniger witzig ist, dass der Urlaub schon zu Ende geht. Zum letzten Einkauf in Cannobio ziehe ich meine letzten sauberen Klamotten aus dem Schrank, eine eher körperbetonte Kombination, die meinen postnatalen Bauch besonders zur Geltung bringt. Versuche aus den Augenwinkeln heraus zu ergründen, wie die Italienerinnen ihre üppigen Rundungen so beneidenswert elegant tragen. Stimmung melancholisch bis gereizt. Abschiedsschmerz. Heimweh stellt sich keines ein, nur Urlaubsweh. Im Wohnwagen verwandle ich mich wieder in das graue Hausweibchen und werfe Tortellini ins Wasser, gegen die vermeintliche allgemeine Unterzuckerung. Doch heute versagt das bewährte Rezept.

Böser Streit mit Werner, letzter Spaziergang zu St. Anna. Vor lauter Tränen kann ich nicht klar sehen. Wie können wir uns immer noch so wehtun, selbst im Urlaub? Wie kann er mich nur immer noch so falsch oder gar nicht verstehen? Wieso zeigt er immer noch so spät, so spärlich seine Gefühle, so dass ich sein Verhalten immer wieder falsch einschätze und deute? Mann und Frau denken und fühlen so unterschiedlich – welche Chance, welche Belastung. Ich will fliehen, aber wir müssen reden. Im Gespräch kämpfen wir – mal wieder – um unsere gute Beziehung. Eine erschöpfende Arbeit. Bis zum Abend haben wir die

Kurve gekriegt. Werner bringt die Kinder ins Bett und erholt sich auf seine Weise: Er kuschelt zu Anna und schläft. Ich bleibe am Fluss sitzen, erschöpft, verletzt, besänftigt, ermutigt und kann doch nicht aufhören zu weinen. Der Schmerz über das sinnlose Streiten vermischt sich mit der Angst vor dem Alltag, dem Gefühl, dass der Urlaub noch nicht ausreicht, der Sehnsucht nach mehr, nach Ewigkeit, nach Paradies. Ich will nicht weg. Nicht weg von hier und nicht heim. Diese wunderschöne Natur, der beginnende Frühling, das saftige Grün, der Berg, der Fluss, der See, die Schluchten, die Häuser, die schöne Stadt – so viel Schönheit im Vergleich zu meiner glanzlosen Heimat. Wir waren noch nicht in St. Agatha, Ascona, Locarno, Luino, La Stresa, auf den Inseln. Obwohl Ostern nächstes Jahr noch früher sein wird, werden wir wieder kommen!

Freitag, 12. April

Schock: Null Grad in Deutschland! Pfui. Gestern Mittag noch 20 Grad Sonne, nackte Kinder am Fluss. Bin aber dankbar, dass wir die weite Fahrt zwischen den zwei Welten unbeschadet überstanden haben. Dankbar auch für das Geschenk dieser Woche, die mir niemand nehmen kann.

Samstag, 13. April

Dank meines Entschlusses, in meinem Leben wieder andere Prioritäten zu setzen, gelingt es mir heute zum ersten Mal nach einem Urlaub, nicht gleich in Arbeit zu versinken, sondern liegen zu lassen, nachwirken zu lassen und eine Weile im Schlafsack verpackt in der Sonne zu schlafen. Trinke den restlichen Lambrusco und rede mit Werner. Schließe Frieden mit dem wahren Leben der Bianka B. Arbeite dann sogar ein wenig. Wie gerne würde ich etwas von diesem Urlaub in meinen Alltag rüberretten. Lasse den Tag ausklingen mit einem heißen Bad, mit Lektüre und Zwiesprache mit Gott. Was mir im Urlaub klar geworden ist: Ich will mich nicht mehr ständig für das Glück meiner Kinder oder ihre negativen Empfindungen verantwortlich fühlen, mich nicht permanent mit ihren Gefühlen identifizieren, mich nicht mehr so oft in ihre Querelen reinziehen lassen oder mir den undankbaren Verteidigerjob überstülpen lassen. Will Werners Gleichmut den Launen der Kinder gegenüber zumindest ansatzweise übernehmen. Auf dass ich langatmiger werde, meine Belastung verringere und meine Freude an den Kindern vergrößere.

Montag, 15. April

Hab mir noch einen Tag frei genommen (das geht hin und wieder ganz gut bei meinem Job) und fahre mit meiner Cousine nach Heidelberg.

Die Unistadt wacht erst allmählich auf, 10 Uhr ist noch keine Uhrzeit hier. Ich höre den Studenten beim Gespräch zu, erfahre wieder, was einem so wichtig ist in dieser Lebensphase. Ich hatte es vergessen. Sie fahren Rad, stehen in Grüppchen zusammen, haben alle Zeit der Welt und des Lebens härteste Härte ist der arrogant-ignorante, völlig inkompetente, politisch falsch orientierte, spießige Dozent. Seufz. So ein Leben hatte ich auch einmal. Die unerträgliche Leichtigkeit des Seins . . .

Daheim krempeln ich die Ärmel hoch, um die Nachwehen des Urlaubs durchzustehen. Versuche, durch schnelleres Arbeitstempo die versäumte (?) Zeit von heute Morgen aufzuholen, Werner gegenüber fliegt mich nun doch ein schlechtes Gewissen an. Er hat heute wenig Chancen, der Arbeitswelt zu entfliehen. Arbeite wild, und Stunden später sind Haus und Hof vordergründig sauber. Auch Werner versucht, nach innen zu lauschen und nach seinen Bedürfnissen zu handeln. Er will das laue Frühlingswetter nutzen, um den Acker zu fräsen und um einzusäen. Ich fahre ihn auf unser Grundstück und Jan zur Logopädin. Während Jan sprechen übt, soll ich Saatgut und Bier kaufen. Willig mache ich mich auf den Weg, bleibe dann aber wie gebannt am Schaufenster des Schmuckgeschäfts neben der Praxis kleben: Da liegt mein Ring! Der schlichte, eigens für mich entworfene Ring, den ich seit Jahren suche! Es ist ein Déjà vu, ich erkenne ihn sofort. Da Werner mir nichts zu Geburtstag oder Weihnachten schenkt, weiß ich intuitiv, dass jetzt die Stunde gekommen ist, in diesen Laden zu gehen, in den ich normalerweise nie gehe, und mir selbst dieses Schmuckstück zu kaufen. So etwas habe ich seit fünfzehn Jahren nicht mehr getan. Nach einer halben Stunde gehört mir nicht nur der Ring, sondern auch eine wunderschöne Halskette und sehr schlichte Ohrringe. Passt alles zusammen. Es war wie ein Rausch, so ein heller. Jetzt haben Samen- und Bierläden zu und ich kehre mit leeren Händen und schlechtem Gewissen zu meinem Ackerbauern zurück. Bin etwas beunruhigt über mich. Wieso habe ich zur Zeit ständig das Gefühl, mir Gutes tun zu dürfen? Tut man so was? Bis mein Geldbeutel es erlaubt, werden meine Hände jedenfalls runzlig sein. Dann mag ich vielleicht keinen Ring mehr.

Werner hat sich verletzt: Er hat sich mit einer Eisenstange kraftvoll auf einen Vorderzahn geschlagen, es tut weh, die Lippe ist blutunterlaufen. Er ist so mit sich beschäftigt, dass er nur um das kühle Bier trauert, mit dem er die geschwollene Lippe kühlen wollte.

Als die Kids im Bett liegen, zeige ich ihm meinen Schatz. Er findet ihn einfach schön und fragt nicht nach dem Preis. Ein netter Mensch!

22 Uhr. Draußen stürmt es regenlos. Ich stehe am offenen Fenster, esse Kirschquark und atme tief durch.

Dienstag, 16. April

Herrlich, dass es morgens so früh hell ist. Keine Nase schnieft mehr in diesem Haus, Lenas Brechattacken haben aufgehört, keiner läuft mehr hängeschultrig rum. Die einzige Krankheit, die sich nicht auskurieren lässt, ist Werners Morgenproblem. (»Hat jemand meinen Schlüssel gesehen?«) Aber er arbeitet daran.

Dass die Sonne scheint, versöhnt mich ein wenig mit meinem Zuhause nördlich der Alpen. Mit Charly im Wald stelle ich fest, dass auch hier die Vögel wie verrückt zwitschern. Ich höre es allerdings nur, wenn ich stehen bleibe und lausche. Kann man in meinem Alter noch lernen, wieder stehen zu bleiben?

Zum zweiten Mal Frühlingserwachen erleben, zuerst am Lago Maggiore, nun hier. Etwas weniger machtvoll, aber Frühling. Es hat etwas Rührendes, wie sich die kahlen Zweige der uralten, riesigen Trauerweide am See plötzlich in einen hauchfeinen, zartgrünen Tüllschleier hüllen. Der nach langem Ausharren am Ende doch immer wiederkehrende Frühling – ein schönes Bild für Gottes Treue und Zuverlässigkeit, ein Bild, das ich gut verstehen kann. Auch wenn es lange dauert, für mein Gefühl fast zu lange, das Leben in der Natur ist nicht tot, es wird wieder sichtbar. So fern Gott mir auch manchmal scheint, für mein Gefühl manchmal zu fern, er ist da, wartet unter der Oberfläche meines Alltags. So gewiss wie Gottes Zusagen alle wahr werden: »Solange die Erde steht, soll nicht aufhören Saat und Ernte, Frost und Hitze, Sommer und Winter, Tag und Nacht!« (1. Mose 8,22). Glück durchströmt mich. Mit dem Gefühl, den Winter endgültig besiegt zu haben, fliege ich durch den Wald. Fühle mich mächtig geborgen. Bei diesen Spaziergängen in der Natur komme ich leichter mit Gott in Kontakt als daheim. Es ist so nahe liegend, überall sehe ich seine Spuren. Daheim bin ich abgelenkt, sehe ich oft nur die Spuren meiner Familie und der Hundepfoten.

Anna kommt von der Schule und spielt mit Charly im Garten. Als ich mich gerade daran freue, dass unsere Kinder so natürlich mit Tieren aufwachsen, kippt sie eine Gießkanne voll Wasser über ihn. Der begossene Hund stürzt sich flüchtlings in meinen Schutz und schüttelt sich in der Küche entsetzt trocken. Im Flur eine Schlammspur, die ganze Küche ist nass, Millionen feine Tropfen übersäen alle Schränke. Wie geht das, Urlaub rüberretten? Wie kurz und kostbar sind die Highlights des Alltags ...
Deeplight des Tages: Wohnwagenputz.

Mittwoch, 17. April

Ein unauffälliger Rotglanz auf meinem Haar wird meine neue Frisur heute vollenden! Tollkühn greife ich in der Drogerie zu »Bordeaux-korall«. »Schönheit muss leiden«, hat meine Mutter immer zu mir gesagt, wenn sie mir als kleines Mädchen mit einem Stilkamm einen akkuraten Scheitel zog und Rattenschwänze flocht. Tapfer schmiere ich mir die Chemie auf den Kopf. Einwirkzeit zwanzig bis dreißig Minuten. Da bei meinen dunkelbraunen Haaren kaum je eine Farbe auch nur andeutungsweise anschlägt, also eher dreißig Minuten. Nach 29 Minuten klingelt es. Meine innere Stimme sagt: »Klingeln lassen. Nicht öffnen!« Aber ich habe längst meine Instinkte abgetötet und gehe an die Sprechanlage. »Polizei!« Mein Gewissen tastet meine jüngere Vergangenheit auf kriminelle Vergehen ab: reine Weste. Dreißig Minuten. Ich sage schwach: »Sie kommen etwas unpassend«, kann aber die Antwort wegen des Verkehrslärms nicht verstehen. Wenn ich ihn bitte, in einer halben Stunde wiederzukommen, reduziert sich meine gutbürgerliche Glaubwürdigkeit, wird mein eventuell notwendiges Alibi fragwürdig. Was will bloß die Polizei von mir? 31 Minuten. Ich mache besser auf. Schlinge mir ein Handtuch um das Haupt, komme mir so vorzeigbar vor wie eine Landfrau beim Spargelstechen. Charly schlägt an. Ich muss ans Hoftor, will ich den Gesetzeshüter hereinbitten. Charly verteidigt mich gegen die Uniform, ich brauche zwei Minuten, um ihn zu beschwichtigen. Er liegt neben meinem kleinen Fußzeh und heftet seine Augen auf den Fremden. Der meint freundlich: »Frau Bleier, Ihr Wohnwagen steht ein wenig ungünstig!« Ich erkläre ihm – 37 Minuten – dass mein Urlaubsdomizil eigentlich schon gar nicht mehr dasteht, weil wir es heute Abend an seinen Ruheplatz befördern werden. Der Wachtmeister entspannt sich zufrieden. »Ich habe auch einen Wohnwagen! Haben Sie auch drei Kinder? Das ist doch einfach die ideale Art, Urlaub zu machen, nicht wahr? Stellen Sie sich vor, wir haben am Baggersee im Nachbarort einen Stellplatz bekommen, über Beziehungen!« Es entspannt sich ein lockeres Gespräch über das Campingleben im Allgemeinen und im Besonderen, ich komme mir vor wie auf dem Campingplatz, das Handtuch auf dem Kopf gehört dazu, ich entspanne mich ebenfalls. Als er geht, sind 45 Minuten Einwirkzeit vergangen. Von meinem Haupte strahlt ein verruchter purpurroter Glanz, wie ich ihn tatsächlich noch nie zuvor zustande gebracht habe. Sehr auffällig!

Donnerstag, 18. April

Anna liest mir ihren Aufsatz vor. Als das Wort »Dame« vorkommt, unterbreche ich sie übermütig: »Also so jemand wie ich?« Lena lacht wie über einen besonders gelungenen Scherz: »Du bist doch keine Dame! Du bist doch eine Frau!« und zeigt mir den Unterschied: Verschwindet aus der Küche, um dann steif hereinzutrippeln und mit näselnder Stimme, Hände in Pfötchenstellung vor der Brust zu säuseln: »Eine feine Dame ist blau angezogen, guckt immer nach links und läuft so!« Verschwindet wieder, um plötzlich mit unwahrscheinlich plumpen Riesenschritten hereinzustürmen: »Und so läufst du!«

Montag, 29. April

Als ich heute Morgen mit Charly in den Wald hineinradelte, war ich völlig fertig. Der ganze Wald war über Nacht explodiert. Ich konnte keine fünf Meter weit mehr sehen. Alles lindgrün. In einer einzigen Nacht, alle Bäume auf einmal, wie auf ein Kommando. Ich erlebe das ja nun nicht zum ersten Mal, aber die biologische Uhr fasziniert mich jedes Mal auf's Neue. Was für eine Kraft steckt dahinter! Das sind Momente, in denen mich manchmal eine leise Ahnung von Gottes Wirken durchrieselt, von der Sinnbildlichkeit der Natur, von dem Freudentaumel im Himmel. Im Herbst, wenn seine Zeit gekommen ist, wenn die alten, dunkelgrünen, staubigen Blätter von Würmern und Käfern zerfressen sind, modert, fault und stirbt der Wald. Unausweichlich, vorhersehbar. Ich weiß es: Im Herbst stirbt der Wald. Entblößt und nackt, kahl und weit einsehbar liegt er dann da. Tot. Ich weiß es und bin immer wieder schockiert. Aber genauso sicher wie das Sterben des Waldes ist seine Auferstehung. Gott schafft ihm ein neues Kleid! Makellos rein, lindgrün, ohne Vogeldreck und Raupenfraß. Die Vögel jubeln. Frühlingsfreude. Leben, sterben, auferstehen. Echtes Leben ist Leben mit Jesus, Leben in dieser Fülle. Dennoch, dennoch zerfällt der Leib, wird die Seele immer wieder unrein, stirbt der Mensch. Aber dann Auferstehung. Harmonie, Schönheit, Vollkommenheit. Der Himmel jubelt. Auferstehungsfreude!

Donnerstag, 2. Mai

8.30 Uhr. Stehe entspannt unter der Dusche, das Frühstücks- und Vesperprogramm schon hinter mir, alle Kinder aus dem Haus, Werner und sein Schlüssel auch, ein neuer Tag beginnt, keine Sorgen – da klingelt es. Die Neugier treibt mich raus und das ist auch gut so. Es ist Siggi, meine Nachbarin, die Zuverlässigkeit in Person. Wir waren verabredet, wollen gemeinsam unsere ältesten Sprösslinge in der Realschule anmelden. Habe es total vergessen. Wenn ich mich einmal entspanne... Wenn sie mich nicht mitnimmt, muss ich mit dem Fahrrad fahren. Siggi, Seele von Mensch, holt erst noch zwei andere Mütter ab, um mich dann aufzugabeln. Vorbei die Muße. Blitzföhnen, Unterlagen zusammensuchen, mein erstes Baby kommt in die Realschule! Vier nervöse Mütter von vier zehnjährigen Kindern aus derselben Straße, vor sieben Jahren gemeinsam auf dem ersten Elternabend im Kindergarten, vor vier Jahren gemeinsam auf dem ersten Elternabend in der Grundschule. Gewachsene Schicksalsgemeinschaft ohne Wohnzimmerkontakte, die aber zuverlässig funktioniert, wenn's brennt. Mit dem gemeinsamen Ziel, die Straßenfreundschaft der Kinder zu unterstützen, solange es geht, machen wir uns auf den Weg.

Freitag, 3. Mai

Endlich ist es soweit! Jan räumt sein (mein) Zimmer und zieht nach oben in unser ehemaliges Schlafzimmer. Wir fahren sein Gitterbett zu Freunden, die mit dem Familienaufbau erst begonnen haben. Werner ist froh, das Ding endlich loszuwerden und eine weitere Kleinkindära abzuschließen. Er freut sich, dass Jan ein großes Bett bekommt und er zu ihm abends auch mal reinkuscheln kann. Ich schaue wieder nach hinten. Alle meine drei Babies lagen darin und haben ihre Nagespuren am Bettrand hinterlassen. Spuren einer lebendigen Vergangenheit, die neuen Besitzer werden sie wohl abschleifen. Ein heftiger Schmerz durchfährt mich, als ich das Bett für immer aus den Händen gebe. Sabine, Mutter eines Kindes und noch nicht wieder schwanger, lallt in Babysprache in das Bett hinein zu einem Baby, das nur sie sehen kann: »Dudidudidei!« Okay, tauschen möchte ich auch nicht mehr.

Mittwoch, 7. Mai

Tierfutter holen beim Hintermaier Alfred, Ureinwohner des Dorfes. Er erinnert mich an meine geliebte verstorbene Oma, sobald er den Mund aufmacht. Jedes Mal beim Futterholen überkommt mich eine Mischung aus Wehmut und Erheiterung. Der urige Alte kommt mir aus seinem Hühnerstall entgegen. Ich: »Wir brauchen Hühner- und Hasenfutter!« Er trocken: »Ha sowas! Un mir hen so viel dafu, dass ma verkaafa missa!« Hohoho! Hätte meine Oma genauso gesagt. Und als Nächstes dann: »Was macha dei Hiena?« Seine machen jedenfalls meist besser als meine, eierzahlmäßig.

Ich liebe meine Hühner! Ich habe zwei schwarze und zwei braune. Manche Leute halten Hühner für dumm. Aber meine sind extrem intelligente Tiere. Natürlich können sie lesen. Ich weiß das, weil nur auf dem Papiersack, in dem ich ihr Futter kaufe, »Legemehl« steht. Und den leere ich immer in eine Futtertonne, auf der gar nichts steht. Jeden Morgen um 10 Uhr legen sie dann ihre vier Eier. Dazu nehmen sie Anlauf, springen auf die Tonne mit Legemehl (wohlgemerkt: nicht auf die Tonne mit Körnern!), werfen mit einem zirkusreifen, akrobatischen Ruck den Deckel runter und kuscheln sich ins Legemehl. Da hinein legen sie ihre Eier! Nacheinander. Ins Legemehl eben. Sie brauchen dazu ungefähr eine Stunde. Henne um Henne stürmen sie dann heraus, werfen sich in die Brust und gackern stolz ihr wildes Eierlied. Jetzt im Frühling haben sie noch ein zweites Lied im Repertoir: das Frühlingslied. Wie alle Vögel besingen sie diese Jahreszeit. Gegen 16 Uhr, zur Teatime, wenn die Abendsonne ins Gehege scheint, machen sie es sich so richtig gemütlich. Sie buddeln sich nebeneinander in den Sand ein und – singen! Es ist ein leises Lied mit zart gurrenden, wunderschönen Tönen. Dann weiß ich, dass sie glücklich sind. Nur Hühnerliebhaber kennen diesen Song. Er dringt nicht über den Gartenzaun. Nie mehr könnte ich Eier von unglücklichen Hühnern kaufen.

Samstag, 11. Mai

6 Uhr. Mein Instinkt ruft. Flohmarkt! Ich schaffe es, Rucksack, Kleider und Kleingeld zusammenzuraffen, ohne dass jemand aufwacht. Als ich gerade siegessicher aus dem Haus schleichen will, flüstert eine kindliche Stimme: »Darf ich mit?« Ich schrecke zusammen. Kurze Zeit später wandle ich noch halb nachtblind mit Anna und ihren drei Mark Angespartem über den dörflichen Flohmarkt. Bald trennen wir uns, unsere Rhythmen sind unvereinbar. Während ich im Blitzraster die Stände durchforste nach Jeans für Lena – wie beim Puzzlespiel das fehlende Teilchen im Kopf –, steht Anna minutenlang überwältigt an jedem Stand und prüft in aller Ruhe das gesamte Angebot. Als ich sie nach langem Suchen wieder treffe, wirkt sie sehr zufrieden. Sie will nur meine Lieblingsfarbe wissen. Darüber habe ich mir seit ungefähr 25 Jahren keine Gedanken mehr gemacht. Da ich mich nicht entscheiden kann und sie »vielleicht Türkis?« fragt, sage ich vorsichtig Ja. Daheim fragt sie: »Darf ich dir dein Muttertagsgeschenk heute schon geben? Ich kann es einfach nicht mehr aushalten. Ich habe morgen trotzdem noch was für dich!« Sie überreicht mir zwei kleine Geschenke: Eine winzige Kerze in Gestalt eines italienischen Snacks – eine schwarze und eine grüne Olive ruhen auf einem Blätterteigschiffchen in Tomatenpaste, alles aus Wachs. Sehr lecker. Das andere sieht nicht weniger appetitlich aus, auf den ersten Blick denke ich, es sind zwei Marzipanblüten von einer Geburtstagskuchendekoration, doch dann erkenne ich es: Es sind türkisblaue Plastikohrringe in Form zweier Rosenblätter! Himmel! Ich werde sie tragen, klarer Fall. Unter den leuchtenden Augen meiner Großen lege ich sie an und verwandle mich augenblicklich in einen nicht altern wollen-

den Paradiesvogel eines Jahrmarktstandes. Das tut meiner Rührung nicht den geringsten Abbruch, ich bin stolz! Meine Tochter schenkt mir Schmuck! Meine Tochter will mir eine Freude machen! Meine Tochter liebt mich! Ich muss es gleich Werner zeigen.

Der steht gerade an meiner Zimmertür (mein Zimmer!), guckt meinen PC-Tisch an, guckt und guckt und meint schließlich etwas überrascht über meine Einrichtung: »Da habe ich dich schon glücklich in einem gemütlichen Sessel sitzen und ein Buch schmökern sehen, und was ist daraus geworden? Ein High-Tech-Zimmer!« Unverhohlen grinst er mich an: »Wow! Geile Ohrringe!« Ich erwidere ihm ebenso überrascht: »Und ich hab mich schon glücklich darin bügeln und nähen sehen. Habe ja auch nicht gedacht, dass ich mit Heimarbeit anfange! Die Ohrringe sind von Anna zum Muttertag. Wahnsinn, nicht?« Bin total glücklich. Acht Jahre habe ich auf mein Zimmer gewartet! Schon bei der Besichtigung des Hauses war klar, dass der winzige Raum gegenüber der Küche einmal mein Zimmer werden würde. Doch zuerst wurde es das Spielzimmer der Mädchen, die noch zu klein waren, um oben alleine zu spielen. Dann war es Jans Kinderzimmer, damit die Mädchen oben allein spielen konnten. Nun ist es soweit. Wie bei so vielem merke ich erst jetzt, wie sehr ich mich danach gesehnt habe. Mein mir eigener Bereich, ein Stück Bianka, klein, aber mein. Acht Quadratmeter Platz für eine Wäscheecke, den Computer und einen Sessel. Nun kann ich meine Bügel- und Nähwäsche immer liegen lassen. Kann bei Tageslicht schreiben und kriege keine kalten Füße mehr in Werners Kellerzimmer. Der ist auch froh, dass er seine Untermieterin wieder los ist. Nun kann er endlich in Ruhe fernsehen, ohne sarkastische Zwischenrufe von dieser arroganten Frau, die immer wieder in einem unbemerkten Augenblick den Ton leiser stellt. Die hat nun ihr Zimmerchen, in das sie sich händereibend zum Lesen und Schreiben zurückzieht.

Mittags fahren wir auf den Acker. Erdbeeren hacken, Bohnen stecken, Tomaten pflanzen. Der Wonnemonat ist unangenehm kalt und wir kauern uns hinter ein Lagerfeuer. Meine Schwiegermutter blickt ins Feuer und meint gerade: »Charly schleicht dauernd um meinen Naturdünger rum. Dieser Hund!«, da denken wir gleichzeitig: »Wo steckt der Hund eigentlich?« und rufen vierstimmig: »Charly?!« Alarmiert kommt er aus der Gerätehütte rausgestürzt: Das Maul voller Guanodünger! Wem's schmeckt ...

Sonntag, 12. Mai

Muttertag! Der Tag der wilden Erwartungen und großen Enttäuschungen vieler meiner Freundinnen. Ich kann das nicht verstehen, mich befremdet der Rummel. Ich stehe da total drüber. Ich will nicht an diesem einen Tag besonders geehrt werden. Das ist mir viel zu wenig. Ich will mehr: Ehre das ganze Jahr über! Tag für Tag will ich Dankbarkeit und Aufmerksamkeit für meine Affenliebe. Also, wie gesagt, ich stehe da total drüber. Liege im Bett und genieße das Ausschlafen, den beginnenden Sonntag. Aber die Kinder sind in der Schule schon seit Wochen auf diesen meinen großen Tag abgerichtet worden. Um 7 Uhr höre ich Lena eifrig in der Küche klappern. Es rührt mich doch, als ich mir vorstelle, wie sie aus Liebe zu mir in der Küche hantiert und jongliert, mühsam von Oberschrank zu Oberschrank hangelnd, um mir eine Freude zu machen und den Frühstückstisch zu richten. Mir wird ganz warm ums Herz und ich weiß wieder, wie wichtig mir als kleines Mädchen der Muttertag war, wie bewusst mir dadurch kurzzeitig die Arbeit meiner Mutter wurde und wie gerne ich mich dafür dankbar erweisen wollte, wenigstens an diesem einen Tag. Dann rollen sie an, alle drei, flüsternd, beladen mit selbstgebastelten Geschenken, kriechen zu mir ins Bett und streiten darum, wer sein Gedicht zuerst vortragen darf. Lena rezitiert die klassische, köstliche »Liebes-Mütterlein«-Version und ich muss schmunzeln. Dazu hat sie eine Raupe gebastelt, die sich gerade durch einen Apfel frisst. Etwas zerknittert sieht sie aus, die Raupe, weil sie sich so lange im Bücherranzen verstecken musste. Sehr wertvoll! Jan drückt mir einen selbstgebastelten Marienkäfer an die Brust und ruft immer wieder etwas, das wie »Hustensaft« klingt. Schließlich kommen wir drauf: Er meint Muttertag! »Leine! Jan leine macht!« Süß! Dann kommt Anna. Es ist ihr ungeheuer wichtig, mir eine Freude zu machen, und es bewegt mich ganz besonders, als sie schüchtern mit ihrer schönen Stimme vorliest:

»An meine Mutter!
Wie gern hätt ich ein schönes Lied gemacht
von deiner Liebe, deiner treuen Weise.
Die Gabe, die für andere immer wacht,
hätt ich so gern geweckt zu deinem Preise.
Doch wie ich auch gesonnen mehr und mehr,
und wie ich auch die Reime mochte stellen,
des Herzens Fluten wallten drüber her,
zerstörten mir des Liedes zarte Wellen.
So nimm die einfach schlichte Gabe hin,
von einfach ungeschmücktem Wort getragen,
und meine ganze Seele nimm darin:
Wo man am meisten fühlt,
weiß man nicht viel zu sagen.«

Sie überreicht mir das Gedicht in einem Kunstwerk aus Seidenpapier, das sie sicherlich viele Stunden gekostet hat, zusammen mit den klassischen, gehäkelten Viertklässlertopflappen, an denen ich selber mitgearbeitet habe und von denen ich weiß, wie viel Schweiß darin steckt. Nun gehöre ich auch zu den Müttern, über deren heimischem Herd bis ans Lebensende zwei solche asymmetrische kindliche Schöpfungen ungewöhnlicher Farbzusammenstellung hängen. Am meisten aber rührt mich das Gedicht. Obwohl ich glaube, dass Anna kaum eine Zeile davon versteht, weiß ich doch, dass sie etwas davon ahnt, fühlt, empfindet. Es waren meine eigenen Empfindungen meiner Mutter gegenüber, als ich so alt war wie sie. Tränen steigen hoch in mir, und ich weiß erst recht: »Wo man am meisten fühlt, weiß man nicht viel zu sagen.« Kein Kind wird es je in Worte fassen, was ich ihm bin, auch nicht am Muttertag. Ich muss es ihm Tag für Tag abspüren, es kosten, genießen.

Als die drei zufrieden abgetigert sind, liege ich noch lange selig lächelnd im warmen Bett und denke darüber nach, wie sie mein Leben verändert haben. Muttertags-Zwischenbilanz:

Kinder zu haben ist einfach ein großartiges Geschenk. Mit jedem Kind ist mein Leben bunter und reicher, aber auch verantwortungsvoller geworden.

Die Arbeit als Vollzeitmutter (»Nur-Hausfrau«) ist sehr vielseitig. Neben meiner eigentlichen Tätigkeit als Mutter bin ich Krankenschwester, Therapeutin, Lehrerin, Chauffeurin, Köchin, Raumpflegerin, Finanzverwalterin, Gärtnerin, Gastgeberin. Oft jongliere ich mit mehreren Rollen gleichzeitig. Manchmal geben sich höchst triviale und ausgesprochen anspruchsvolle Tätigkeiten die Hand. Mitten in einem ernsten Grundsatzgespräch mit Anna kann der erbarmungslose Ruf aus der Toilette schallen: »Mama, Ii Ia ma!« (»Mama, Pipi Stinker gemacht!«)

Der Balanceakt besteht darin, dass ich stets allen gerecht werden will. Ich will jedes Kind bewusst wahrnehmen, ernst nehmen und ermutigen. Ich will seine Gaben entdecken und fördern, seine Defizite ausgleichen und an seinen Fehlern arbeiten (die ich ihm peinlicherweise vererbt habe oder die mich an Werner schon immer gestört haben). Ich will jedem so viel Zuwendung und Liebe geben, wie es braucht, um sich gesund zu entwickeln. Das heißt zum Beispiel, Anna aus der Reserve und zum

Reden zu bringen, ihr in Punkto Schule zu strukturiertem Arbeiten zu verhelfen, sie zum Musizieren zu motivieren, ihr Bedürfnis nach ungeteilter Zweisamkeit zu stillen. Oder Lenas exzessives Knuddelbedürfnis zu befriedigen, ihrem Redefluss immer wieder bewusst zuzuhören, ihren diffusen Ängsten zu begegnen, sie zur Selbstständigkeit zu ermutigen. Und Jan die Förderung zukommen zu lassen, die er zu seiner Entwicklung braucht, ihm Selbstvertrauen und Geborgenheit zu vermitteln, ihn mitsamt seiner Behinderung anzunehmen und ihn nicht nach meinen Vorstellungen formen zu wollen.

Dass ich dabei oft schmerzlich an meine Grenzen stoße, erfahre ich fast täglich. Zwischen meinem (zu hohen?) Anspruch und dem, was ich bringen kann, liegen dann Welten. Immer wieder muss ich gegen meinen nicht gerade engelsgleichen, jedenfalls ziemlich unvollkommenen Charakter ankämpfen. Muss mich zurücknehmen, oft an die letzte Stelle setzen bis zur Selbstlosigkeit. Ich muss meine Gefühle bremsen, Worte zurückhalten und trotz Hormon- und Stimmungsschwankungen einigermaßen stabil bleiben. Für die Balance, die Stabilität innerhalb der Familie bin in erster Linie ich verantwortlich. Wenn ich wieder einmal verzweifelt bin, weil ich völlig versagt habe, tröstet mich Gott: »Du brauchst nicht mehr als meine Gnade. Je schwächer du bist, desto stärker erweist sich an dir meine Macht.« Und es heißt über ihn: »Er gibt dem Müden Kraft und die Schwachen macht er stark.« Und so mache ich weiter, immer wieder neu gestärkt, das Alte hinter mir lassend.

Im Laufe der Jahre kam es sogar hin und wieder zu »Grenzüberschreitungen«: Inzwischen habe ich mit drei Kindern seltener Angst, zu kurz zu kommen, als anfangs mit einem. Ich denke nicht mehr immer zuerst an mich, sondern finde es oft erfüllend, für andere zu sorgen. Die Kinder für ihr Leben auszurüsten, erlebe ich als eine große, herausfordernde Aufgabe. Mit zunehmender Kinderzahl, Arbeit und Verantwortung musste ich allerdings wieder neu lernen, auch auf meine eigenen Interessen und Bedürfnisse zu achten, um auf Dauer geben zu können. Ich habe auch Anspruch auf Freiraum. Und auch für unsere Partnerschaft mussten Werner und ich uns Zeit erkämpfen. Im Haushalt habe ich umdenken müssen: Beim ersten Kind war mir sein Zustand noch nicht besonders wichtig, aber mit jedem weiteren Kind musste ich meine Arbeit immer besser organisieren. Heute komme ich damit besser zurecht als früher. Im Laufe der Jahre habe ich auch eine dickere Haut und einen längeren Atem bekommen, bin gelassener geworden und kann mit meiner Ungeduld besser umgehen. Manchen Anspruch, dem ich nicht entsprechen konnte und der mir nur lähmende Schuldgefühle einbrachte, habe ich aufgegeben. Inzwischen verzweifle ich nicht mehr so schnell, wenn ich ungerecht war oder meine Kinder verletzt habe. Kinder sind nicht nachtragend und verzeihen immer wieder, wenn sie sich grundsätzlich angenommen und wertgeschätzt wissen. Kinder lieben bedingungslos. Andererseits weiß ich, mittlerweile desillusioniert, dass die Kinder mich durch ihre fordernde, egoistische Art immer wieder an den Rand meiner Kraft bringen werden. Aber ich darf die Grenzen, die ich ihnen setzen muss, auch manchmal missachten, ohne Angst zu haben vor den Folgen gelegentlicher Inkonsequenz. Ich habe erlebt, dass ich Fehler machen darf, ohne die gesamte Erziehung zu gefährden.

Charly ist heute nur ein Schatten seiner selbst. Apathisch liegt er in der Ecke und fastet. Er frisst nicht einmal mehr ein Ei! (Der alte Dieb, der mir beim Füttern immer in den Hühnerstall nachhechelt, um wenn irgend möglich ein Ei zu stehlen.) Wir rätseln herum, was mit ihm los ist, bis es uns wie Schuppen von den Augen fällt: der Dünger! Muss ihm übel sein! Er bekommt ein Krankenlager im Wohnzimmer und leidet stumm und überdüngt.

Mittwoch, 22. Mai

9.30 Uhr. Treffe mich mit Hella und Janina, zwei Hebammen, um eine »runde Geschichte« (Zitat Hansbert) über die Arbeit freier, niedergelassener Hebammen für die Zeitung zu schreiben. Hansbert will immer »runde Geschichten«. Habe mich praktischerweise mit »meiner« Hebamme in Verbindung gesetzt und fühle mich nun um Jahre zurückversetzt, als ich beim Interview wieder auf ihrer Matte sitze, neben mir die 50 cm große Puppe Marke Neugeborenes. Die beiden Hebammen haben eine so kompetente, Vertrauen erweckende Ausstrahlung, dass ich fast Lust auf Entbindung bekomme. Kriege dann aber im Laufe des Gesprächs doch wieder eine Gänsehaut, als immer mehr Erinnerungen an die verschiedenen Phasen meiner Geburten aufsteigen. Es war ja doch kein Kinderspiel. Als dann noch Hella am Ende des Gesprächs durch ihren Scall angepiepst wird, ans Telefon springt, »Was, schon? Ich komme sofort!« ruft und uns nur knapp erklärt: »Acht Zentimeter!«, bin ich wieder geheilt. Sie geht zur Hausgeburt, ist selbst nervös, und ich staune ehrfürchtig, welche Verantwortung sie da übernimmt. Nein, das wäre kein Beruf für mich, denke ich. Als mich aber Janina später noch zu einem Hausbesuch mitnimmt und ich ein zwei Wochen altes, zufrieden schmatzendes Baby sehe, wird mir ganz warm ums Herz und ich denke, dass dies ein sehr erfüllender Beruf sein muss. Welch ein Beginn! So rein, so neu, ein unbeschriebenes Blatt. Bewegt von Erinnerungen und großen Gedanken fahre ich heim.

12 Uhr. Daheim erwartet mich das Chaos. Billes Tochter hat bei uns übernachtet, Werner hat sich mit dem Hund aus dem Staub gemacht und die vier Kinder allein gelassen. Auf dem Küchentisch hat eine Zuckerschlacht stattgefunden, das Frühstück ist noch nicht abgeräumt, Bäh! Ich frage die Kids, ob sie einen Wunsch zum Mittagessen haben, und sie brüllen wie aus einem

Munde: Pizza! Jawohl, genau danach ist mir jetzt auch: Fertigpizza, das Kurz-und-schmerzlos-Menü, das zu diesem Durcheinander passt. Mit dem restlichen Tag tue ich mich ziemlich schwer, ich glaube, die Tage vor den Tagen bahnen sich langsam wieder an. Die Tage vor den Tagen, die Tage mit den Tagen ... wie viele taglose Tage bleiben eigentlich unterm Strich übrig?

21 Uhr. Als ich Lena ins Bett bringen will, bricht meine Moral zusammen: Von meinen zwei jüngsten Räumungsaktionen mit Reinigungsbenzin und Mülleimer ist nichts mehr zu sehen, wieder Klebstoff auf dem Fensterbrett, Tintenpatronen auf dem Holzdielenboden ausgelaufen, überall benutzte Papiertaschentücher und, trotz Essverbot außerhalb der Küche, verschimmelte Nahrungsreste. Ich flippe aus.

Morgen muss ich mit der Kinderstunden-Vorbereitung beginnen.

21.30 Uhr. Krisengespräch mit Werner darüber, woran es zur Zeit bei uns hapert: an fehlender Esskultur und dem richtig bemessenen Freiraum für die Mädchen. Nach dem Motto »Ein Kind kommt immer zu kurz« ist es im Moment Lena, die verstärkt unsere Zuwendung braucht, obwohl oder gerade weil sie im Moment sehr anstrengend ist.

Donnerstag, 23. Mai

PMS zum soundsovielten. Heute leide ich nicht darunter, weil ich mich austoben darf. Die Kinder sind weg, Werner und ich renovieren. Ich klebe das ganze Haus ab, Werner streicht. Das kommt meiner tiefen Sehnsucht entgegen, etwas möge sich zum Besseren ändern, ändern zumindest. Früher war ich berüchtigt dafür, dass ich ganze Zimmer umstellte, heute macht es mich schon glücklich, wenn das Klopapier ein anderes Muster hat, aber alles in mir sehnt sich nach Veränderung in dieser Zeit. Es wird ein Rätsel bleiben, genauso wie die Tatsache, warum ich an den Tagen vor den Tagen immer Kirschquark mit Sahne und Blockschokolade essen muss. Diesmal freut sich jedenfalls Werner über mich.

Morgen muss ich wirklich mit der Kinderstunden-Vorbereitung beginnen!

Freitag, 24. Mai

Habe neulich auf dem Markt eine große Menge Geflügelfleischscheiben gekauft, sehr biologisch, sehr gesund, sehr teuer. Habe sie umweltbewusst in eine große Kunststoffdose verpackt, schön getrennt durch Alufolien. Praktisch zum portionierten Auftauen. Als ich heute zwei Scheiben auftauen wollte, klebte alles zusammen, der ganze Block untrennbar miteinander verbunden. Musste alles auftauen und war den Rest des Nachmittags damit beschäftigt, die Menge eines kleineren Hochzeitsessens zuzubereiten, damit nichts verdirbt.

»Eine tüchtige Frau – wer findet sie? Weit über Korallen geht ihr Wert. Kraft und Hoheit sind ihr Gewand, und unbekümmert lacht sie dem nächsten Tag zu. Sie überwacht die Vorgänge in ihrem Haus, und das Brot der Faulheit isst sie nicht. Es treten ihre Söhne auf und preisen sie glücklich, ihr Mann tritt auf und rühmt sie: Viele Töchter haben sich als tüchtig erwiesen, du aber übertriffst sie alle!« (Sprüche 31,10ff)

Morgen habe ich Zeit für die Kinderstunden-Vorbereitung.

Samstag, 25. Mai

20 Uhr. Ich habe Halsweh. Werner Kopfweh. Wir sind mit Freunden zum Essen verabredet, ein Termin, den wir schon ein paarmal verschoben haben und jetzt nicht absagen wollen. Aber die zwei scheinen gärende Eheprobleme zu haben und manchmal wird es ziemlich brenzlig. Ansonsten sind sie eher ruhig und

heute froh, wenn wir reden; bereitwillig lachen sie über unsere Anekdoten. Als wir gegen 1 Uhr gehen, haben wir alle mehr oder weniger lustigen Geschichten, Fettnäpfchen und Reinhauer unseres Lebens zum Besten gegeben. Ich kann nicht mehr. Ich habe Halsweh, Werner Kopfweh.

Morgen habe ich Kinderstunde. Bin nicht genügend vorbereitet. Fühle mich immer öfter überfordert damit. Ist das überhaupt meine Gabe? Warum kostet mich das alles immer so viel Kraft? Es fällt mir zwar leichter als anfangs befürchtet, aber es ist mit Sicherheit nicht meine innerste Berufung. In meinem Kopf reift immer mehr die ungeistliche Erkenntnis, dass ich keine Lust mehr habe. Schon Lust auf die Kinder. Aber nicht auf das Programm. Keine Lust, mich vorzubereiten und diesem Anspruch zu genügen. Keine Lust auf die vorgegebenen, weit hergeholten alttestamentlichen Geschichten, zu denen die Kinder so schwer Zugang finden. Keine Lust auf die für mein Empfinden nicht kindgerechten Lernverse, die die Kleinen ständig auswendig lernen sollen, wenn es nach unserem Lehrmaterial geht. »Es sollen dich preisen die Völker, Gott; es sollen dich preisen die Völker alle.« Was geht in einem Dreijährigen vor, der diesen Bibelvers hersagen soll? Wie bin ich da bloß reingeschlittert? Jahrelang hatte ich ein schlechtes Gewissen, weil ich Sonntag für Sonntag meine Kinder durch eine Tür schob, hinter der sich andere um sie mühten, während ich entspannt am Gottesdienst teilnehmen konnte. Das war doch nicht fair. Als mich dann Gustav vor vier Jahren fragte, ob ich ihn alle fünf Wochen beim Singen in der neuen Babygruppe unterstützen könnte, sagte ich Ja. Singen kann ich einigermaßen. Und die sieben, acht schüchternen, kleinen Mädchen jagten mir keine Angst ein. Endlich hatte ich die Möglichkeit, mich für die jahrelange Betreuung meiner Kinder zu revanchieren und mein Gewissen zu besänftigen. Zwei Monate später hatte ich die Gruppe alleine. Gustav wurde von einem »Bruder« gebeten, diesem bei den Acht- bis Zwölfjährigen beim Kicken zu helfen. (Zwei Monate später hatte er die Gruppe.) Dann hat sich die Sache verselbstständigt. Heute sind es dreißig Jungs und Mädchen, ihr Selbstbewusstsein hat sich gefestigt und der Anspruch ist durch eine neue Mitarbeiterin sehr gewachsen. Sie hat Seminare belegt und erkannt, dass dieses Alter die wichtigste Phase im Prozess der Glaubensfindung eines Kindes ist. (»Was Hänschen nicht lernt . . .«) Aber es ist eine Sache, sieben Dreijährige zu beschäftigen, und eine andere, mit dreißig Drei- bis Sechsjährigen einen Kindergottesdienst machen zu sollen. Seufz.

Sonntag, 26. Mai

Werner entscheidet spontan durch Nichtaufwachen: Werner geht heute nicht mit in die Gemeinde, Werner schläft sein Kopfweh aus. Ich hadere mit meinem Schicksal. Muss um 6 Uhr aufstehen, um mich vorzubereiten. Fällt mir natürlich unheimlich schwer. Danach fällt es mir schwer, meine drei Kinder auf Trab zu bringen, damit sie satt, gut gekleidet und pünktlich in der Gemeinde erscheinen können. Ich fühle mich krank, will aber wieder nicht absagen. Nehme dennoch die Gemeindeliste zur Hand und überlege, wer meine Kinderstundennachfolge antreten könnte. Stoßgebet: »Herr, Hiiiilfeee!«

Dann läuft alles wie am Schnürchen. Die Kinder fahren auf mein Programm ab, das ich spontan geändert habe. Sie singen sanft wie die Lämmlein, außer Hendrik, der sich neuerdings beim Singen irritierenderweise die Finger in die Ohren steckt. Ich soll über die Wiederkunft Jesu reden und dass sich eines Tages alle Knie vor ihm beugen werden. Ich werde es so aufrollen, dass ich sie frage, ob sie das Leben schön finden. Und wenn sie dann alle »Jaaaa!« schreien, dann werde ich die Bombe loslassen: dass nämlich die neue Erde noch viel schöner sein wird. Und so weiter. Alle rufen »Jaaa!«, bis auf Hendrik. Der überschreit sie alle: »Neeeiiin!« Jetzt schreien alle »Nein«. Dieser Kerl! Wie kann man mit fünf Jahren schon so zum Kampf bereit sein?! Also zäume ich das Pferd von hinten auf und frage die Kids, was ihnen nicht so gefällt im Leben. Bin immer wieder erstaunt über die Klugheit dieser Kinder. Es kommt alles, was ich brauche. Mirijam meint: »Wenn wir streiten!« Philipp: »Wenn mir was weh tut!« Anna: »Wenn ich weinen muss. Und wenn ich krank bin.« Und Hannah: »Wenn jemand stirbt! Die Frau Kramer ist gestern gestorben und war ganz alt. Die hat jeden Morgen aus dem Fenster gesehen und jetzt ist das Fenster leer!« Ich mache sie mit einem Vers aus der Offenbarung bekannt: »Und Gott wird jede Träne von ihren Augen abwischen und der Tod wird nicht mehr sein, noch Trauer, noch Geschrei, noch Schmerz wird mehr sein.« Sie freuen sich darüber und wir haben ein langes Gespräch über Jesus. Ich frage sie, wie das war nach seiner Kreuzigung, und reihum tragen sie ihre Puzzlestücke zusammen, jeder weiß etwas. Daniel ist ganz beeindruckt darüber, dass Jesus am Ölberg weinte. Hannah weiß, dass er zu den weinenden Frauen etwas sagte, als er sein Kreuz trug. Lea fällt es ein: »Weint nicht wegen mir, sondern wegen eurer – Kinder!« »Sünden!«, schreit Mirijam aufgeregt. Hendrik, der Ernste, erinnert sich daran, dass Jesus zu Johannes sagte, dass er für seine Mutter sorgen solle, und so geht es weiter. Sie wissen noch von den furchtsamen Jüngern und den beiden, die mit Jesus nach Emmaus wandern, sie haben die zurückbleibenden Jünger vor Augen und Jesus, wie er in die Wolken entschwindet. Und nun hören sie voller Staunen, dass Jesus gegangen ist, um uns Wohnungen bei unserem Vater zu bereiten. Wie sich eines ins andere fügt – das hat nichts mit meiner mangelhaften Vorbereitung zu tun. Ich spüre Gottes Gegenwart, und biblische Geschichten aus dem Mund der Kinder zu hören, macht mich glücklich. Ich werde noch nicht aufgeben. Ich spüre ja, wie Gott mich in meiner Schwäche gebraucht.

Daheim. Werner liegt immer noch im Bett. Ich falle in mich zusammen. Halsweh Halsweh Feuer. Seit vier Wochen Regenwetter. Versumpfter Mai. Draußen mickrige acht Grad, wir heizen immer noch. Mein Lieblingsmonat verdumbeidelt. Mit Gliederschmerzen liege ich im Bett, zu nichts zu gebrauchen.

Mittwoch, 29. Mai

Meine Eltern sind in Urlaub. In Bibione, dem italienischen Badeort an der Adria, den sie mit tausenden von Teutonen eroberten, als ich neun war. Fortan reisten wir Jahr für Jahr dorthin, um nach dem Rechten zu sehen. Bibione – für mich als Mädchen der Inbegriff von Glückseligkeit. Dort war es warm, dort gab es Millionen Muscheln, Kubikkilometer Hawaiisand und lauwarmes, seichtes Wasser. Jeden Tag gab es Eis und meine Eltern hatten viel Zeit. Meine Mutter überzog uns regelmäßig mit Sonnenöl, während mein Vater in geschäftigem Eifer mit einer Kinderschaufel einen Graben gegen die anrollenden Fluten grub. Wir lagen in der siebzehnten Reihe der grünen Sonnenschirme, im Hintergrund Francos Hotelhochhaus, in dem es die besten Spaghetti bolognese gab. Als ich in die Pubertät kam und alles hinterfragte, wurde Bibione zum Synonym für Massentourismus, oberflächliche Scheinwelt, baggernde Italo-Machos, eitle Strandschönheiten, Sehen und Gesehenwerden. Erst als ich selbst Kinder hatte, ging ich wieder mit meinen Eltern hin und fand und verstand, was sie zwanzig Jahre zuvor schon dort gefunden hatten: Geborgenheit, südliche Gemächlichkeit, italienische Gastfreundschaft, kinderfreundliche Strände, Wärme, Erholung. In der Gleichförmigkeit, dem bekannten Umfeld sammelte ich neue Kräfte für den Alltag. Ungebrochener Gesinnung war ich nun wieder Nur-Tourist aus vollem Herzen, ohne mich dabei zu verachten.

Nun reisen wir mit dem Wohnwagen. Aber ich denke oft an meine Kindheit und all die Ferienaufenthalte in Bibione. Welch verschiedene Phasen meines Lebens habe ich dort zugebracht, die Kulisse immer dieselbe, aber ich immer eine andere. Mit neun war ich zum ersten Mal im Ausland. Wie meine Kids heute staunte ich über die Unterschiede: Sprache, Sitten und Währung. Jahr um Jahr buddelte ich mich durch den hauchfeinen Sand, vergaß die Stunden beim Burgenbauen, ließ das köstliche Eis auf der Zunge zerfließen, aß Kokosnüsse und bekam eine bronzefarbene Haut unter der Mittelmeersonne. Mit fünfzehn lernte ich selbst Italienisch, um mitreden zu können, durfte meine Freundin mitnehmen, damit ich überhaupt noch mitging. Wir tanzten in Diskos mit charmanten italienischen Jungs, meine Eltern heimlich in elterlicher Sorge hinter uns her. Als ich siebzehn war, kam Werner mit und Geigen fidelten im siebten Himmel. Mit dreißig waren wir mit unseren drei Kindern dort.

Nun gieße ich die Blumen meiner Mutter, stehe in dem Hof meiner Kindertage und lasse mich von Wehmut überfallen: Hier war einmal mein Sandkasten, spielte ich mit meinen Cousinen. Im Garten waren Omas Rosenrabatte, der Nussbaum, der leere Hühnerstall und die großen Erdbeerbeete. Heute steht dort ein Swimmingpool. Unten im Haus wohnte seit jeher Oma, die meine Kindheit begleitet hat – sie starb vor neun Jahren. Mein Zimmer lag neben ihrem, nichts erinnert mehr daran. Heute feiern wir dort unsere Familienfeste. Wie schnell das alles geht. Nun ist Anna schon zehn Jahre alt. Vielleicht hat sie bereits die längste Zeit bei uns daheim gelebt. Gehen ist leichter als gehen lassen. Irgendwann wird kaum noch etwas an die jetzigen Zeiten erinnern, nur die Kulisse wird noch dieselbe sein. Es fällt mir ja heute schon schwer, mir Anna noch als Säugling vorzustellen, denn ich muss Hinzugekommenes wegdenken. Die aktuelle Anna löst ja immer die vergangene ab. Wie fließend die Dinge sind, Tag für Tag zerrinnt die Zeit zwischen meinen Fingern.

Freitag, 31. Mai

Heute war ich einen ganzen Tag lang glücklich. Jan war über Nacht bei den Schwiegereltern. Sie sind mit der Straßenbahn mit ihm zum Zoo gefahren. Ein Festtag also für ihn. Für uns auch, wie sich herausstellte. Ich ließ die Mädchen für drei Stunden alleine, um in den Buchladen zu fahren. Noch sind ja Pfingstferien. Als ich wegfuhr, schliefen sie draußen im Garten im Zelt. Auf der Rückfahrt rechnete ich ab Ortseingang damit, ihre streitenden Stimmen zu vernehmen. Nichts. Als ich in den Hof einfuhr – immer noch nichts. Dann sah ich sie: Sie hatten Jans Badehosen an, saßen im Sandkasten und bauten eine Burg! Zum Frühstück hatten sie sich den kleinen Campingtisch und zwei Campingsessel aufgebaut. So ging das den ganzen Tag weiter: Die Sonne schien, der Wind wehte, es war herrlich warm und meine Mädchen spielten – gemeinsam. Sie spielten die alten Spiele, die sie jahrelang gespielt haben: Mutter und Kind. Lehrer und Schüler. Hund und Katze. Mensch ärgere dich nicht. Kein Streit, kein Gekeife. Liebevoll redeten sie miteinander, verständigten sich bei Uneinigkeiten mit sachlichen, ausgereiften Argumenten. Ich wusste nicht, wie mir geschah. Wie lange hatte ich das nicht mehr erlebt! Hing das mit Jans Abwesenheit zusammen? Bringt er so viel Unruhe in ihre Beziehung? Erschreckende Vorstellung.

Auch Jan war abends wie umgewandelt und spielte zufrieden mit sich selber. Hing das mit dem schönen Wetter zusammen oder hatte auch er emotional aufgetankt? Rätsel um Rätsel.

Abends, als alle schlafen, sitze ich allein im Garten, bis die Dunkelheit hereinbricht. Rieche den schweren, süßen Duft der blühenden Akazie, lausche den Fröschen der umliegenden Teiche, sehe die Farben der Geranien verblassen. Mein Haus, von Efeu und wildem Wein überwuchert, ich liebe es. In seiner grünen Wand hausen unglaublich viele Vögel. Über dem Hühnerstall hat sich eine Amsel eingenistet, wie es scheint, ist sie allein erziehend. Sie singt mit Pathos ihr »Ich habe die Amselart vor dem Aussterben bewahrt«-Lied. Damit ihr Nest wirklich schön wird, hat sie Alustreifen und Plastikfolie hineingeflochten. Drei kleine Amselbabies kauern darin, bestehen aus nichts als pulsierendem Herzschlag, riesigen, geschlossenen Augen und winzigen flaumigen Daunenfederchen auf nackter Haut. Das mittlere hat's am wärmsten. Wenn die Amselmutter angeflogen kommt, den Schnabel voller Futter, prüft sie erst lange, ob die Luft rein ist. Dann flitzt sie ins Nest und stopft die Mäuler. Als sie weggeflogen ist, klettere ich behutsam mit einer Leiter hoch, halte mein Ohr an das Nestchen und höre ein rührendes, dreifaches leises Piepsen.

Habe heute tatsächlich nach langem Ringen die Kinderstundenbetreuung abgegeben. Alma heißt die Frau, die sich um die Schätzchen reißt und, Erzieherin aus Berufung, tatsächlich glücklich ist, nach der Kinderpause endlich wieder einsteigen zu können. Wie wunderbar! Darauf hatte ich gehofft, dass es so was gibt. Mir fällt ein alter Fels vom Herzen. Luft holen. Gott ist mir deswegen nicht böse. Mag sein, dass er mir ganz im Verborgenen diese Gabe gegeben hat – wovon ich nicht recht überzeugt bin. Aber er hat mich ganz bestimmt auch in diese Familie gestellt mit Jan, der so viel Kraft braucht.

Anna schneidet Würstchen für den Eintopf klein. Stapelt sie in Zehnerreihen, die Endstücke stellt sie an den Rand und nennt sie »Gruppenleiter«. Völlig vertieft arbeitet sie. Die Würstchen bekommen Seelen, werden zu Persönlichkeiten, als hätte sie ihnen Leben eingehaucht. Spielerisch, aber nicht ohne Ernst arbeitet sie.

Freitag, 21. Juni

Ich will mich im Garten ein wenig ausruhen, aber ich komme nicht dazu. Die Amselmutter hat Probleme. Von ihren drei Amselbabys lebt nur noch eines. Ausgerechnet das chaotischste hat den Kampf ums Überleben gewonnen. Nun liegt es reglos im Hühnerstall, atmet aber noch. Abgestürzt bei seinen stürmischen, unbeholfenen Flatterflugversuchen. Wahrscheinlich haben die Hühner auch noch auf den kleinen Eindringling eingepickt. Ich nehme ihn und setze ihn ins Gras. Er kriecht im Zeitlupentempo rückwärts unter einen Busch und spielt toter Mann. Kein Mucks. Wie soll seine Mutter ihr Baby da finden? Sie kann es nicht füttern, es wird sterben. Ich bin ganz fertig, kann das nicht haben. Nach einer Stunde setze ich das Amselkind mitten auf den Rasen in die Sonne. Vielleicht weckt das noch einmal seine Lebengeister und seine Mutter kann es sehen. Tatsächlich beginnt es regelmäßig zart zu fiepen. Irgendwann kommt zu meiner großen Freude eine Amsel geflogen mit einem Schnabel voller Würmer, hüpft vor mein Amselchen, das sperrt den Schnabel auf – da fliegt sie wieder weg, mit dem Futter im Schnabel. War es die falsche Amsel? Ich bin total aufgeregt. Immer wieder kreist meine Aufmerksamkeit um das Baby dort im Gras, das überleben könnte, wenn sich jemand richtig um es kümmerte. Endlich nehme ich es und trage es voller Zweifel zurück in sein Nest, aus dem es ja wohl rausgefallen sein wird. Eine Amsel fliegt mir schreiend in die Haare und ich ziehe mich schnell zurück, aber sie fliegt weiter. Das Baby fiept und fiept einsam vor sich hin und weit und breit keine Mutter in Sicht. Ich komme mir vor wie ein Vollidiot. Irgendwann gehe ich kochen. Als ich das Essen in den Garten raustrage, sehe ich überglücklich, dass die Alte auch das Essen für das Kleine ranschafft. Na also! Gerettet! Nachmittags nimmt es mit neuem Mut seine tolpatschigen Trudelflüge auf, bis in die Dunkelheit hinein. Wo es knackt und raschelt im Efeu, da trudelt das Kleine herum, zieht seine noch von Turbulenzen unterbrochenen Bahnen. Ich weiß immer, wo es sich gerade rumtreibt.

Samstag, 22. Juni

Das Amselkind kann jetzt fliegen, aber wie! Irgendwie erinnert es mich immer mehr an Jan. Durchgekommen, aber ein bisschen retardiert in der Entwicklung? Die Mutter sollte vielleicht mal mit ihm zur Ergotherapie, wegen der Feinmotorik. Oder Krankengymnastik. Immer noch hört man genau, wo es gerade ist. Jan hört man auch immer. Wir sitzen im Garten beim Frühstück, da knallt das Kleine ans Küchenfenster und landet im Blumenkasten davor. Verwirrt versucht es immer wieder, durch die Scheibe zu fliegen. Es ist nicht zum Mitansehen. Die Amselmutter springt immer laut lockrufend vor dem Kasten hin und her, vom Baum zum Hühnerstalldach – »Guck, so musst du's machen!« Das Kleine weiter an die Scheibe. Die Mutter jetzt mit Lockfutter im Schnabel wieder hin und her. Es begreift immer noch nicht. Endlich setzt sich Mutter todesmutig ans feindliche Fensterbrett neben ihr Kind und zeigt ihm unmissverständlich, dass es umdrehen und hier abhauen soll. Zeigt ihm, wie das geht. Nichts. Da pirsche ich mich ins Haus, ans Küchenfenster, um dem Flattermann auf die Sprünge zu helfen, doch kaum sieht er mich durch die Scheibe, flüchtet er blindlings, seiner Mutter hinterher. Als ich ihn später im Garten immer tollkühner hin- und herstürzen sehe, kann ich kaum meine Tränen zurückhalten, muss ich immer an Jan und mich denken.

Sonntag, 23. Juni

Diesen Nachmittag hatte ich mir irgendwie anders vorgestellt. Morgens habe ich mich noch mit Hansbert in der Gemeinde unterhalten, der sich darüber beklagte, dass er seinen Sonntagnachmittag bei einem Kindergartenfest seiner Kleinen verbringen müsse. »Warum soll es dir besser gehen als mir?«, meinte ich verständnisvoll. »Die Sonntagnachmittage gehören uns doch längst nicht mehr, seit ernsthafte Pädagogen unsere Kinder fördern und unsere Zeit zugunsten wertvoller Aufführungen verwalten.« Ich muss zum Sommerfest der Musikschule, weil Anna ihr erstes Flötenvorspiel gibt. Dazu braucht sie Publikum. Vertrautes. Auch wenn das Stück nur Sekunden dauert. Zu jedem dieser historischen Ereignisse tauchen im Vorfeld gemeinschaftsfördernde, kreativitätsspendende Kuchen- und Salatlisten auf.

»Für wen ist der?«, fragt Lena mit Hoffnung in der Stimme, als ich meinen Standardkuchen für diese Anlässe zusammenrühre: Bertas Käsekuchen aus einem Ei. Geht schnell und wird gern gegessen, Quark hat man immer im Haus. Für uns backe ich nur noch selten in letzter Zeit. Wenn uns der Heißhunger auf Kuchen überfällt, können wir ja auf diesen Veranstaltungen welchen kaufen. Aber dann keinen schlichten Käsekuchen. Es gibt nämlich tatsächlich immer noch Mütter, die mehrstöckige Himbeer-Sahnetorten backen!

Zu Mittag Tortellini nach Art des Hauses. (Geht schnell und wird gern gegessen.) Anna liegt bei Tisch. Das ist ihre Art, Mahlzeiten zu sich zu nehmen, wenn sie entspannt ist. Ännchen von Tharau, eine Mischung aus Grazie und Nachlässigkeit, weshalb man nicht weiß, wofür sie sich einmal entscheiden wird: Dame oder Schlampe. Sie trägt eine Feinstrumpfhose und einen eleganten Pulli, aalt sich auf der Eckbank und schaufelt sich das Essen in den Mund. Werner, amüsiert: »Hält so eine Plastikhose eigentlich warm?« Anna lässt sich nicht irritieren, schlürft wohlig grunzend ihre Soße, erschaudert und meint genüsslich: »Ich habe eben wieder so einen Runterzitterer gekriegt!«

Mehr als das Vorspiel selbst bewegt Anna eine ganz andere Frage. Mit einem verzweifelten Blick, der mir bekannt vorkommt, steht sie vor ihrem vollen Kleiderschrank und seufzt: »Bianka, ich habe nichts anzuziehen!« Werner eilt ihr mit väterlichem Rat zu Hilfe: »Anna, ich habe gehört, heute steht das

Ganze unter dem Motto ›Neandertaler‹. Im Heu draußen ist ein Sack. Dann brauchst du nur noch barfuß durch den Hühnerstall zu laufen und du bist angezogen!«

Nachdem mich Werner davon überzeugt hat, dass ein Zuhörer aus der Familie vollauf genügt und dass ich das viel besser kann als er, verbringe ich drei Stunden stehend in der letzten Reihe des stickigen Saals, um dem halbminütigen Vorspiel meiner Tochter (»Hänschen klein«) die Ehre zu geben. Drei Stunden Mief für eine halbe Minute Seligkeit.

Werner geht morgen für drei Tage mit seinen Rehabilitanten auf eine Freizeit und nutzt die freien Stunden auf dem Sofa, um sich mental darauf vorzubereiten. Statt sein Gepäck zu packen, gibt mein mir anvertrauter Feierabendbauer landwirtschaftliche Tipps, getrieben von der Befürchtung, es könne mir an Beschäftigung mangeln: »Falls du Langeweile hast, sieh auf dem Acker nach den Erbsen, die sind bestimmt reif! Der Kirschbaum deiner Mutter hängt voller Kirschen, die platzen über kurz oder lang und bekommen Würmer, wenn sie jetzt nicht gepflückt werden!« Und: »Zwischendurch kannst du mal nach den frisch gepflanzten Obstbäumen sehen. Die brauchen genügend Wasser.«

Die kurze Freiheit der Wasserträgerin Bianka B.: Erbsen pulen, Kirschen entsteinen, Marmelade kochen. Meine letzten Worte vor dem Einschlafen: »Du hast bis jetzt noch nicht gepackt! Ich werde morgen früh die Antwort auf alle Wo-Fragen verweigern!«

Ich denke, drei Tage lassen sich verkraften, tun uns am Ende sogar gut. Schäme mich fast ein wenig, dass in mir so ein freches Gefühl von Freiheit aufkeimt.

Montag, 24. Juni

»Wo sind bei uns im Haus Tempos?«
»Wo ist mein Kamm?«

»Haben wir Plastiktüten für meine Schuhe?«
»Wo sind meine Unterhosen? In meinem Schrank sind keine mehr!«
»Wo sind meine grünen Jeans?«
Und, natürlich: »Wo ist mein Autoschlüssel?«
Ich schmuggle dem abreisenden Mann von Welt, der manchmal so vorhersagbar handelt und jetzt ziellos und irr durchs Haus rennt, ein Foto von mir in seinen Pyjama und kritzle Liebesworte auf die Rückseite, während er abgehetzt weiterfragt:
»Wo ist mein Geldbeutel?«
»Hast du Geld für mich?«
Zehn Minuten nach seiner Abreise klingelt es:
»Wo ist mein Ausweis?«
Als Anna erwacht, ist ihre erste Frage: »Wo ist mein Badeanzug?«
Was ist bloß meine Rolle in diesem Leben?

Lena kommt von der Schule und reicht mir einen wichtigen Zettel:
»Am Wochenende ist es soweit. Zum Abschluss des Schuljahres möchten wir alle Eltern und Geschwister der Klasse 2b zu einem kleinen Fest einladen. Wir haben mit Absicht beide Tage genannt, um Ihnen die Möglichkeit zu geben, entweder den Samstag oder den Sonntag zu favorisieren. Start ist um 15 Uhr. Treffpunkt ist das Klassenzimmer. Bei schönem Wetter findet die Veranstaltung im Freien statt. Für die Kinder ist eine Spielstraße in Planung. Um gemütlich bei Kaffee und Kuchen zusammenzusitzen, sind wir auf Kuchenspenden angewiesen. Wir bitten Sie, Ihrem Kind den unteren Abschnitt ausgefüllt bis zum Montag mitzugeben. Wir hoffen auf rege Teilnahme an dem Klassenfest und wünschen uns allen von Petrus ein fantastisches Wetter dazu.
Ihre Elternvertreter«

Wir werden nicht dabei sein! Ich habe die Nase gestrichen voll davon, mir von fremden Leuten mein bisschen freie Zeit verplanen zu lassen. Samstags habe ich Besseres vor als Kuchenspenden zu backen, und meine wertvollen Sonntage will ich selbst gestalten.

Etwas später. Ich habe es ihr gesagt. Sie ist enttäuscht, aber sie muss damit leben. Sie kann ja ohne mich hingehn. Ich kann sie gut verstehen. Ich kann immer jeden gut verstehen. Jetzt will ich auch mal verstanden werden.

Dienstag, 25. Juni

Lena kommt von der Schule. »Ich muss heute zu Eleonore. Kannst du mich hinfahren? Du weißt ja, dass sie über der gefährlichen Straße wohnt. In meinen Klarinettennoten ist auch Klavier drin und Eleonore spielt Klavier und am Klassenfest spielen wir gemeinsam vor. Es ist so schade, dass ihr nicht kommt!« Grummelgrummel. Welche Rabenmutter lässt ihre begnadete Tochter allein vor wildfremdem Publikum eine steile Solistenkarriere beginnen? Ich nicht.

Mittwoch, 26. Juni

Koste ich meine dreitägige Freiheit aus? Keine Frage: nein. Heute ist Werner den dritten Tag weg und ich kann meine Unabhängigkeit nicht genießen. Das Bewusstsein, dass er abends nicht daheim sein wird, gibt dem ganzen Tag eine andere Färbung. Wie wichtig die vertraute Gegenwart dieses Mannes für mein Wohlbefinden, das Gefühl von Geborgenheit ist, merke ich erst jetzt wieder deutlich. Ich kann schlecht in mir ruhen, wenn er nicht neben mir ruht. Mir fehlt der Ausblick auf Austausch. Ich bin zu ausschließlich für die Kinder da. Kein Erwachsener, mit dem ich abends reden kann. Wie wertvoll ist er mir geworden, wie viel Kraft ziehe ich aus unserer Beziehung. Kein Mensch kennt mich so wie er und liebt mich trotzdem so wie er. Wir tun uns gut. Gott hat uns sehr gesegnet. Abends bin ich schwermütig, will nicht ins Bett. Alles ist eine Spur freudloser.

Donnerstag, 27. Juni

Wiedersehens-Fest mit allem, was dazugehört.

Freitag, 28. Juni

Als Hansbert mich bat, über die Premiere eines Schauspiels des hiesigen Amateurtheaters zu schreiben, habe ich erfreut zugesagt. Manchmal habe ich das Gefühl, dass das Leben immer noch wie in meiner Kindheit funktioniert: Wenn ich mich auf etwas freue, wird es mies. Wenn mir vor etwas fürchterlich graust, wird es nett. Als ich als Kind hinter dieses Gesetz gekommen war, versuchte ich es durch bewusste Steuerung meiner Gefühle zu umgehen. Ich tat so, als freute ich mich, wenn am nächsten Tag das Wetter schlechter werden sollte und wir nicht ins Schwimmbad konnten, oder als wäre ich total scharf darauf, zu meinem Erzfeind, dem Zahnarzt, zu gehen.

Allein schon die Tatsache, dass niemand bereit war, mich zur Uraufführung zu begleiten, hätte mich stutzig machen müssen. Schließlich gab Anna mir die Ehre und sie war es auch, die diesen Abend genoss. Er schien auf das Niveau Zehnjähriger zugeschnitten zu sein. Vom angekündigten Wortwitz war nichts zu spüren, die pausenlos aneinandergereihten Sprüche waren unsäglich abgedroschen oder unter der Gürtellinie. Und über diesen Räuberschwank sollte ich schreiben! Die Zuschauer amüsierten sich allerdings köstlich, sie schlugen sich vor Lachen auf die Schenkel, so dass ich mir vorkam wie ein humorloser Knochen. Hansbert hatte mir auf den Weg mitgegeben, dass ich ruhig auch mal kritisieren solle, wenn mir etwas missfiele. Mein Ohr für Zwischentöne hörte heraus, ich solle endlich mal zu meiner Meinung stehen. Ich, die es immer allen recht machen will.

Ich ringe mich am Ende dazu durch, wenigstens die Hauptdarstellerin nicht namentlich zu erwähnen, weil sie so wenig überzeugend war. Und schon quälen mich scharfe Gewissensbisse. Wie muss sie sich fühlen? Welche Macht habe ich kleiner Schreiberling? Mit welchem Recht? Darf man das als Christ? Oder habe ich Probleme, die ich nicht beim Namen zu nennen wage? Bin ich konfliktscheu, harmoniesüchtig, gefallsüchtig? Denke ich, dass mich niemand mag, wenn ich sachlich kritisiere? Müssen mich alle mögen? Bin ich nur dann liebenswert, wenn ich alles perfekt mache, wenn ich voll leistungsfähig bin, wenn ich mein Letztes gebe, wenn ich nie an mich denke, wenn ich jedem gefalle?

Während alles schläft, hacke ich noch stundenlang gequält in den PC.

Sonntag, 30. Juni

Der Sommer ist trüb, kühl und regnerisch. Meine Kleider hängen unberührt im Schrank, die Sommerdecken ebenso. Alles ist fruchtbar grün und nachts lässt es sich bei offenem Fenster tief und fest unter Federdecken schlafen.

Es regnet. Irgendwo hat auch das ja seine schöne Seite, nur nicht so offensichtlich wie der güldene Sonnenschein. Ich versuche, es poetisch zu sehen und ziehe mir Reinhard Meys »Sauwetterlied« rein, um mich gegen die Anfechtungen dieses Wetters zu immunisieren:

»Ich steh am Fenster und seh, wie der Regen fällt,
da gibt es kein Zurück, da gibt es nichts, was mich hält!

Wenn man keine Hundeseele vor die Türe jagt,
das ist genau die Art von Wetter, die mir zusagt.

Dies ist ein schlichtes und ergreifendes Sauwetterlied
über den Tiefdruckwirbel Helga, der vorüberzieht.

Ein Lied, das nichts bewirkt und keinen Anspruch stellt,
das sich nur daran freut, dass der Regen fällt.

Die ganze Botschaft ist: Ich mag's, wenn's nieselt,
wenn es tropft und wenn es schüttet,
wenn es schifft und pieselt.

Wenn es trommelt oder prasselt, und es ist mir ein Fest,
wenn es pladdert, wie wenn eine Kuh das Wasser lässt.

Um die Sonne zu mögen, gehört nicht viel.
Aber das Sauwetter zu lieben, ehrlich, das hat Stil!«

Das Lied hat eine Melodie wie prasselnder Regen. Ich kann nicht mehr an mich halten und sammle meine Familie zum Spaziergang im Regenwald. Alles glänzt, grünt, duftet und plätschert, ansonsten Stille. Nur Bleiers trampeln in bunten Regenjacken durch den tropfnassen Wald. Schön! Auf dem Rückweg trage ich Jan auf meinen Schultern. Das habe ich seit Urzeiten nicht mehr getan. Er ist schwer geworden. Glücklich sitzt er über mir, schmiegt seinen Kopf an meinen, ich halte seine kleinen, warmen Hände in meinen. Ich mache Blödsinn mit ihm wie früher, als er noch klein war. Rufe ihn, drehe mich um, suche ihn, bücke mich mit ihm auf den Schultern. Er kichert, amüsiert sich köstlich, ruft immer wieder hilfreich: »Hier!« und schaut mir plötzlich von den Schultern herab direkt in die Augen: ein kleines strahlendes Gesicht voller Fröhlichkeit und Offenheit. Es gibt nur diesen Augenblick und ich bin glücklich, reich beschenkt mit diesem Kind, mit allen meinen Kindern.

Wie lange noch? Nachts, wenn sie schlafen, stehe ich manchmal an ihren Betten. Dann bin ich fassungslos darüber, dass außer Werner und mir noch drei Menschen hier wohnen. Schöpfung Gottes und Frucht unserer Liebe. Manchmal bin ich stolz, aber oft überfällt mich auch Wehmut, Angst vor der Zeit, wenn sie gehen werden, Angst vor dem leeren Haus. Ich weiß jetzt schon, dass ich mich einmal nach unserem jetzigen Leben zurücksehnen werde, mich bald auch schon schwertun werde, mich überhaupt daran zu erinnern. Und dass ich sie jetzt, da ich sie habe, genießen muss. Hans Bouma hat ein schönes Gedicht geschrieben, das mir immer wieder in den Sinn kommt, seit ich Kinder habe, und das ich vom ersten Lesen an begriffen habe. Oder hat es mich ergriffen?

»noch keinen Abstand
dicht an der Quelle

Haut an Haut
mit der Schöpfung

Kind zu Hause
in dem Geheimnis

zieh es nicht weg
lass es ruhen

nur eben noch
und es ist für immer vorbei«

Am Tag, wenn sie von der Schule heimkommen, kann mich allerdings auch eine Schwermut der anderen Art überfallen: die Angst vor dem vollen Haus. Vor der Invasion von Worten, Wünschen, Streitereien, Schmutz, Verantwortung für schulische Leistungen, Gesundheit und Wohlergehen dreier kleiner Menschen. Nichts im Leben ist klar und eindeutig. Jetzt, da ich die

Fülle habe, schnürt sie mir manchmal die Luft ab. Dann, wenn ich die Leere haben werde, werde ich vielleicht einsam sein und mir vom Leben abgeschnitten vorkommen, weil die Kinder ein Teil meines Lebens geworden sind.

Also versuche ich jetzt innerhalb der Fülle einen kleinen Freiraum für mich zu schaffen, der mit der Zeit wachsen kann und vielleicht die Leere niemals mit dieser Wucht hereinbrechen lässt.

Dienstag, 2. Juli

Streit mit Werner darüber, wer der Unordentlichste im Haus ist. Er benimmt sich sehr uneinsichtig. Ich: »Sieh dir doch bloß deine Werkstatt an, wie die aussieht! Da findet man ja nichts. Kein Wunder, dass du schon so lange nichts mehr reparierst.« Er: »Und wie sieht das Bad zur Zeit aus?« Ich, empört: »Ich habe es gerade erst vor drei Tagen geputzt und ich werde es vor Ablauf von weiteren drei Tagen nicht wieder putzen, weil kein Mensch es ehrt. In diesem Haus wohnen Schweine.« Er, pikiert: »Ein Bad ist ein Gebrauchsartikel! Aber letzte Woche habe ich den Keller aufgeräumt und zweimal, ja zweimal gewischt! Und jetzt steht in der Mitte eine Weinflasche und jemand hat Holz in die Ecke gestellt. Und in meiner Werkstatt liegt Styropor auf dem Boden. Hier wirft doch jeder gerade seinen Abfall rein! Da werfe ich meine Sachen auch bloß noch dazu.« Ich: »Ich dachte, du hast die Flasche in den Weg gestellt und Styropor und Holz verkramt?« Er: »Unsere Kinder haben Null Gefühl für Ordnung und Materialwert.« Ich: »Woher sollen sie das auch haben, bei den Anlagen und dem Vorbild! Du legst auch eine Spur, wohin du gehst. Und was ich dir schon immer sagen wollte: Ich hasse es, wenn du deine Apfelbutzen beim Fernsehen immer auf dem Wohnzimmertisch liegen lässt. Und wenn du heimkommst und dir Kaffee machst, ist die ganze Küche immer gleich eingesaut.«

Er: »Das ist was völlig anderes.« Ich: »Wenn du es wenigstens zugeben würdest!«

Er: ... Ich: ... Er: ... Ich: ...

Mittwoch, 3. Juli

Heute Morgen sind wir gleich wieder beim Thema. Mein Geldbeutel ist weg. Das ist sehr lästig, weil die Erzieherin gestern in Jans Übergabebüchlein mit erhobenem Zeigefinger zwei Monate Frühstücksgeld reklamiert hat. Wer ihn verschlampt haben muss, ist mir sofort klar. Wer hat gestern mit meinem Geldbeutel Getränke gekauft? Es ist immer dasselbe. Danach fehlt er. Meine Wut lässt den schlampigsten aller Ehemänner schuldbewusst auf die Suche gehen. Erfolglos. Seine kläglichen Versuche, die Schuld auf mich abzuschieben, indem er mich immer wieder fragt, ob ich den Geldbeutel gestern Abend vielleicht zu meinem Zeitungstermin mitgenommen habe, würge ich mit einem vernichtenden Blick ab. Schließlich flieht er zur Arbeit, gehetzt von meinem Blick und seinem Gewissen. Minuten später finde ich das lächerliche Ding, als ich meine Tasche von gestern Abend ausräume. Peinlich! Auf Knien krieche ich zum Telefon, um meinem Gatten die Schuld zu erlassen. Er ist so erleichtert, kein schlechtes Gewissen mehr haben zu müssen, dass er mir erfreut verzeiht. Der Mann mit dem großen Herzen.

Nachmittags denke ich spontan, ich könnte ja mal wieder Werkstatt und Keller aufräumen. Räume Weinflasche, Styropor und Holz weg, der Rest ist in einer Stunde erledigt. Kleinigkeit.

Donnerstag, 4. Juli

Mein Leben ist so voll. So viele Dinge, die mir wichtig sind, geschehen gleichzeitig, dass der Tag gar nicht genug Stunden hat. Was mich traurig macht, ist, dass Freundschaften zu kurz kommen. Meine Sehnsucht nach Gemeinschaft wenigstens mit meinen besten Freunden bleibt oft unerfüllt. Geschweige denn, dass Zeit übrig bliebe für das Knüpfen neuer Kontakte oder für Menschen, die sich mehr Zeit von mir wünschen. Zu oft muss ich sagen, dass ich jetzt keine Kraft habe, überhaupt keine Zeit habe, nur wenig Zeit habe, morgen vielleicht Zeit haben werde.

Morgens, wenn alle drei Kinder das Haus einigermaßen wohlgekleidet und -genährt verlassen haben, gehe ich mit Charly in den Wald. Das ist meine »Stille Zeit«. Meistens die einzige stille Zeit des Tages, in der ich mit meinen Gedanken allein bin, mit Gott ins Gespräch komme, Klarheit über manches gewinne, Beschlüsse für den Tag fasse und sich in mir Dankbarkeit für mein Leben ausbreitet.

Daheim geht dann der Count-down los: Wäsche in die Waschmaschine, raus aus dem Trockner, Betten machen, aufräumen, einkaufen, putzen, kochen. Küche sauber machen, Hausaufgaben überwachen, Korrespondenz erledigen, bügeln, flicken, Tiere füttern, Garten versorgen. Keine Zeit für kontaktpflegende Telefongespräche geschweige denn für Besuche. Bei wem denn auch. Jede befreundete Hausfrau macht gerade ihre Küche sauber und betreut Hausaufgaben. Oder ist noch zusätzlich berufstätig. Nicht, dass ich mit meinem Leben unzufrieden wäre oder etwas Grundsätzliches ändern wollte. Aber unter dem Vertrocknen von Kontakten leide ich doch. Wenn Werner heimkommt, gehen wir meist auf den Acker, essen, bringen die Kinder ins Bett. Wenn wir dann um 21 Uhr endlich matt und erschlagen auf unser Gartenbänkchen sinken, um noch ein wenig miteinander zu reden, ist keine Kraft mehr für Besuche oder Telefonate. Mit wem auch. Sitzen alle kraftlos auf irgendwelchen Bänkchen und warten auf den Schlaf. Es macht mir nichts aus, wenn sie sich nicht melden, ich weiß dann, dass sie über beide Ohren beschäftigt sind, wie ich. Dass sie mich noch lieben, aus der Ferne eben, daran hege ich keinen Zweifel. Und ich denke, dass einmal eine andere Zeit kommen wird, wenn die Jahre ins Land und die Kinder aus dem Haus gehen. Dann werden wir froh sein, dass wir uns haben, uns wieder spontan zum Essen treffen und Fotos von den Enkelkindern ansehen. Aber das dauert noch.

Freitag, 5. Juli

Seit Wochen radle ich mit Charly an der Erdbeerplantage vorbei und schaffe es nicht, pflücken zu gehen. Immer drängt sich Wichtigeres vor. Jetzt denke ich voller Torschlusspanik: »Was gibt es Wichtigeres als eigene Erdbeermarmelade im Winter?«

Heute Morgen habe ich endlich Erdbeeren gepflückt! Jetzt, wo schon alle Landarbeiter abgereist und fast alle Felder umgepflügt sind, kommt Bianka. Der Bauer sitzt zufrieden im roten Wohnwagen mit Erdbeeroutfit. Die Ernte war gut. Im Geiste zählt er die Geldbündel. Auf meine eifrige Frage, welche Reihe ich machen soll, sieht er mich irritiert an und meint dann mit einer ausladenden Geste: »Der Acker gehört Ihnen!« Ich galoppiere durch die Reihen, ergattere hier und da noch ein Früchtchen und fahre völlig erschöpft nach einer halben Stunde mit dem kleinen Häufchen letzter Erdbeeren nach Hause. In meinem Rücken rollt der Pflug an.

Daheim probiere ich ein neues Rezept aus, kleine süße Pfannkuchen mit Erdbeeren und Sahnefüllung. Die Kinder werden mich lieben.

Montag, 8. Juli

Nachdem es den ganzen Mai und den ganzen Juni geregnet hat, regnet es nun den achten Tag im Juli. Ich beginne zu ahnen, wie Noah sich gefühlt haben muss. Gut, er hatte sein Füttern und

Ausmisten, und Gottes Gegenwart und Eingreifen waren gewaltig. Aber es muss hart gewesen sein.

Lena sieht mir beim Wäscheaufhängen zu. Heute Morgen war sie mit der evangelischen Religionslehrerin in der katholischen Kirche, um den Kreuzweg zu betrachten. »Bianka, was ist denn eine Himmelskönigin?« Ich erzähle ihr von Marias Rolle in der katholischen Kirche. Sie fragt weiter: »Ist Gott Mann oder Frau? So wie es Jesus gibt, der ein Mann ist, gibt es auch eine Frau dazu, die Gott ist?« Nein, gibt es nicht. Sie scheint etwas verwirrt zu sein. »Wie sieht Gott aus?« Ich versuche ihr zu erklären, dass Gott zwar einen männlichen Artikel hat und auch als Mann auf der Erde lebte, aber dennoch rein biologisch betrachtet kein Mann ist. Ich hole weiter aus, rede davon, dass noch niemand Gott gesehen hat, dass wir Menschen ihn uns nicht vorstellen können, dass ich zugeben muss, dass das Schwierigkeiten für den Glauben mit sich bringt, aber dass Gott erlebbar ist, auch wenn wir ihn nicht sehen. Dass derselbe Gott, der das Universum geschaffen hat, in uns wohnen kann. Sie lässt mich ausreden, ihre Augen leuchten in einer Farbe, die mir klar macht, dass sie verstanden hat, und dann sagt sie unbeirrbar: »Ich stelle mir Gott vor wie einen Schlafsack. Oben ein bisschen breiter, nach unten hin dann schmäler, weder Frau noch Mann!«

Am Abend lege ich die Kinder ins Bett, eines nach dem anderen. Jedes will mich ein bisschen ganz für sich allein, will noch reden, vorgelesen bekommen, mit mir beten, kuscheln, schmusen, küssen, drücken, festhalten. In mir das Bedürfnis nach rationeller Fließbandarbeit, versuche ich mit letzter Kraft ihnen die Illusion zu geben, dass es jetzt nichts Schöneres für mich gibt als den Platz an ihrem Bett. Sie haben es verdient.

Jan Zähne putzen, umziehen, wickeln. Immer noch wickeln. Werde ich ihn noch mit achtzehn Jahren wickeln? Ein Bilderbuch vorlesen, das schnelle, ein Lied, ein Gebet, ein Kuss und Schluss.

Dann Lena. Sie hat mich geärgert, war ungehorsam, ich habe ihr meine Enttäuschung gezeigt, sie hat geweint und sich nach kurzem Besinnen entschuldigt. Das hat mich sehr beeindruckt. Fühle mich ihr sehr nah. Trösten, aus der Kinderbibel vorlesen. Heute diese seltsame Geschichte, als Jesus der nichtjüdischen Frau zuerst Hilfe verweigert und sich dann auf ihr Drängen schließlich doch noch erbarmt. (Die Sache mit den Hunden unterm Tisch.) Mit letzter Kraft und einem Fragezeichen im Herzen in Annas Dachzimmer hochklettern, keine Lust mehr auf Vorlesen. Vorlesen. Eine noch seltsamere Geschichte: Lot will den schwulen Männern die fremden Gäste nicht ausliefern, dafür bietet er aber umso freimütiger seine eigenen Töchter an, mit denen sie ganz nach ihrem Belieben umgehen sollen. Werde in Zukunft vor dem Vorlesen zensieren oder Kommentare wälzen, fühle mich überfordert. Befremdet und leicht verärgert lese ich weiter, einen großen Fragenkatalog für den nächsten Hauskreis im Kopf, und sehe, dass Annas Mund nicht mehr zugeht, als Lots Frau wegen Ungehorsam zur Salzsäule erstarrt. Ein großer und zorniger Gott steht im Raum. Jetzt kann ich nicht gehen. Ich kehre zurück zum Anfang der Geschichte, wo Abraham für Sodom bittet. Wie ein kleines Kind wird er durch jede Zusage Gottes auf seine Bitte ermutigt, noch mehr zu erbitten. Man spürt ihm den Respekt vor Gott ab, aber er wagt es dennoch, selbst auf die Gefahr hin, ihn zu verärgern. Und Gott lässt sich umstimmen. Wie Jesus. Das hartnäckige, vertrauensvolle, mutige Flehen dieser Menschen wurde belohnt, änderte Gottes Gesinnung. Mit Tränen in den Augen staune ich über diesen Glauben und denke noch lange darüber nach, ob ich auch nur eine Ahnung davon habe. Was erwarte ich von Gott, was erflehe ich von Gott in Bezug auf Jans Behinderung? Ist es Zufall, dass ich heute Abend über diese beiden Geschichten gestolpert bin?

Als Anna endlich liegt, steckt sie mir einen Brief zu: »Bianka, du bist die beste Mama auf der ganzen Welt. Ich hab dich lieb. Ich hätte gerne morgen mit dir allein etwas gemacht, schade, dass es nicht geht. Du musst dich ja auch um Jan und Lena kümmern, z.B. kochen, lesen und spielen. Ich finde es richtig schade, dass es nicht geht, ich würde zum Beispiel gerne mit dir zelten, Ball spielen, Federball, oder du könntest ja auch mit mir kuscheln. Ich finde es immer so einsam allein in meinem Bett. Deine Anna. Ich hab dich gern, Bianka.« Viele Herzchen zieren den langen Brief meiner großen Tochter. O Gott, ich werde mich noch so abstrampeln können, am Ende wird doch jedes Kind zu seinem Psychiater sagen: »Ich war derjenige, der immer zu kurz kam.« Ich verstehe Anna, die Entthronte. Aber woher nehmen ohne zu stehlen? Es ist ja ein Grundbedürfnis, das sie da anspricht, nicht zu stillen mit ein paar Unternehmungen zu zweit.

Mittwoch, 17. Juli

»Als aber die Saat aufsprosste und Frucht brachte ...« Erntesaison. Eimerweise Johannisbeeren, Möhren, Kohlrabi, Bohnen, Zucchini, Salat, Kräuter. Was sollen wir zuerst essen? Gerade rechtzeitig nach dem Verspeisen der letzten runzligen Kartoffeln mit den meterlangen Trieben reifen die neuen heran, lösen die Zwiebeln ihre Kolleginnen vom Vorjahr ab. Faszinierend. »Von nun an, alle Tage der Erde, sollen nicht aufhören Saat und Ernte, Frost und Hitze, Sommer und Winter, Tag und Nacht.«

In der folgenden Woche bringen wir die Ernte ein und konservieren sie.

Samstag, 27. Juli

Nach sieben Stunden Wohnwagengezuckel mit schallgeschwindigkeitsverdächtigen 80 km/h sind wir an einem von Gottes

Lieblingsplätzen. Ich würde auch eine fünftägige Kamelreise dafür in Kauf nehmen.

Sommerurlaub auf einer Insel in Zeeland, Hollands westlichster und sonnenreichster Gegend. Weites Land unter hohem Himmel, wo der Mensch sich klein fühlt zwischen den Elementen. Weites Meer, weiter Horizont, weite Sandstrände, unendliche Dünenlandschaften, ausgedehnte Wälder, gemütliche Dörfer und Städtchen, offene Menschen mit lustiger Sprache.

Der Campingplatz ist riesengroß. Hohe Bäume säumen die Alleen, auf denen die Autos parken müssen und von denen viele kleine Plätze abzweigen, die in der Mitte immer einen Spielplatz haben und fünfzehn Zelten oder Wohnwagen Stellfläche bieten. Lauter kleine Wagenburgen. Es ist ruhig hier und die Kids finden sich schnell in der Mitte auf dem Spielplatz zusammen. Hier sitze ich wieder. Wovon ich seit Wochen träume, ist zum Jetzt geworden. 600 Kilometer von zu Hause entfernt erwacht ohne Zögern jener Teil in mir, der daheim verkümmert, sich nicht wichtig nehmen kann. Hier nötigt mich keine Arbeit und ich kann das Leben leben, das ich vor meiner Ehe führte – mein erstes Leben. Wenigstens ein bisschen. Faulenzen. Gucken. Lesen. Schreiben. Die Natur genießen. Die Welt entdecken. Das bisschen Haushalt. Fertig. Ich liebe mein zweites Leben, aber ab und zu schnuppere ich noch einmal in mein altes, wohl wissend um die Vergänglichkeit dieser Momente.

Ringsherum lauter Holländer, ich verstehe kein Wort. Eingebettet in das sympathische Dauergebrummel fallen Werner und ich in schwerelosen Urlaubsschlaf, während unsere Kinder tatsächlich einträchtig im Sandkasten spielen.

Während ich noch relaxed in meiner Liege hänge und döse, wecken mich ein paar junge Holländer. Sie verteilen Handzettel an die Camper. Sie können kaum Deutsch, ich gar kein Holländisch. Ich merke gleich, dass es Christen sind, und will ihnen sagen, dass ich ihnen erstens wohlgesinnt und zweitens selbst gläubig bin, damit sie sich nicht unnötig verausgaben. Sie starren mich freundlich und gespannt an und plötzlich fällt es einem wie Schuppen von den Augen: »Dann sind wir Swestern!! Du bis mein Swester!«, brüllt er freudestrahlend und nimmt mich so herzlich in die Arme, dass meine Rippen ächzen. Wir sind doch eine große Familie! Fühle mich noch ein Stück mehr zu Hause.

Wir packen unsere Fahrräder und radeln die zwei Kilometer ans Meer. Dieses Mal haben wir uns mental stark gemacht für die Fahrt, allzu lebhaft steckt noch die Erinnerung an unsere erste Dünenreise in den Knochen. Im Vorjahr radelten wir hochmotiviert Richtung Meer, stellten unsere Räder artig unter das Schild mit der durchkreuzten Inschrift »Fietspad«, was laut Langenscheidt »Ende des Radwegs« bedeutet, und marschierten neugierig los, immer den schmalen Betonweg entlang durch die herrliche Dünenlandschaft mit ihrer ganz eigenen, kargen Schönheit. Vor uns lag ein kleiner Berg, den wir problemlos bezwangen. Dahinter allerdings nicht, wie erwartet, das weite Meer, sondern ein etwas größerer Berg. Kein Problem, dahinter war dann ja das Wasser! Dahinter befand sich ein langgezogener, noch etwas größerer Dünenberg, den man von unten nicht gesehen hatte. Hm. Wir bauten uns gegenseitig psychisch auf und schleppten uns zwei Kilometer Luftlinie von Berg zu Berg, immer in freudiger Erwartung auf den Meerblick, nichtahnend, dass hinter jeder Düne weitere endlos scheinende Dünenketten kamen. Als wir den höchsten Berg erklommen hatten und irgendwie ganz sicher wussten, dass dies der letzte sein würde, erwartete uns ein gigantischer Ausblick: Vor uns lag eine Dünenkette ungefähr derselben Länge wie die hinter uns, weit hinten am Horizont ein silbrigblauer Streifen: das Meer! Überwältigt standen wir da und starrten. Es folgte eine emotionale Debatte darüber, ob wir umkehren oder weiterlaufen sollten. Wir rangen uns zum Weiterkämpfen durch und wurden nach weiteren zwanzig Minuten durch einen Strand belohnt, den wir uns in unseren kühnsten Träumen nicht vorzustellen gewagt hätten: unendliche Weite mit einigen wenigen Menschen, eben jenen, die bereit waren, den Preis zu zahlen. An der Treppe zum Strand lehnten lässig zehn Fiets. Alle waren hergeradelt!

Derart gerüstet erleben wir den Dünenweg heute als überraschend kurz. Mit einem Anflug von schlechtem Gewissen und dem Gefühl, erfahrene Dünenweghasen zu sein, fietsen wir vorbei an Dünenwegerstlingswanderern, die Kühlboxen, Sonnenschirme, Liegestühle und aufgeblasene Riesengorillas unter den Armen tragen. Ab morgen werden sie an den benachbarten Touristenstrand fahren, wo sie zwar Eintritt bezahlen müssen, dafür aber ordentliche Toiletten, Imbissbuden und einen bewachten Parkplatz geboten bekommen. Als wir auf der höchsten Düne angelangt sind, seufzen wir glücklich: »Was, schon oben?«

Als wir am Ziel sind, ist es ein bisschen wie nach Hause kommen. Weißer, unendlich feiner Flugsand, so weit das Auge reicht, leer, sauber, warm, Paradies. Wir buddeln uns ein und schnurren zufrieden.

Abends. Anna kuschelt in meinem Schlafsack auf zwei Campingstühlen hingegossen und liest »Moby Dick«. Anna liest! Lena zappelt barfuß auf dem Stuhl daneben. Liest laut flüsternd »Mini als Hausfrau« und streichelt mit den Fußzehen Charlys Fell. Ab und zu unterbricht sie ihre Lektüre, um ihn schnell durchzuwuscheln. Werner liest die letzte Zeitung, ich einen Reiseführer. Jan schläft. (Wäre es nicht so, fiele diese ganze Szene weg.) Wem gehört die Welt? Uns!

Bei Anbruch der Dämmerung radle ich mit dem Hund noch einmal ans Meer. Als ich den letzten Dünenberg überwinde, bleibe ich wie angewurzelt stehen. Es ist immer noch dieser unendliche, pastellfarbene Abendhimmel. Der weite Sandstrand, das glitzernde Meer. Das Wasser ist weit zurückgegangen. Ein gigantisches Farbspiel von Sand, Wasser und untergehender Sonne in rosé-flieder-bleu-beige, das mich wieder gefangen nimmt. Einzelne winzige Menschengruppen laufen auf das Meer zu.

Im Einklang mit mir, Gott und der Welt fahre ich heim. Kalt ist es hier abends. Einhüllen in Schlafsäcke, ab ins Bett.

Montag, 29. Juli

Badetag! Wir radeln ans Meer und bauen unsere Windmuschel auf. Ich schlafe in Sonne und Wind, bis Lena mir respektlos ins Ohr schreit: »Krieg ich än Frosch? Bianka!! Krieg ich än Frosch?« So viel ist der Schlaf einer Mutter wert – einen lächerlichen, klebrigen Fünfpfennigfrosch!

Duschen als fünfköpfige Familie ist ein Akt. Duschmünzen besorgen, Schlange stehen, enge Kabinen, wo alles nass wird, naja.

Wir joggen wieder zu zweit und sind in aller Bescheidenheit ungeheuer stolz auf unser Durchhaltevermögen. Es tut gut, gegen den Wind zu rennen! Strahlend blauer Himmel, nur gerade dort, wo die Sonne ins Meer versinkt, eine große Wolke. Brauner Sand, dunkelblaues Meer, hellblauer Himmel, rote Wolke, rosa Sonnenstrahl vom Wasser zum Strand. Und nur wir beide vor diesem Capri-Panorama. Wir rennen beinahe mühelos vor Staunen. Wenn wir uns überholen, flirten wir miteinander, als würden wir uns zum ersten Mal begegnen und hegten ernsthaftes Interesse aneinander. Wir lachen uns kaputt.

Einmal rennt Werner vor mir her. Sieht einen Pfahl vor sich, der ihn an einen Baum erinnert. Was wiederum ein bestimmtes Bedürfnis in ihm wachruft. Kurz entschlossen bremst er und gibt dem inneren Ruf nach. Der Mann und der Baum . . . Charly vermisst seinen Herrn hinter sich, blickt zurück, versteht, macht entschlossen kehrt und stellt sich froh auf die andere Seite des Pfahls, getrieben von demselben Instinkt. Nur dass er nicht das Holz trifft, sondern . . . Schadenfreude durchrieselt das joggende Weibchen.

Mittwoch, 31. Juli

Noch haben wir uns nicht so richtig akklimatisiert. Kein Tag ohne Streit. Ist es, weil wir endlich Zeit dazu haben oder weil wir so eng aufeinander sitzen und uns so intensiv erleben? Auch die Kinder haben die Kurve noch nicht richtig gekriegt. Anna hängt mit einer fiebrigen Angina rum, Lena und Jan langweilen sich und streiten. Jan wagt sich nicht an fremde Kinder ran und ist überfordert damit, auf unserem kleinen Platz allein zu spielen. Werner und ich sind noch nicht so weit erholt, dass wir uns den Kindern uneigennützig widmen könnten. Wir bieten ihnen den notwendigen Komfort und wimmeln sie ansonsten ab wie lästige Fliegen. Die sich bekanntlich nicht abwimmeln lassen. Trotzdem: Wir kommen voran. Jan ist total verschossen in seinen Vater. Er will nur neben ihm sitzen beim Essen. Werner schnippelt, bläst, ermahnt, ermuntert, wischt. Angenehm. Jan will ein Mann sein. Werner duscht mit ihm in der Männerdusche, putzt ihm die Zähne, föhnt ihm die Haare. Sehr angenehm. Er will sich nur von seinem Vater zu Bett bringen lassen. Werner zieht ihn um, singt Lalilu, betet mit ihm, erzählt ihm eine Geschichte. Seeeehhhrrr angenehm! Bevor sich Jan morgens für eine Hose entscheidet, sieht er erst nach, was Big Boss anhat. Kurz oder lang. Blau oder schwarz. Ebenso muss er sich zuerst orientieren, welche Art von Schuhen angesagt ist. Da Werners Sandalen kaputt sind, läuft sein Schatten den ganzen Urlaub in Turnschuhen herum. Wenn sich bei Werner ein Bedürfnis meldet, spürt Jan dasselbe heftige Ziehen. Wenn er sich selbst eine Mütze holt, bringt er dem Vater auch eine. Morgens kuschelt er zu ihm ins Bett und schläft geborgen weiter. Es ist wunderschön, wie sehr sie sich genießen.

Ich bekomme regelmäßig die Krise, wenn ich Franz und Magdalene gegenüber in ihrem niegelnagelneuen Wohnwagen sehe. Kein Stäubchen im Palast, alles ordentlich verstaut in Schränkchen und Regalen. Im Vorzelt sieht es aus wie im Wohnzimmer von Mutti, im Wohnwagen wie im Schloss von Louis Quattorze. Als ich Anna und Lena vom Spielen dort abhole, stehe ich wie erstarrt im Allerheiligsten. Die Betten (modernste Bettwäsche, farblich passend zur Innenausstattung) faltenfrei gemacht, Einrichtung in taubenblau, hellgrauer Teppichboden. Das Vorzelt farblich passend dazu eingerichtet. Was machen wir falsch? Wie schaffen die das??? Obwohl ich die beiden mag, habe ich eigentlich immer souverän ihren Sauberkeitstrip belächelt. Trotzdem bin ich jetzt neidisch. Die zwei sind ein Team. Ihr gemeinsames Ziel lautet: Bei Franz und Magdalene sieht es sauber aus! In den nächsten Tagen beobachte ich sie heimlich aus den Augenwinkeln, um hinter ihr Geheimrezept zu kommen. Aufgewachsen bei einer Cleanie-Mutter, müsste ich es eigentlich längst kennen. Doch mein pubertärer Widerstand konzentrierte sich vor allem auf das Gebiet Ordnung und Sauberkeit, und was ich damals vor allem lernte, war, alles genau anders zu machen. So wurde ich erst einmal, was Haushalt und Ordnung betrifft, ein Wahl-Messie. Nun, da erwachsen, versuche ich, Ballast abzuwerfen und mir das Leben leichter zu machen. Und auch schöner. Ich erkenne endlich hinter der Ordnung Harmonie und Arbeitserleichterung und will sie haben. Nur wie? Ich will die Kniffe wissen, mit denen all die von mir belächelten deutschen Hausfrauen so rationell und funktionell ihren Laden im Griff haben.

Ich beobachte, dass die beiden früh aufstehen und schon frühstücken, wenn ich gerade in der mittlerweile kilometerlangen Brötchenschlange anstehe. Wenn wir dann frühstücken, cremen sie bereits ihre Kids ein, packen den Bollerwagen und tigern an den Strand. Die Kids immer mit Schuhen an den Füßen, damit diese nicht staubig werden. Punkt halb sechs sind sie wieder zurück und absolvieren ein straffes Abendprogramm. Magdalene kocht, Franz schüttelt die Badehöschen aus, säubert die Sandschaufeln und befreit die Schwimmärmel vom Salzwasser. Sie gehen die Kinder duschen, wenn die Warteschlangen noch kurz sind. Mit Bademänteln bekleidet dürfen die Kleinen noch im geschlossenen Vorzelt spielen. Während wir um neun, wenn der ganze Campingplatz duscht und die Teenies sich für die Disco schminken, zähneknirschend unsere Schlammkinder durchs Wasser ziehen, schlafen Magdalenes Süße den Schlaf der Sauberen. Und wenn unsere wieder kichernd bis um zehn Uhr mit Taschenlampen über den Campingplatz huschen, sitzen Franz und Magdalene schon ungestört beieinander. Sehr interessant!

Joggen mit Werner. Werde ganz langsam geringfügig besser. Werner lobt jeden Tag meine zunehmend gestählten Rückenmuskeln. Ich weiß, dass er durchtrainierte Frauen attraktiv findet, und freue mich, seinem Ideal näher zu kommen, glaube ihm aber trotzdem kein Wort. Die Luft ist köstlich hier. Es ist ein Genuss der besonderen Art, an einem Ort zu sein, wo kein Motorengeräusch zu hören ist.

Donnerstag, 1. August

Es gibt zu wenig sanitäre Anlagen für diesen Megaplatz. Da wir keine Lust haben, das Geschirr meilenweit zu tragen und dann damit auch noch Schlange zu stehen, setzen wir lieber Wasser auf und spülen am Tisch. Umständlich, gewiss, aber auch kommunikativ: Die Kinder, die beim Essen keinen Augenblick den Mund halten, sind zwar wie vom Erdboden verschluckt, sobald ich die Geschirrtücher abhänge. Aber jetzt können Werner und ich ungestört reden. Ich liebe diese Urlaubsgespräche, bei denen es nicht darum geht, Organisatorisches abzustimmen und Probleme von Schule, Beruf und Hausfrauenalltag aufzuarbeiten. Nein, wir reden über Wesentlicheres, über Wetter, Land und Leute, über unsere glücklichen Kinder, über uns. Manchmal verliebe ich mich dabei neu in diesen Typ mit dem Dreitagebart, der da neben mir steht und abtrocknet. Er ist so süß. Viel charmanter und aufmerksamer, witziger und entspannter als der Mann, der abends mein Haus heimsucht. Vielleicht liegt es an dem Geschirrtuch, das er ungewohnterweise in der Hand hält. Braungebrannt, in lässiger Freizeitkleidung, immer Zeit für Kinder und Hund, immer einen witzigen Spruch parat, immer bereit, meine Scherze mit einem heiteren Lachen zu belohnen, sehr anziehend!

Anna schläft für eine Weile draußen in einem Zelt, ganz allein liegt sie im Wind und mag es sehr. Plaudert morgens mit Charles, dem Entertainer, zu einer Uhrzeit, zu der sie normalerweise noch scheintot ist. Der alte Frühaufsteher bohrt morgens voller Zuneigung seine weiche Schnauze durch den Reißverschlusseingang und küsst sie wach, entzückt darüber, nicht allein zu sein da draußen.

Nacht. Der Mond, der Mann und ich. Die Kerze flackert, der Wein geht aus, Grillen zirpen. Weit weg weint ein Baby. Meine Babys schlafen. Charly liegt neben mir zusammengerollt wie ein Embryo. Rings umher auf dem Platz flackern Kerzenlichter neben Schattengestalten, ab und zu klirren Gläser. Wir unterhalten uns mit gedämpfter Stimme, bis alles gesagt ist. Urlaub! Tief sinkt Ruhe in meine Seele. Wir kriechen in unsere Schlafhöhle.

Samstag, 3. August

Sonne! Sonne! Heiterer Wind! Heiter auch ich! In mir jubelt wieder Peter Strauchs Ohrwurm, wie am Lago Maggiore, nur diesmal mit einem anderen Schwerpunkt:

> »Herr, ich sehe deine Welt, das weite Himmelszelt,
> die Wunder deiner Schöpfung.
> Alles das hast du gemacht, den Tag und auch die Nacht,
> ich danke dir dafür.
> Berge, Flüsse und die Seen, die Täler und die Höh'n
> sind Zeichen deiner Liebe.
> Sonne, Wolken, Sand und Meer, die loben dich so sehr,
> sie preisen deine Macht!«

Das Meer! Eintauchen in die Wellen und den Sand. Sich hängen lassen in dieser windigen, sanften Hitze, hingegeben in diesen zeitlosen Rhythmus. Schon nicht mehr wissen, wie lange wir hier sind oder was wir gestern gemacht haben.

Abends plötzlich heimatliche Klänge: Schweinerts und Kohls, Freunde aus der Heimat, sind im Nachbarort angekommen. Friede, Freude, Urlaubskuchen.

Sonntag, 4. August

Badetag mit Schweinerts und Kohls. Am Strand buddelt Werner zuallererst zielstrebig zwei tiefe Löcher. Erklärt den staunenden Kindern, dass er um 10 Uhr Pommes in China bestellen will. Später hecheln die beiden anderen Männer für ein gekühltes Bier aus dem Loch. Die Flut kommt ziemlich weit heran, am Anfang hatten wir sehr viel Sandstrand, jetzt nur noch drei Meter. Die Männer spielen Fußball im abgesteckten Feld. Selbst als die Flut alles überspült hat, kicken sie noch lachend im Wasser, später baden wir alle in den Wellen. Herrlich!

Wir bleiben, bis die Sonne als feuerroter Ball im Meer versinkt. Berno ruft: »Jan, hol mir mal den roten Ball da vorne!« Jan kichert und rennt gutmütig ein paar Schritte aufs Wasser zu. Zwei Minuten später ist die Sonne weg. »Ich hab endlich die Erklärung für Ebbe und Flut!«, schreit Werner. »Wenn die Sonne ins Meer sinkt, schwappt das Wasser über!« Da rennt ein klitzekleines Hündchen an Jan vorbei, im Maul einen feuerroten Ball. Noch nie habe ich Jan verblüffter gesehen . . .

Abends Grillen mit Schweinerts und Kohls. Berta hat jeden Platz mit drei verschiedenen Muscheln dekoriert, echt klasse. Entspanntes Kerzengeplauder, Wein, gute Musik, gutes Essen, gute Gemeinschaft, Lachen. Schön, wenn Freunde zusammen Urlaub machen! Stunden später wandeln fünf glückliche Knoblauchsäulen in ihre Schlafhöhlen.

Dienstag, 6. August

Es gießt. Anreise von noch mehr Leuten aus der Heimat: Schrancks kommen zu einem Kaffee reingeschneit. Wir kennen uns aus der Krabbelphase unserer Erstlinge. Herzliches Gelächter, vertraute Beziehung, obwohl wir selten Zeit füreinander finden, seit wir und sie drei Kinder haben. Haben sich ein Hollandzelt gekauft und quartieren sich ein paar Wege weiter ein. Sechs Kinder spielen im Wohnwagen und wir sitzen im Vorzelt, lachen trotz Regen, und die Zeit vergeht unter gemütlichem Geprassel.

In der Dämmerung radle ich mit Charly ans Meer. Außer mir ist niemand dort. Langsam und gleichförmig verlaufen die kleinen Wellen am Strand. Ich stehe ganz allein vor dem großen Meer und treffe Gott.

Freitag, 9. August

Nachtwanderung mit den Kindern, eine Wanderung mit allen Sinnen. Die Nacht ist lau und duftet. Grillenkonzert in den dunklen Dünen. Vorne, am schwarzen Meer dann eine große Überraschung: Die Wellen leuchten, während sie sich überschlagen! Zuerst halten wir es für den Widerschein des Leuchtturms, aber bei genauerem Hinsehen stellen wir verblüfft fest, dass selbst der Sand wie irr glitzert, wenn das Wasser darüber läuft. Es ist wie im Märchen. Wenn man die Hände in den nassen Sand drückt, leuchtet der Abdruck. Man kann das Glitzern sogar kurz in den Händen halten. Ein funkelnder Sternenhimmel in jeder Pfütze! Jedes Wellenbrechen zeichnet im Dunkeln eine weißblaue Linie. Stetig steigt dabei die Flut mit ihrem leuchtenden Saum. Mit offenen Mündern stehen wir lange Zeit am Wasser und staunen fassungslos. Werner fragt aufgeregt alle einheimischen Alten, die zum Fischen kommen, was das ist. Sie zucken mit den Schultern: »Keine Ahnung. Das ist immer so im Sommer.« Ein Tourist will mehr wissen: Es seien phosphorisierende Zerfallsprodukte toter Quallen. Ach! Wie unromantisch. Nach dem mühevollen Heimweg (die Kinder stürzen plötzlich in ein Motivationstief) fallen alle innerhalb von dreißig Sekunden in Schlaf. Am Auto hängt ein Zettel: »Wir gehen morgen zur Delta-Expo. Wenn Ihr mitwollt, Treffpunkt 9 Uhr (tief durchatmen!) bei uns. Der Zeitpunkt ist ein echter Kompromiss. Kohls wollten schon um 6 Uhr, wir erst um 12. Also bis morgen. Wir rechnen mit euch! Hansbert etc.«

Samstag, 10. August

Schlag 9 Uhr, keiner hat's geglaubt, erscheinen wir nach einem untypisch durchstrukturierten Morgen bei Schweinerts/Kohls und fahren die Delta-Expo besichtigen, ein gigantisches Bauwerk gegen die naturkatastrophale Überflutung des zu weiten Teilen unter dem Meeresspiegel liegenden Hollands. Nach einem zwanzigminütigen Film – ich bin völlig erschlagen von der Perfektion der felsensicheren Massivbetonbauweise dieses weltgrößten Damms – wispert Benjamin (9) mit seinem süßen Ti-Äitsch skeptisch: »Glaubth du dath, dath dath nie mehr kaput geht? Wenn da bloth mal ein Thpithfith kommt, macht der den Teppichboden kaputt.« Bennie scheint noch unter dem Eindruck der Schwertfische zu stehen, die im Aquarium des Ausstellungsraums zu sehen sind. Ich sehe das Bild plastisch vor mir, wie so ein »Spitzfisch« das Kunststofffundament unter der meterdicken Kiesschicht löchert.

Sonntag, 11. August

Ende-der-Saison-Stimmung. Es regnet. Wir machen es uns ganz gemütlich. Ausschlafen, Frühstück um halb elf, Plaudereien im Vorzelt mit Werner über alte Zeiten. Wir hängen romantischen

Gedanken nach, vergleichen Erinnerungen und Bilder unserer allerersten Zeit miteinander. »Du hattest grüne Puma-Turnschuhe an, die fand ich so stark!« »Sie waren blau, nur der Puma war grün. – Du wolltest keine Pizza, da hat dir Reinhards Mutter auf der Party, auf der wir uns kennen gelernt haben, ein Wurstbrot gemacht.« »Auf dem Spaziergang sind wir den anderen vorausgelaufen und haben zusammen ›Wir sind die Moorsoldaten‹ gesungen! Wir kannten uns gerade zwei Stunden lang!« »Du hast mich nicht zum Tanzen aufgefordert!« »Weil ich es nicht gewagt habe. Du warst so schön und unnahbar.« »So selbstbewusst, wie du warst? Das glaube ich einfach nicht!« ...

Ich schreibe Urlaubskarten, alle mit dem gleichen Text, in der Hoffnung, dass die Adressaten nicht ihre Karten untereinander austauschen: »Liebe Grüße aus EnEl, dem sonnig-windig-regenschauernden rufen euch die Bleiers zu! Viele Leute mit bekannten Gesichtern zwischen all den Ausländern hier: Schweinerts und Kohls in Haamstede, Schrancks zelten um die Ecke, sehr gesellig. Es tut gut, mal wieder so viel Zeit, so wenig Arbeit und so einen weiten Horizont zu haben. Das Meer bzw. die Wellen, die an den Megastrand rollen, leuchten nachts aus irgendeinem (natürlich phosphorisierenden) Grund, so was hab ich noch nie gesehen! Charly hat heute Geburtstag!«

Nachts umtost uns ein holländischer Sturm der härteren Sorte, der Wind bläst das Vorzelt auf und rüttelt am Wohnwagen, schüttelt ihn hin und her, so dass ich stundenlang wach liege, aus Angst zu kentern. Überall hämmert es: Camper sichern mit Heringen ihre Zelte ab. Sehr romantisch. Unser Wohnwagen bleibt stehen.

Montag, 12. August

Der Campingplatz leert sich dramatisch. Endlich kurze Wartezeiten in den Duschräumen. Die blutjungen Mädchen, die sich aus ihren Plexiglaskosmetikkoffern mit Edelkosmetikserie, Indianerfarbe und professionellen Schminkutensilien zum Ausgehen stylen, werden rarer. Sie blockierten abends stundenlang Duschen und Spiegel, um ihr aufreizendes Outfit für die Disco zu produzieren, während Mütter wie ich, sommersprossig und ungeschminkt, nach dem Duschen, Haarewaschen, Föhnen und Zähneputzen zügig das Feld räumten.

Sonntag, 16. August

Seit fünf Tagen wieder Prachtwetter.

Trauerwallungen. Wie immer geht's mir ziemlich schlecht am letzten Urlaubstag. Ich fahre alleine nach Haamstede, um kleine Geschenke für Freunde zu kaufen. Immer, wenn ich mit dem Fahrrad zum Strand gefahren bin und Jan den weiten, blauen Himmel sah, rief er: »Gott! Jesus! Himmel!« und fragte mich darüber aus, wie es denn dort oben sei, was es zu essen und zu trinken gebe, und ich malte den Himmel in Jans schönsten Farben aus: mit Pudding, Grießbrei, Eis, Süßigkeiten, Fanta, Kaba, kuscheligem Bett und gänzlich ohne Tränen und Auas. Als ich jetzt hier entlang fahre, denke ich plötzlich: Ja! Solange mir nichts Gegenteiliges offenbart wird, ist der Himmel für mich wie Zeeland: warm und weit und windig und tiefblau. Ein tröstlicher Gedanke. Der Himmel verliert etwas von seiner Abstraktheit, Unvorstellbarkeit, wird greifbarer, verheißunsvoller. Durch Jans Hilfe.

Ich habe Angst vor meinem Alltag. Nie haben wir diese Urlaubsmuße daheim, nie. Ich kenne sie aber gut aus der Zeit, bevor wir Kinder hatten. Daheim ist alles so vielschichtig, hier ist alles so einfach. Daheim gibt es so viel Arbeit und Verantwortung, hier so wenig. Keine Verpflichtungen, keine Erledigungen, kein Großeinkauf, keine Termine, kein Telefon, kein Fernseher. Die intensive Gemeinschaft mit unseren Freunden wird mir auch fehlen.

Heimfahrt. Die Kinder schlafen, zusammengekuschelt wie Drillinge im Bauch ihrer Mutter. Charly stinkt die ganze Zeit genüsslich vor sich hin, ich vergesse ihn keinen Atemzug lang.

Wir behalten Zeeland in bester Erinnerung. Holland – kühle, klare Farben. Bunt lackierte Holzschuhe, weiße Backsteinhäuser, blaue Fensterrahmen. Segelboote, die sich im Wasser spiegeln. Weidende Kühe und Schafe auf weitem grünen Land. Das glitzernde Meer und die weißen Dünen. Mit Zeeland sind wir noch lange nicht fertig!

Der Urlaub hat unwahrscheinlich gut getan, in jeder Beziehung. Drei Wochen sind eine gute Zeit. Werner und ich haben endlich mal wieder alles beredet, was sich mit der Zeit so angesammelt hatte. Gestritten, bis alles geklärt war. Haben den Anderen wieder von seiner besten Seite kennen gelernt, im Besitz seiner vollen Kräfte, ausgeruht und gut gelaunt. Unsere Familie als tolles Team erlebt.

Lena liebt ein Sommer-Gedicht. Sie hat es abgeschrieben und im Wohnwagen aufgehängt. Wenn sie es mit ihrer süßen, tiefen Stimme voller Leidenschaft rezitiert, weiß ich wieder, wie sich das Leben für ein achtjähriges Mädchen anfühlt. Bin wehmütig, weil ich dieses Gefühl für immer verloren habe, und ahne doch noch einmal etwas davon:

> »Weißt du, wie der Sommer riecht?
> Nach Birnen und nach Nelken,
> nach Äpfel und Vergissmeinnicht,
> die in der Sonne welken,
> nach heißem Sand und kühlem See
> und nassen Badehosen,
> nach Wasserball und Sonnencreme,
> nach Straßenstaub und Rosen.

Weißt du, wie der Sommer schmeckt?
Nach gelben Aprikosen
und Walderdbeeren, halb versteckt
zwischen Gras und Moosen,
nach Himbeereis, Vanilleeis
und Eis aus Schokolade,
nach Sauerklee vom Wiesenrand
und Brauselimonade.

Weißt du, wie der Sommer klingt?
Nach einer Flötenweise,
die durch die Mittagsstille dringt,
ein Vogel zwitschert leise.
Dumpf fällt ein Apfel in das Gras,
ein Wind rauscht in den Bäumen,
ein Kind lacht hell, dann schweigt es schnell
und möchte lieber träumen.«

Lena ist wie dieses Gedicht. Ansprechbar mit allen Sinnen. Sie lässt die Worte wie einen schaumig geschlagenen Vanillepudding auf ihrer Zunge zerfließen und dabei kommt diese Ahnung in mir hoch. So ein Grillenzirpen, ein Duft wie bei einem schweren Sommerabendregen, winzig blaue Unkrautblümlein. Lena schenkt mir mit ihrem porentiefen Erleben ein Stück Kindheit zurück, wenn ich in meinem Erwachsenendasein zu vertrocknen drohe.

Nach den schwerelosen Wochen in Holland hat Werner sich noch einmal schwungvoll seiner feierabendbäuerlichen Leidenschaft gewidmet: Eine letzte Urlaubswoche lang hat er gemäht, geerntet, gepflügt, geschnitten, repariert, gesägt und gespalten. Verschwitzt, verstaubt und strahlend überreicht er mir jeden Abend einen Berg sandiges Gemüse, den ich Glückliche wie einen Arm voll Rosen entgegennehme und in tiefer Dankbarkeit verarbeite. Alle Frauen beneiden mich. Wie kommt dagegen eine Rose am Valentinstag an? Keine Chance...

Jan hilft Werner beim Zwiebelflechten. Stolz zeigt er mir die Zöpfe. Ich: »Ha, dich kann man halt gebrauchen!« Jan platzt fast: »Immer!« Ich: »Ja, immer!« Jan: »Und übermorgen!!!«

Jans Selbstwertgefühl wurzelt tief in der Identifikation mit seinem Vater und in seiner Mitarbeit. Jan will ein Mann sein. Heute Morgen hat er geweint, weil Werner ihn nicht zum Apfelernten mitgenommen hat, da er noch im Schlafanzug war. Seine Verzweiflung stieg ins Unermessliche, als er nicht wusste, was er anziehen sollte, weil er nicht gesehen hatte, was Big Boss anhatte. Kurze oder lange Hose?

Mein Leben verläuft wie Ebbe und Flut: gute und schlechte Zeiten, starke und schwache Zeiten, glückrauschende und schwermütige. Und es gibt träge Zeiten und arbeitswütige Zeiten! Letztere – gesetzt den Fall, sie fallen ihm überhaupt auf – lösen meistens die erstaunte Frage meines in Sachen Hormone halb aufgeklärten Gatten aus: »Bekommst du deine Tage?« Als ob es etwas Besonderes wäre, wenn Mutter arbeitet! Dabei stimmt es, dass es eher auffällig ist, wenn ich mit dem Staubwedel unter Betten herumkrieche, anfange, die Bettwäsche zu bügeln oder Schränke von innen zu polieren. Dann kommt es vor, dass ich vom Aufstehen bis zum Schlafengehen arbeite, ohne ein einziges Mal anzuhalten. Am Ende falle ich dann in eine kurze Erschöpfungsdepression.

Zum Glück sind die größten Gemüseberge in so eine Phase atemlosen Wütens gefallen! Irgendwann fiel mir auf, dass ich ganz kurzatmig war, weil ich nach Waschen, Aufhängen, Abhängen, Zusammenlegen und Bügeln siebenmal mit vollen Wäschekörben die Treppen hochgerannt war. Ich wollte mit allem fertig werden, was gerade so dran war im Haushalt. Alles sollte sauber sein und mein Atem ging im Rhythmus »Fertig fertig alles fertig«. Dann hatte ich eine flüchtige Vision von Sonne, Wolken,

Sand und Meer und bekam doch noch die Kurve: Ich ging in unser kleines Schlafgemach, das ich nach dem Urlaub so farbenfroh hergerichtet habe, schloss die Tür und legte mich auf meine holländische, apricotfarbene Tagesdecke. Da lag ich, bis ich innerlich wieder ruhig war, dankte Gott für mein Leben im Allgemeinen und diesen Raum im Besonderen und nahm meine Lektüre vom Nachttisch zur Hand. Eine Stunde lang fragte kein Mensch nach mir, tat das gut! Dann fand mich Werner und fragte besorgt, ob alles in Ordnung sei. Nachdem ich ihn mühsam davon überzeugt hatte, dass es mir nur gut gehe, zog er beruhigt von dannen und nahm Jan und den Nachbarjungen mit auf den Acker. Diese plötzliche Ruhe im Haus! Was hatte ich eben gelesen? »Jeder Mensch braucht etwas Eigenes und muss sich Zeit für sich und seine Bedürfnisse nehmen.« Ich lausche in mich hinein. Was brauche ich? Ganz leise ruft etwas in mir: »Ich will schreiben! Am hellichten Tag! Schreiben will ich!« Ich klettere über meine protestierende Vernunftstimme und Kinderspielzeug, bis ich mein geliebtes, stilles Kämmerlein erreiche. Dort schiebe ich Wäschekörbe und Nähmaschine vom Schreibtisch, setze mich an den Computer und mache was Eigenes ...

Dienstag, 3. September

Anna und Lena betteln. Sie wollen unter freiem Himmel auf Liegestühlen übernachten. Ich erinnere mich, wie oft ich als Kind gern draußen geschlafen hätte, aber ich durfte nie. Sie spüren die Halbherzigkeit meines Neins und lassen nicht locker. Ich glaube nicht, dass sie es schaffen, draußen zu schlafen. Lena überzeugt mich mit ihrer Advokatenkunst: »Du wirst es ja nie wissen, dass wir es können, wenn wir es dir nicht zeigen dürfen!« Okay! Jubelnd richten sie sich auf Liegestuhl und Luftmatratze, zwei Betten, Skateboard und Trampolin sind ihre Nachttische, Holzschuhe und Taschenlampen stehen für den Notfall daneben. Stunden später schlummern sie tatsächlich, winzig klein unter einem riesigen Sternenhimmel! Rührend, wie sie sich der Nacht anvertrauen, den dunklen Himmel nicht als Bedrohung, sondern als schützende Decke betrachten. In der lauen Sommernacht höre ich sie durch das offene Schlafzimmerfenster ruhig atmen und bin glücklich. Heute Abend haben wir alle drei etwas richtig gemacht.

Freitag, 6. September

Nach dem Hauskreis unterhalte ich mich mit Gundula, Mutter von vier temperamentvollen Mädchen. Wenn Frauen Gemeinsamkeiten entdecken, verbünden sie sich in stundenlangen, hochinteressanten, seelentiefen Gesprächen. Gundula leidet wie ich unter dem Chaos »Haushalt«. Beglückt entdecken wir, dass wir die gleichen Schachzüge in dieser Schlacht machen. Gundula revolutioniert gerade ihren Haushalt. Rationalisiert, systematisiert, modernisiert, kämpft einen eisernen, großen Kampf. Und – siegt auf der ganzen Linie! Den Prozess, den ich seit Jahren im Alleinkampf durchmache, zieht sie seit drei Wochen per Crashkurs durch, inspiriert durch die weisen Worte eines Buches über »Messies« (Menschen, die sich aufgrund ihrer kreativen Begabung im Haushalt verzetteln und an seinem Wahnsinn und Stumpfsinn seelisch zugrunde zu gehen drohen). Gundula wittert eine neue Verbündete und will mich für ihren Messie-Club werben. Wir reden über die Naturgesetze des Chaos und unsere kläglich scheiternden Versuche, unsere Kinder zur Mithilfe im Haushalt oder unsere Männer zu ganz simplen Ordnungsregeln zu erziehen. Wir reden über Zeitmanagement und Arbeitspläne. Gundula führt mir stolz ihr innovativstes Arbeitsinstrument vor: einen Dreiwochenarbeitsplan inklusive Speiseplan und Einkaufszettel, viele kleine Zettel fein säuberlich abgeheftet in den Plastikhüllen eines schmalen Klappfotoalbums, die sie zu routiniertem Arbeiten in gemäßigtem Tempo und mit effektivem Ergebnis führen. Ich bin begeistert.

Zeige ihr mindestens ebenso stolz mein überdimensioniertes Hausfrauenkalendarium, das überall hochgezogene Augenbrauen hervorruft, wo ich es auf den Tisch lege, mein ausgelagertes Gedächtnis, das Millionen Informationen, die für mein komplexes Hausfrauendasein wichtig sind, sammelt und sicher wiederfinden lässt. Ich bin überzeugt davon, dass sich die meisten Paare nach dem Nordpol-Südpol-Prinzip suchen: je gegensätzlicher, desto attraktiver! Der trockene, zuverlässige Bahnbeamte verliebt sich unsterblich in die schrille, extrovertierte Gesprächstherapeutin. Der intuitive, chaotische Heilerzieher sucht und findet die intellektuelle, korrekte Redakteurin. Der weichherzige, harmoniesüchtige Krankenpfleger fliegt unweigerlich auf die geschäftstüchtige, selbstbewusste Gartenbaumeisterin. Und der analytisch denkende, Pünktlichkeit liebende Banker wirbt ganz vorhersagbar um die emotionale, unsichere Laborantin mit dem Helfersyndrom. Magnetisch voneinander angezogen liieren sich auf diesem Planeten Millionen Frühaufsteher mit Nachtmenschen, Schwermütige mit Leichtlebigen, Bauch- mit Kopfmenschen und Ordnungsfanatiker mit Chaoten. Letztere ergänzen sich auf das Harmonischste bei der Chaosbewältigung.

Bei uns war's schlimmer. Wir haben uns nach dem Ähnlichkeitsprinzip gefunden. Werner und ich leben und arbeiten beide spontan aus dem Bauch heraus. Das hat eine Zeit lang so leidlich funktioniert (als wir noch ohne Kinder und Verantwortung waren). Manchmal war es sogar lustig. Aber mit zunehmender Kinderzahl, Haus, Acker, Tieren, Wohnwagen, mit Gemeindeleben, Zeitungsjob und wachsendem Bekanntenkreis wurde unser Leben immer komplexer. Wer wollte diese Vielschichtigkeit noch koordinieren?

Ich suchte lange nach einer Lösung. Als ich sie fand, wusste ich sofort: Das ist es, worauf ich zugearbeitet hatte! Zunächst ein kleines Jahreskalenderkärtchen im Geldbeutel, um nur bei Bedarf zu wissen, in welchem Monat ich lebe, wuchs mein Kalender jedes Jahr um eine Nummer. Heute ist er ein erwachsenes Kalendarium, das nicht nur meine Termine verwaltet und begrenzt, sondern mein Leben überhaupt strukturiert und klarer macht. Er ist zu meinem Lebensbegleiter geworden, ohne den ich mich nackt und unvollständig fühle. Nach der Testphase mit einem Plastikringbuch habe ich mir inzwischen ein wunderschönes Lederexemplar geleistet, weil dies das Ding ist, das ich täglich am häufigsten in die Hand nehme. (»Das muss drin sein . . .«)

Seither ist nichts mehr, wie es einmal war. Ich bin ein anderer Mensch geworden: weniger chaotisch, weniger zerstreut, weniger hilflos, dafür zufriedener, zuverlässiger, pünktlicher und aufmerksamer im Umgang mit meinen Mitmenschen. Ich kann meine Zeit besser nutzen. »Seht nun genau zu, wie ihr wandelt, nicht als Unweise, sondern als Weise. Kauft die gelegene Zeit aus, denn die Tage sind böse«, steht in der Bibel. Oder, freier übersetzt: »Seht nun genau zu, wie ihr handelt, nicht als Chaoten, sondern als Menschen, die wissen, was sie sollen. Die Zeit, die euch nach Erledigung der Dringlichkeiten bleibt, widmet den wichtigen Dingen des Lebens.«

Als eingefleischte Bibliothekarin notiere ich in dieses Ringbuch treu und begeistert alle Informationen, Ideen und Impulse, die ich irgendwann einmal verwerten könnte. Das macht Spaß und die Früchte zeigen sich schon. Neunzig Prozent aller Ideen und Inspirationen sollen angeblich verfliegen, weil sie nicht festgehalten wurden. Das ist mir zu schade. Weil ich das Buch immer bei mir habe, halte ich jede vielleicht einmal brauchbare Idee sofort fest, an einem Platz, wo ich sie wiederfinde.

Ich habe keine Zettelwirtschaft und keine Pinwände mehr! Alle Informationen, die ich im Laufe der Tage, Monate und Jahre brauche, sind in diesem einen Buch zusammengefasst: Adressen, Öffnungszeiten, Bankverbindungen, Stundenpläne,

Arbeitstermine, Schulnoten, Einkaufslisten, Wunschzettel, Geschenkideen. Die Liste der zu erledigenden Dinge, unsere Finanzen, Ausflugsideen, Bücher- und CD-Wünsche, unsere Krankheitsgeschichten, die Urlaubspackliste, die Liste für Verliehenes, der Speiseplan mit unseren dreißig Lieblingsmahlzeiten ...

Seit ich weiß, was ich heute und vielleicht sogar schon morgen koche, nimmt mein Fünf-vor-zwölf-Syndrom kontinuierlich ab. Seither werden unsere Arbeitsberge kleiner, wissen wir immer, was als Nächstes dran ist. Seither denke ich nicht mehr ständig, ich sei ausgeraubt worden, sondern habe die totale Übersicht über unsere dramatischen (traumatischen) Geldbewegungen. Alles transparent, haha! Seither vergessen wir kaum noch einen Termin oder Geburtstag und ich kaufe Geschenke, wenn sich die Gelegenheit bietet, und nicht erst kopflos am Tag zuvor.

Gut, es gibt Wichtigeres im Leben als Listen, aber diese schaffen mir freie Zeit für Wichtigeres. Anfangs hat Werner spöttisch gelächelt über mich und meine Listen. Heute lächelt er nicht mehr. Mittlerweile verlässt er sich ganz auf mein schweinsledernes Buch, nennt mir brav seine Ausgaben oder fragt seine To-do-Liste ab, froh, dass alles viel besser funktioniert.

Das Größte neben all den Listen ist der Tagesplan! Hier notiere ich alle Termine von allen Familienmitgliedern, alle Telefonate, alle Aufgaben, die ich erledigen muss und die ich dann kontinuierlich angehe, immer das Wichtigste zuerst. In der Delegationsecke – das ist besonders stark – sammle ich, wer was tun kann, damit ich es nicht tun muss. In einer anderen Ecke schreibe ich auf, was ich mit Werner besprechen will, um gewappnet zu sein für seine allabendliche Frage »Was gibt's Neues?« Mit dem Gefühl innigster Befriedigung streiche ich durch, was ich erledigt habe. Aaah! Jetzt weiß ich endlich, was ich geschafft habe! Da steht es, durchgestrichen! Seit ich den Ablauf meiner Tage vorher strukturiere, weiß ich, was auf mich zukommt, und muss nur noch den nächsten Schritt wissen. Den Rest kennt mein Timer. Sehr entspannend, das Ganze! Früher hatte ich permanent meinen gesamten Tagesablauf im Kopf, gehetzt von dem beunruhigenden Gefühl, etwas Wichtiges zu vergessen. Und vergaß immer häufiger Wichtiges.

Heute verlaufen meine Tage klarer, mein Kopf ist freier und ich habe nicht mehr ständig das Gefühl, von den vielen Dringlichkeiten des Lebens bezwungen zu werden. Ich weiß nicht, ob ich ein Messie bin oder war, streckenweise hat es sich so angefühlt, jedenfalls organisiere ich jetzt mein Leben Stück um Stück. Als ich dazu wirklich wild entschlossen war, war mein Timer der erste Schritt in die richtige Richtung.

Der zweite war reine Sturheit, beziehungsweise der steinalte, geniale Grundsatz: »Alle Dinge müssen nach Gebrauch auf dem kürzesten Weg an den Platz, wo sie hingehören!« Auf dem Weg dahin: Scheuklappen dicht für alle anderen Dinge, die nach Erledigung schreien. Was andere Frauen anscheinend schon in der Wiege wussten, lerne ich ganz langsam: nicht mehr zu dulden, dass sich Kleidungsstücke oder Schuhe außerhalb ihrer Bestimmungsorte Schrank, Wäschekorb oder Schuhregal aufhalten. Morgens den Wäschekorb Richtung Waschmaschine befördern, frisch getrocknete Wäsche sofort zusammenlegen, bügeln, flicken und in die Schränke verstauen. Schriftverkehr nur noch einmal in die Hand nehmen und auf dem Weg vom Briefkasten zur Wohnung schon entscheiden, ob ein Brief gleich in den Müll wandert oder sofort erledigt und abgeheftet werden muss. Nach dem Essen die Küche immer gleich sauber machen, bis nichts Unnötiges mehr auf der Ablage steht.

Der dritte Schritt vollzog sich in meinem Kopf. Eines Morgens wachte ich auf und erkannte, dass Dreck, Unrat, Matsch, Schlamm, Morast, Schlieren, Kleckse, Modder zum Menschsein dazugehören und für immer bestehen werden. Das Streben nach dem vollkommenen Zustand um die Hausfrau herum ist eine unreife Selbsttäuschung, denn die brutale Wahrheit lautet: Das Chaos bleibt. Diese banale Einsicht veränderte meine Einstellung: Seit ich mit dem Dreck als vorhersehbarer Größe rechne, bin ich nicht mehr persönlich tief getroffen, wenn am nächsten Tag von meiner Arbeit nichts mehr zu sehen ist. Stattdessen füge ich mich in die allmorgendliche Routine, gleichmütig und emotionslos. Putzen ist einfach keine Frage der Entscheidung oder der Laune mehr.

Als Kleinigkeit mit großer Wirkung stellte sich der Kauf von einigen Quadratmetern holländischem Stoff heraus: Sobald die Tagesdecke auf dem Bett liegt, wird aus unserem Schlafzimmer ein Wohnraum. Jetzt ist auch Bettenmachen keine Frage der Wahl mehr. Ich mache sie einfach. Bunt gestreifte Vorhänge, ein Bild an der Wand, zwei bunte Glasfläschchen am Fenster – und aus dem Stiefzimmer des Hauses wurde ein wohnlicher Raum.

Nicht, dass ich Hausarbeit früher richtig verabscheut hätte. Nur ein bisschen. Ich habe halt erledigt, was anfiel und wie es gerade anfiel, immer den höchsten Berg zuerst. Oder zuletzt, weil ich um ihn den weitesten Bogen gemacht und unwesentlichere Dinge angegriffen habe, um mich zu schonen. Inzwischen habe ich den festen Willen, mir meinen Haushalt untertan zu machen, durch systematisches Vorgehen, jawohl, und das mehr als zwei Tage hintereinander!

Ich habe keine Investitionen gescheut. Habe Regale, Schränke und Körbe gekauft, um Stauraum zu gewinnen und Profiputzwerkzeug, um Zeit und Kraft zu gewinnen. Wie ein Maulwurf wühle ich mich Meter um Meter durch das Haus. Ich beginne links oben und arbeite mich nach rechts unten durch. Immer schneller kann ich links oben wieder beginnen.

Gesehen habe ich das bei »meiner« jugoslawischen Putzfrau, die ein Jahr lang einmal in der Woche mein Haus heimsuchte, damit diesem Rettung widerfahre, denn ich weilte mit Jan monatelang in verschiedenen Kliniken und »kam nicht mehr rum«.

Frau Kovalevicz ließ sich von mir nicht sagen, was und schon gar nicht, wie sie das Haus sauber zu machen habe. »Jaja, alles sauberrr machen«, murmelte sie. »Alles grrrundlich sauberrr machen!«, begann dann aber – statt mit dem gewünschten allgemeinen Oberflächenputz – in der Küche links hinten mit dem, was auf der Ablage stand. Überlebenstechnisch gesehen war das ein völlig unwichtiger Toaster. Ich war der Verzweiflung nah, als ich sah, wie ihm die teuer bezahlte Frau eine halbe Stunde lang zu Leibe rückte. Danach erkannte ich ihn zwar nicht wieder, aber viel mehr war auch nicht geschehen. Frau Kovalevicz kam noch cirka vierzig Zentimeter weiter, dann war ihre Zeit um. Nach einigen Wochen allerdings begann die Sache Gestalt anzunehmen. »Alles sauberrr machen« erwies sich tatsächlich als geheimes Erfolgsrezept und mühelos konnte die dankbare Hausfrau den grundsauberen Haushalt verteidigen.

Frei! Septemberlicht scheint gülden durch mein Cleanie-Küchenfenster und meine Hausfrauenseele jubelt. Klasse Musik aus dem CD-Player. Ich halte mich am Zügel ohne auszubrechen, friere Kohlrabi ein, weil es auf meiner heutigen Arbeitsliste steht, ohne mir Gedanken darüber zu machen, ob ich dazu gerade Lust habe oder nicht. So halte ich es jetzt auch mit der Bügelwäsche, meinem hartnäckigsten Feind. Als ich noch kein Kind hatte, bügelte ich immer genau das, was gerade dringend benötigt wurde und dann mal wieder stundenlang einen Riesenberg. Es kam vor, dass die Sommerkleider, die ich im beginnenden Herbst wusch, im nächsten Frühling immer noch im Bügelkorb lagen. Mit der Kinderzahl nahm aber auch meine Disziplin zu. Heute bügle ich, sobald mehr als fünf Wäschestücke übereinander liegen, von oben nach unten, was gerade kommt. Eine Vorgehensweise, die für andere Hausfrauen völlig selbstverständlich ist, ich weiß. Aber ich bin wirklich stolz auf mich!

Zuletzt verzichtete ich auf einige kulinarische Essgewohnheiten zugunsten einfacherer Kost und großer Zeitersparnis.

Noch ein Erfolg ist zu vermelden: Ich gehe nur noch einmal in der Woche einkaufen. Ich habe inzwischen ein Hamsterlager, in dem alle haltbaren Waren, die ausgegangen sind, zehnfach nachgekauft lagern. Nun muss ich mich nicht mehr wegen Zahnpasta und einem Päckchen Butter aufs Rad schwingen, obwohl ich doch gestern schon weg war. Genial!

Keine Kleinigkeit, mein Feldzug, aber ich bin immer noch zuversichtlich, dass ich eines Tages als Siegerin daraus hervorgehen werde.

Sonntag, 8. September

Ich stehe vor einem neuen, unbezwingbar scheinenden Berg. Sechs Wochen Schulferien, sechs Wochen Anarchie, was Uhrzeiten, Pflichten, Lernen betrifft, sechs Wochen Leben nach dem Lustprinzip haben uns auf eine gefährliche Distanz zur Schule gebracht. Ich habe keine Lust, früh schlafen zu gehen, früh aufzustehen, die Kinder anzutreiben, Schulbrote zu richten, Hausaufgaben zu kontrollieren, Schulmaterial zu besorgen, Bücher zu binden. Keine Lust zu funktionieren in dieser Maschinerie, die so wenig Raum lässt für Phantasie, Gefühle, Spontanität, sich hängen lassen, trödeln, für den eigenen Rhythmus.

All dem trauere ich nach. Optimale Bedingungen wünsche ich mir, getreu dem Motto: »Meine Kinder sollen es einmal besser haben, und zwar nur gut«. Dennoch weiß ich: Eine Treibhauspflanze mag zwar unter idealen Umständen heranwachsen, kann aber in den Stürmen der Natur draußen zugrunde gehen. Eine Pflanze, die weder geschont noch abgeschirmt, sondern früh den Kräften der Natur ausgesetzt wird, dabei erstarkt und lernt, mit den Turbulenzen der Welt zurechtzukommen, ist besser dran.

Loslassen. Dem Leben überlassen. Die Hennenflügel heben und die Küken in die Welt ziehen lassen. Wieder nur noch Huhn sein. Ganz vorsichtig beginne ich, mich auf die Zeit am Morgen zu freuen, in der ich arbeiten kann, ohne dass zarte Stimmen eindringliche Forderungen stellen, ohne Streit und Chaos um mich herum, ohne mich für Wohl, Glück und Harmonie dreier Kinder verantwortlich zu fühlen.

Alle drei tun einen neuen Schritt in ihrem Leben. Das wird die Woche wirkungsvoll von den letzten sechs Wochen abheben.

Bei Jan ist der Einschnitt gravierend. Er wechselt vom Körperbehindertenkindergarten, dem er zu unserer großen Freude entwachsen ist, in den Sprachheilkindergarten; eine Karriere, die vor einigen Jahren kein Arzt für möglich gehalten hat. Wir freuen uns für Jan und sind gespannt, was geschehen wird. Wir wissen, dass es eine große Herausforderung für ihn darstellt. Aber wir haben verstanden, wie wichtig solche Anforderungen für ihn sind und dass es Jan schadet, unnötig behütet zu werden. Wir hoffen, dass er Freunde findet und seinen Bewegungs- und Spieldrang besser ausleben kann. Und wir hoffen, dass er sich im Umgang mit anderen Sprachbehinderten nicht nur über seine Behinderung definiert, sondern seine eigenen Stärken erlebt und Selbstvertrauen gewinnt.

Auch Anna macht einen entscheidenden Schritt, den in die Realschule. Sie wird noch früher aufstehen müssen als bisher, um mit dem Bus in die Kleinstadt mit Möchtegern-Großstadtcharakter zu fahren. Sie wird neue Kinder kennen lernen, zusätzliche Fächer und viele neue Lehrer bekommen. Die schulischen Anforderungen werden steigen, die Menge der Hausaufgaben ebenfalls. Das ist viel für Ännchen von Tharau. Wegen ihr habe ich am meisten Bauchweh.

Abgeben, loslassen. Ich kann ihr nichts abnehmen. Muss mich von meinen Ängsten freimachen, die sie nur blockieren, und Anna ihrem großen Freund anvertrauen, der sie kennt, liebt, der bei ihr sein kann und der uns schon bei ganz anderen Schwierigkeiten geholfen hat, Jesus. Anna, ruhig und schüchtern, wie sie ist, ist eine Persönlichkeit, und ich bin gespannt, wie der neue Lebensabschnitt sie verändern wird.

Lena kommt in die dritte Klasse, in der das spielerische Element zurücktritt und die Anforderungen kräftig steigen. Die letzte Schonzeit nach dem Kindergarten ist zu Ende. Sie muss sich von ihrer geliebten Lehrerin trennen. Aber um sie habe ich keine Sorge, Lena schafft das. Wenn sie nicht gerade den Lehrer bekommt, den Anna jetzt endlich los wird. Sie ist wissbegierig, ehrgeizig, selbstständig und motiviert. Auch sie hat sich zu einer erstaunlichen Persönlichkeit entwickelt.

Montag, 9. September

Jan startet seine neue Karriere im Sprachheilkindergarten, mutig, tapfer, erwartungsvoll. Ich fahre ihn am ersten Tag hin – er geht hinein, ohne sich nach mir umzudrehen – und fahre mit Anna weiter in die Zahnklinik. Sie hat sich im Frühjahr beim Sturz in der Schwimmhalle einen Schneidezahn abgeschlagen und der Zahnarzt hat den Kampf um ihn aufgegeben. Wir aber noch nicht. Vier Stunden Amoklauf von Zuständigkeit zu Zuständigkeit, von Voruntersuchungen durch Studenten zu Ärzten, von Information zu Aufnahme zu Zahnerhaltung zu Kieferorthopädie zu Zahnchirurgie. Zum Schluss landen wir bei einer sehr kompetenten Zahnärztin und erhalten die Zusicherung, dass der Zahn zu retten ist. Als wir am Abend erschlagen heimkommen, fehlt zu meinem Glück nur noch die Nachricht, dass Lena für die nächsten zwei Jahre Annas abgelegten Lehrerrüpel hat ...

Dienstag, 10. September

Seit Wochen mache ich Anna stark für den bevorstehenden Schulwechsel. Bereite sie auf das neue Leben vor, das eine weiterführende Schule im Allgemeinen und diese Realschule im Besonderen für sie bringen wird. Dann sitzen wir am Tag X in der kleinen Sporthalle und Anna scheint gar nicht zu bemerken, wie unattraktiv die alten Gemäuer im Vergleich zu ihrer Grundschule sind. Es macht ihr auch nichts aus, dass sie früher aufstehen, mit dem Bus in eine andere Stadt fahren, später heimkommen wird. Anna will in diese Schule, Anna ist groß und stark. Ich bin stolz auf sie und froh, dass wir miteinander so weit gekommen sind. Meiner gehobenen Stimmung bereitet die Rede des Direktors ein jähes Ende: Seine Mission ist es, den Schülern den Ernst des Lebens vor Augen zu malen, und zwar mit der nötigen Dramatik: neue Fächer, in jedem Fach einen anderen Lehrer, in jedem Fach Hausaufgaben, stärkerer Leistungsdruck. Er empfiehlt ihnen, abends rechtzeitig ins Bett zu gehen und vorher nichts Aufregendes fernzusehen. Anna ist nicht anzumerken, wie diese Rede auf sie wirkt. Sie hat ihr »Ich-hör-ja- zu«-Gesicht aufgesetzt, derweil sie unter dem Pony hervor ihre zukünftigen Klassenkameradinnen beäugt. Aber mich, mich erwischt der Ernst des Lebens völlig unerwartet. Noch nie war mir so klar wie heute, was dieser für meinen Alltag der nächsten Jahre bedeutet, aus der Sicht der mitgefangenen Mutter betrachtet. Als der Direktor noch streng hinzufügt, dass im Schulgebäude keine Mützen getragen werden dürfen und möglichst alle Kinder im Orchester mitspielen sollten, bin ich schon zu erledigt, um noch richtig zuzuhören.

Er liest klassenweise die Namen der Schüler vor. Dann ruft er Anna auf. Sie sieht mich nicht an, schwebt stumm zu ihrer neuen Klasse und verschwindet aus meinem Blickfeld. Das war's. Ohne Glanz und Pathos. Einfach weg. Ich glaube, ich träume. Als die letzten Schüler die Aula verlassen haben, kümmert sich kein Mensch um die verlassenen Eltern. Kein Elternbeirat hat tröstliche Sahnecremeschnittchen gebacken. Kein Luftballonwettbewerb. Keine Musik. Nichts. Wir sind für zwei Stunden entlassen.

Mit verschwommenen Augen schlafwandle ich hinter Anna her, suche ihr neues Klassenzimmer, stehe vor der verschlossenen Tür, hinter der jetzt mein erstes Baby sitzt, allein, ohne seine Mama. Muss mich furchtbar zusammenreißen, damit ich nicht losheule wie eine verwaiste Elefantenkuh. Darauf hat mich niemand vorbereitet, dass ich mich so elend fühlen werde. Als ich hochblicke, sehe ich hinter einem Schleier Angela Böser, die Elefantenmama von David. Wir haben schon zusammen geweint, als unsere Erstlinge in den Kindergarten kamen, drei Jahre später bei der Einschulung. Auch damals saß Anna neben mir in einer Aula. Auch damals hallte ihr Name durch ein Mikrofon, stand sie auf und schwebte gehorsam nach vorn, ohne einen Blick zurückzuwerfen, während es mich durch und durch schüttelte und ich erkannte, dass Anna ihren Weg gehen würde. Wir zwei hätten es wissen müssen als alte Schicksalsgemeinschaft. Jetzt stehen wir uns wieder gegenüber. »Halt mich, sonst heule ich los«, sage ich und dann heulen wir ein bisschen. »Warum dürfen sie in der Schule keine Mützen tragen?«, frage ich verzweifelt. Eine Freundin aus der Gemeinde rettet mich. Sie hat schon ein Kind an das Gymnasium und eins an die Realschule verloren und überlässt nun heute einigermaßen routiniert ein drittes. Judith nimmt mich tröstend in den Arm, murmelt mütterlich: »Weil sich das nicht gehört. – Hast du auch keine Lust, diese zwei Stunden mit Hausarbeit zu verbringen, so als sei nichts geschehen?« Sie nimmt mich zu einem Tee mit zu sich nach Hause. Nichts lieber als das. Erst als ich Judith sehe, fällt mir ein, dass weder Anna noch ich irgendeinen Weg allein gehen müssen, und ich werde ruhiger. Wenig später sitze ich geborgen in ihrer gemütlichen Küche, wärme meine frierende Seele an einem heißen Tee und ihrer Gesellschaft und dann beten wir. Wir legen unsere Sorgen und unsere Kinder Gott zu Füßen und bitten ihn, sich um sie zu kümmern. Nach einem guten Gespräch kehren wir Seite an Seite getröstet und gestärkt zurück. Fühle mich wieder allem gewachsen. Werde Anna ein schönes Stirnband schenken.

Anna ist nicht wiederzuerkennen. Sie hat ihre Schweigsamkeit im Klassenzimmer gelassen. Es scheint ihr eine große Last von der Seele gefallen zu sein, sie lacht, jubelt und erzählt wie ein Wasserfall. Wir haben beide das Gefühl, eine der großen Hürden geschafft zu haben. Glücklich fahren wir einkaufen, sie bekommt ihre Schulsachen und einen neuen Schulranzen. Bezeichnenderweise wählt sie einen coolen, unifarbenen, der stark abweicht von ihrem bisherigen, kindgerecht gemusterten Ranzen.

Lena kommt vom Unterricht heim. Am ersten Tag kam sie jedenfalls bestens zurecht mit ihrem neuen Lehrer. Noch gibt er sich jovial und erzählt Witze, die ungefähr fünfzig Jahre alt sind und bei den Kindern prima ankommen. (»Das Fritzle steht auf der Brücke und heult. Kommt eine alte Frau und fragt, was los ist. ›Mir ist mein Brot runtergefallen!‹ ›Mit Absicht?‹ ›Ne! Mit Marmelade!‹«) Ansonsten bereits am zweiten Tag der alte Drill: Strafarbeiten, Vor-der-Tür-Stehen, Arrestdrohungen. Und sofort machen sich die widerstandsfähigeren Kinder stark zum Kampf. Lenas Lehrerin war eine zierliche Italienerin, rassig, schön, respekteinflößend, liebevoll. Mit leiser Stimme hatte sie die Kinder im Griff. Keine Disziplinarmaßnahmen. Die Kids wussten: je leiser Giuseppina, desto ernster die Lage. Die Schüler reagierten auf jeden Wink. Lena hätte alles getan, um ihr eine Freude zu machen. Anna hatte sie auch in den ersten zwei Klassen. Werde ich nun zum zweiten Mal erleben, wie dieser Lehrer eine hoch motivierte, einfühlsam geführte Klasse runterzieht? Die Aussicht stimmt mich melancholisch.

Mittwoch, 11. September

Nach der Aufregung der letzten Tage gönne ich mir heute Gioacchino. Meine Frisur schwebt zwischen den Zuständen – nicht mehr kurz und noch nicht lang. Habe wieder nicht die geringste Vorstellung davon, was mit meinen Haaren geschehen soll. Ich weiß nicht, ob es besser wird, wenn es anders wird. Ich weiß nur, dass es anders werden muss, wenn es besser werden soll. Daheim habe ich in meiner Sammlung alter Fotos von Schönheiten mit Traumfrisuren gekramt, um herauszufinden, was ich will. Wusste anschließend lediglich, was ich nicht will. Nicht lockig, nicht streng, nicht kurz. Ratlos mache ich mich auf den Weg zu Gioacchino und setze meine Hoffnung auf das Ehrfurcht einflößende Wort: »Dem Frisör ist nichts zu schwör.« Ein Mann steigt aus einem Lieferwagen und schenkt mir unverhofft einen tiefen Blick, so einen ernsten, schönen. Huch!? Ich gehe weiter, verwirrt, eine Idee leichtfüßiger. An der nächsten Ecke höre ich den Pfiff, den gut gelaunte, selbstlose Männer schönen Mädchen auf der Straße hinterherschicken. Ein Wagen der Müllabfuhr überholt mich. Ich denke »Oh, Jan, ein Müllauto!«, da winkt der Pfifferling fröhlich von der Stehleiter, lächelt anerkennend und ruft mir mit wohlwollender Stimme etwas Unverständliches zu. Huchhuch!? Ich drehe mich um. Keiner da außer mir. Er meint mich! Wann hat mir zum letzten Mal jemand hinterhergepfiffen? Welche Botschaft wollten die beiden mir mitteilen? Dass ich meine Haare gar nicht ändern soll? Mit aufrechtem Gang, aber ratloser als zuvor lege ich mein Schicksal in Gioacchinos feingliedrige Hände. Mit einem Satz fegt er alle aufkeimenden Zweifel beiseite: »Hinten zu lang, seitlich zu schwer, die ganze Frisur aus der Form, die Spitzen spröde.« Eine halbe Minute später ist geklärt, was geschehen muss. In seiner fachkundigen Gesellschaft weiß ich endlich, dass ich mich gar nicht grundsätzlich verändern will, langfristig aber einen allmählichen Übergang zu längerem Haupthaar anstrebe. Gioacchino wird mir dabei mit dem passenden Schnitt helfen. »Am Hinterkopf eine schöne Kontur, den Nacken auslaufen lassen, seitlich die Länge beibehalten, aber weich ausfransen und vom Oberkopf her die Haare auf die

Seite fallen lassen, damit etwas Bewegung reinkommt.« Der Rest ist ein Kinderspiel. Hannes, der Lehrling mit den kiwigrünen Haaren und dem gelben Ziegenbart (»Kannst ruhig Giovanni zu mir sagen«), wäscht mir mit schlaffer Motorik die Haare, dann schneidet Gioacchino, sorgfältig, ruhig, immer alle vier Seiten meines Kopfes durch drei Spiegel im Blick. In dieser Betongarage arbeitet ein Künstler, das Ergebnis bereits im Kopf, ein Bildhauer, der nur das Überflüssige wegnehmen muss, und ein Kunstwerk entsteht. Dabei Zeuge zu sein ist der pure Genuss. Ob ich selbst föhne oder er? Macht fünfzehn Mark Unterschied. Danach wolle er sein Werk vollenden. Unter den Augen des Meisters meine stümperhafte Arbeit tun? Das wage ich nicht. Was sind schon fünfzehn Mark, wenn ich dafür mein Gesicht wahre? Der Maestro föhnt, klopft, wuschelt, zupft, schneidet wieder, dünnt aus, korrigiert. Mit federleichtem Kopf und Geldbeutel ziehe ich von dannen.

Ein Wagen der Städtischen Straßenreinigung biegt um die Ecke. Erwartungsvoll radle ich darauf zu. Mit stumpfsinnigem Blick fahren die in modebewusstem Orange gekleideten Männer achtlos an mir vorüber. Keiner bemerkt, dass die Welt sich verändert hat...

Laut Wetterbericht ist heute der letzte Sommertag. Werner sprengt den Rasen. Jenseits der Mauer auf dem Gehweg gegenüber spielen die Nachbarjungs Passanten einen Streich. Grinsend hält Werner plötzlich den Schlauch über die Mauer. Ein mehrstimmiger empörter Aufschrei und binnen Sekunden stehen acht klatschnasse Jungs in unserem Garten und rächen sich hemmungslos. Mit sämtlichen Gefäßen, die sie finden, mit Eimern, Bechern und Sandförmchen jagen sie Werner nach. Ich mache mich in einem Winkel des Gartens unsichtbar und genieße, den wasserscheuen Charly an meine Seite gedrückt, wie Werner, die Jungs und meine Töchter in die Vollen gehen und sich eine halbstündige, strategisch ausgeklügelte Wasserschlacht mit mehreren Schläuchen liefern. Ich bewundere wasserfeste Menschen. Meine Fenster, die ich nach reichlicher Überlegung und unter Berücksichtigung der Wetteraussichten heute Morgen frisch geputzt habe, erhalten eine Nachreinigung. Um das Haus Riesengeschrei und Gegröle, derweil sich die Mütter der umliegenden Häuser kopfschüttelnd hinter ihre rechtzeitig heruntergelassenen Rolläden zurückziehen.

Donnerstag, 12. September

Am dritten Tag im neuen Kindergarten hat Jan einen Freund: Simon, siebtes Kind einer christlichen Familie. Berta, die aus demselben Ort stammt, lacht, als sie es erfährt: »Christen ziehen sich eben einfach an!«

Manches, was Jan sagt, kann ich mühelos verstehen, aber viele seiner unermüdlichen Reden sind nur bei voller Konzentration verständlich. Wenn er nichts zu sagen hat, fragt er immerfort, damit wir reden. Dieses Verhalten ist seine beste Therapie, aber abends bin ich total geschafft. Insgesamt ist seine Entwicklung ermutigend. Heute habe ich aus dem Zusammenhang heraus einen ganzen Mammutsatz von ihm verstanden: »Mama! Lena aus Versehen mein Bild Uli Geburtstag Abfall schmeißen! O Mann, Lena!«

Freitag, 13. September

Buchladenmorgen. Ich neige dazu zu glauben, das Beständigste im Leben sind Gegenwind am Freitagvormittag und Kunden kurz vor Ladenschluss...

Die Kids sind schon da, als ich heimkomme, und haben Hunger. Das Essen ist noch nicht fertig. Komme mir vor wie ein Fels in der Brandung. Nur mit äußerster Anstrengung schaffe ich es, in diesem Tumult jedem wenigstens dem Anschein nach einigermaßen gerecht zu werden. »Hunger Hunger soll ich dir mal den Witz von Herrn Wolf erzählen Mama m-a ma? – Mama essen macht? – Ich brauch Zeitschriften wir sollen so was ausschneiden was uns schmeckt und was unsere Hobbies sind und ein Foto von mir brauch ich auch Mama m-a ma?? Ich brauch einen Zirkel und ein Matheheft und ich einen neuen Umschlag und einen Killer Mama m-a ma? Wann hab ich Klarinette was gibt es heut zu essen der Jens ist voll blöd weißt du was der heut gemacht hat? Ich hab nur in Mathe was auf Mama m-a ma? . . .« Wie ein Talkmaster erteile ich das Wort in der Runde. Gast Nummer eins ist die mitteilungsbedürftige Lena, die Gast Nummer zwei, den monoton plappernden Bruder, ständig zurechtweist, der wiederum erst dann Ruhe gibt, wenn jemand seinen Satz aufgegriffen hat, um dann weiter wie ein Wasserfall zu erzählen. Und Gast Nummer drei, Anna, die immer erst abwartet, bis alles schweigt, damit sie Gelegenheit bekommt, auch einmal etwas zu sagen. »Jan, sei mal kurz still. Lena, jetzt ist die Anna dran. So, Anna, was willst du mir sagen? – So, Lena, jetzt kannst du erzählen. Ja, Jan, ich mache Pfannkuchen zum Essen. Doch, du musst ein wenig Blumenkohl dazu essen, bevor du welche mit Marmelade bekommst!«

Außerdem muss geklärt werden, ob die Damen ein Date ausgemacht haben, wie viele Hausaufgaben sie aufhaben und wer wann welche Arbeiten schreibt, damit ich den Tag weiterplanen kann. Puh. Wenn ich im Buchladen bin, hege ich keine Zweifel daran, dass ich am richtigen Platz bin. Aber vorher, wenn ich das sinkende Schiff verlasse, und hinterher, wenn ich es wieder betrete . . .

Hauskreisabend. Diesmal bei Kohls. Thema: Gaben. Ob wer welche hat und welche wer hat. Jeder ziert sich voller Bescheidenheit. Gaben? Nein. Eher keine. Aber der Gabentest bringt sie gnadenlos ans Licht. Jeder hat welche! Manche sind überrascht, andere wussten es längst. Manager Berno staunt kaum über die Diagnose (»Gabe der Lehre«), aber über sich selber, als er sich sagen hört, dass er eventuell geneigt sei, diese Gabe in Zukunft auch in die Gemeinde einzubringen. Ich freue mich, dass man mir außer der Gabe des Schreibens auch noch die Gabe der Ermutigung zuschreibt – sehr ermutigend! Zu den ganz Ratlosen gehört Helmine, die Rothaarige. Gaben? Nö, welche denn? Wieso Gabe der Gastfreundschaft? Wir können ihr weiterhelfen. Seit einiger Zeit schleicht sich die nach außen eher burschikos wirkende Helmine kurz vor Gottesdienstende in die Gemeindeküche und kocht Kaffee für alle. Dieser selbstlose, barmherzige Dienst der Gastfreundschaft hat, was die sonntäglichen Gemeindegepflogenheiten betrifft, wie eine Bombe eingeschlagen und eine gravierende Veränderung im Geselligkeitsverhalten bewirkt. Kultur ist entstanden. Seither stürzen nicht mehr alle wie im Pariser Westbahnhof herum, um vor dem Heimgehen noch schnell irgendwelche wichtigen Gespräche zu erledigen. Stattdessen sammeln sich die Kaffeetrinker im Foyer und verbreiten aromatische Wohlgerüche und Gemütlichkeit. Gäste bleiben nun gerne noch ein bisschen da, halten sich an ihren Tassen fest und geben mit ihren neugierigen oder schüchternen Blicken Gelegenheit, sie als solche zu erkennen und anzusprechen. Als Helmine ratlos, aber hoffnungsvoll kokettierend auf ihre zweite zu Tage getretene Gabe hinweist, nämlich die Gabe der Lehre, meint ihr Mann grinsend: »Ich fand bisher immer, du hast eher die Gabe der Fülle!« Wir forschen umgehend nach, ob er die Gabe der Ermutigung besitzt...

Steffen hat die Gabe der Fotografie, Hilfsbereitschaft und praktischen Anweisung. Er ist Fotograf bei der Lokalzeitung und erklärt mir mit einer Engelsgeduld Technik und Funktionen meiner jüngsten Errungenschaft. Im Urlaub habe ich Berno dessen eingestaubte Fotoausrüstung abgeschwätzt, eine 17 Jahre alte Spiegelreflexkamera mit Blitz, Tele- und Weitwinkelobjektiv. »Eine Kamera zum Fotografieren lernen«, hat Steffen gesagt.

Will heißen, wenn ich die mal beherrsche, kann ich mit allem fotografieren. Also ein weiter Weg. Seit zwei Wochen wälze ich technische Handbücher, um hinter die Kunst des Fotografierens zu steigen und nicht mehr immer ängstlich zu hoffen, dass meine Fotos für die Zeitung etwas geworden sind. Sitze also beim dritten Stück von Camillas köstlichem Sektkuchen neben Steffen und versuche, mit 0,5 Promille seinen Erläuterungen über hyperfokale Schärfeneinstellung zu folgen, bei der man anstelle auf unendlich nur auf Blende 11 stellt und dann ab einsfünfzig Abstand alles scharf kriegt. Ist es der Sekt im Kuchen oder liegt es daran, dass ich nicht die Gabe des logischen Denkens habe – ich verstehe nur Bahnhof. Am Ende erklärt er es mir wie einem Erstklässler, ich bin ihm dankbar für seine Geduld und notiere wörtlich: »Umso kleinere Blende umso geringere Blitzreichweite umso größere Schärfentiefe. Und logischerweise umgekehrt: umso größere Blende umso größere Blitzreichweite umso geringere Schärfentiefe.« Ach! Umso umso!

Samstag, 14. September

Suddelwetter, Herbstmelancholie. Die Tage verkürzen sich dramatisch. Ich habe noch gar nicht genügend Sommer getankt und den letzten Winter noch so lebhaft vor Augen, woher nur die Kraft nehmen für den nächsten? Aber mich fragt ja keiner. Gut, ich bin nach den vielen Erntetagen froh, den Keller voll zu haben und die wohlverdiente Pause der Bauersfrau einzulegen. Ehrlich gesagt kann ich kein Gemüse mehr sehen. Aber ich werde im Winter von meiner Sommerarbeit zehren. Ich habe heute zum ersten Mal Feuer gemacht, nachdem meine Füße Eiszapfen waren und mein Hals wie ein Reibeisen kratzte. September. Bisher hatte ich wie bei der Bundeswehr »Sommer befohlen« und die Kälte mit Hilfe von Wolldecken und Zwiebelschalenkleidung ignoriert. Ich höre Reinhard Mey, um gegen die ansteigende

Winterpanik anzukämpfen: »Ich liebe das Ende der Saison.«
Selbst dieser eindeutigen Katastrophe kann der Mann noch etwas Gutes abgewinnen:

»Die Tage werden kürzer und die Schatten werden länger.
Vor der Boutique friert im Kübel ein vergess'ner
kleiner Baum.
Im Kurhaussaal rücken sie die Tische enger
Und heizen manchmal schon den vord'ren Raum . . .

In Spinnweben über den verwitterten Fenstersprossen
Zittern glitzernde Tautropfen im späten Sonnenlicht.
Wenn jetzt die Sonne scheint, dann ist das nicht mehr
selbstverständlich,

Und du nimmst jeden Strahl einzeln und dankbar hin.
Nichts ist mehr so wie's war, und du kannst spür'n:
Alles ist endlich.
Auch wenn du's nicht verstehst, ahnst du doch:
Es hat seinen Sinn . . .

Wer jetzt noch hierher kommt, der hat gelernt,
sich zu bescheiden,
Und wenn er wieder geht, wird er ein Stückchen weiser sein:
Du brauchst im Leben wirklich nur, um keine Not zu leiden,
Einen Freund, ein Stück Brot, ein Töpfchen Schmalz
und ein Glas Wein!

Und all das gibt es hier noch allemal an allen Tagen,
Und wenn du klug bist, werden Leib und Seele satt davon.
Ich liebe das Ende der Saison.

Und denk' dabei, ich stünde gern in fernen Tagen
Am Fenster einer kleinen, langsam schließenden Pension,
Und sähe auf die Wege meines Lebens und könnt' sagen:
Ich liebe das Ende der Saison!«

Leise, weise Töne. Ich, die das Glas eigentlich eher halb voll sieht als halb leer, brauche zum Ende der Saison jemanden, der meinen Blick darauf lenkt. Ich möchte der Kargheit des Winters genauso viel abgewinnen können wie der Fülle des Sommers, denn ich ahne, dass ein Geheimnis dahinter steht und dass Gott es mit diesem großen Rhythmus, in den er uns einbettet, gut mit uns meint. Wenn wir im Winter wegen Kälte und Dunkelheit zusammenrücken, Wärme und Geborgenheit suchen, welche Chance steckt darin! Ruhe, Langsamkeit, Ausharren, Geduld. Zeit für Freundschaft, Spiel, Musik, Bildung, Heim. Aus der Sehnsucht heraus, die der Winter weckt, die Freundschaft zu Gott vertiefen in der Stille. Wenn wir sie nur aushalten, nicht zudecken durch Zerstreuung. Wenn ich es mir lange genug sage, werde ich es am Ende glauben.

Mein Keller ist voller duftender, pausbackiger Äpfel. Ich habe Lust auf Apfelkuchen und mache mich an die Arbeit. Jan kommt strahlend rein: »Mm-a hähi hi, Haha mia hehahe!« Ich: »Wenn das Essen fertig ist, will der Papa mit dir wegfahren?« Er jubelt glücklich: »Haha!« Auf den Acker! Was bin ich froh, dass ich diesen Feierabendbauern zum Mann habe. Werner ist Jans Glückstreffer im Leben. Immer gibt es irgendetwas zu reparieren, mähen, pflügen, graben, fegen, putzen, auszumisten. Und immer darf Jan mithelfen. Unschlagbar, das Team.

Später fällt Werner ein, dass er Charles, den Juckreizgeplagten, mit Flohshampoo einbalsamieren will. Ich hole warmes Wasser, und in wasserdichter Regenkleidung shampoonieren wir den Flohling im Hof ein. Bevor einer von uns reagieren kann, flüchtet Charly, der Wasserscheue, durch einen offenen Spalt in das Haus und schüttelt sich in der Garderobe angewidert trocken ...

Sonntag, 15. September

Das Zuverlässigste am Gottesdienst ist der Rahmen, in den unsere Familie ihn stellt: Die Damen streiten, vorher und nachher.

Heute geht es schon am Frühstückstisch los. Delikt: Mittellinienüberschreitung. »Anna, guck mal, wie du auf meiner Seite rumhängst! Ich habe überhaupt keinen Platz!« Das Geschrei nervt. Gerade als ich explodieren will, kommt mir Werner mit keifender Stimme zuvor: »Bianka, du hast meine Luft weggeatmet!« Anna und Lena lachen verblüfft. Selig sind die Friedensstifter.

Ich föhne meine Haare, Lena sieht interessiert zu und erzählt. Lena hat immer etwas zu erzählen. »Warum sagst du immer, ich hätte schöne Augenbrauen? Die sind doch ganz normal!« Ich schwöre ihr, dass sie ganz besonders ausgefallen schöne Augenbrauen hat und ich deshalb immer darauf bedacht bin, ihren Pony so kurz zu halten, dass ich sie durchschimmern sehe. Ich liebe die fein gezeichneten, wohlgeformten braunen Bögen, die ihr süßes Gesichtchen umrahmen. »Die Leute sagen immer, ich sehe dir ähnlich. Stimmt das?« Wange an Wange hängen wir vor dem Spiegel und forschen in unseren Gesichtern. Himmel, zwischen uns stehen wirklich nicht weniger als 26 Jahre! Was sind das neuerdings für graue Schatten unter meinen Augen, die gar nicht mehr verschwinden? Härter sind meine Züge geworden, die Haut eher schlaffer. Pausbackig, rosig und lebenshungrig starrt Lena mit weit geöffneten Augen in den Spiegel. Ich föhne wieder, Lenchen spricht: »Vorhin, als das Auto noch ganz geschwollen war vom Tau, da hing eine Fliege darauf, die hatte ganz eingeschlafene Beine, guck, die hing so.« Lena hängt sich über die Toilette. »Da hab ich sie in mein Zimmer getragen und sie auf die Heizung gelegt. Da ist sie wieder munter geworden und in meinen Kleiderschrank geflogen. Ich hab die gerettet, gell? Macht die jetzt bei mir Winterschlaf?« Hoffentlich war es keine Motte, denke ich nüchtern. Bei der Rettungsaktion muss es ziemlich heftig zugegangen sein. Als Lena sich umdreht, sehe ich auf ihrem Po einen Riesenfleck auf ihrer hellen Hose. »Lena, deine Hose ist ja hinten ganz dreckig! So kannst du nicht fortgehen.« Angesichts dieser Bagatelle im Vergleich zu der lebensrettenden Tat antwortet das Seelenmädchen seiner dummen Mutter mit der Stimme, mit der man ganz kleinen Kindern etwas erklärt: »Das macht doch nichts! Ich sitz doch auf dem Stuhl!«

Werner will wieder lernen, auf seine innere Stimme zu hören. Ganz von innen heraus will er handeln können, wenigstens am Sonntag. Sonntags weiß er immer irgendwann ganz intuitiv, was er will: Mit uns in die Gemeinde oder mit dem Hund in den Wald. Wenn er im Schlafanzug am Frühstückstisch sitzt, stehen die Zeichen günstig, dass er mitgeht: Dann ist er nämlich wach. Heute entscheidet er sich ganz von innen heraus fünf Minuten vor der Abfahrt, dass er mitkommt. Dann geht alles sehr schnell. Rasieren, umziehen. »Wo ist meine grüne Jeans?« – »Im Bügelkorb. Nimm eine andere!« – »Nein, das ist die einzige, die zu meinem Gewicht passt. Dann geht ohne mich. Ist nicht schlimm.« In Schallgeschwindigkeit die neue Hose bügeln. »Passt das lila Hemd dazu? Hast du meine Bibel gesehen? Ich brauche auf jeden Fall Pfefferminzbonbons. Letztes Mal war die Luft so dünn.« Wie ich Spontanität liebe!

Dienstag, 17. September

6.20 Uhr. Hab mich immer noch nicht dran gewöhnt, so früh aufzustehen. Schleiereulchen Anna streckt sich, macht sich groß und spricht mich von der Seite an: »Guck mal, ich muss mich immer noch strecken!« Will sagen, dass sie noch müde ist. Ich entzückt: »Joa. Toll! Wenn du allerdings hoffst, dadurch größer zu werden, muss ich dich enttäuschen.« Meint das Schleiereulchen kurz und bündig: »Du hast dich wahrscheinlich so gestreckt (zeigt in die Horizontale) und bist breiter geworden!« Einen Augenblick lang überlege ich, ob ich dieses Kind noch weiter durchfüttern soll, dann schmiere ich ihm sein Wurstbrot weiter, bäh.

Überlebenstraining Realschule. Anna packt ihren Ranzen.

Pausenbrot, Trinkflasche, Poesiealbum, Schirm, Fahrkarte, Hausschlüssel. Woher hat sie plötzlich Organisationstalent und Eigenverantwortung? Wer hat mein Kind wachgeküsst? Schön sieht sie aus. Rotes Blumenkleid, rote Strumpfhose, blauer langer Mantel. Pferdeschwanz. Stupsnase. Die schönste Zehnjährige der Welt.

7 Uhr. Anna geht, Werner rennt planlos durch das Haus und sucht etwas.

7.15 Uhr. Lena füllt in der Küche ein Umweltquiz von Heimat- und Sachkunde aus. »Frau (!) Umweltmuffel und Frau (!) Umweltfreundlich gehen einkaufen. Wer kauft was ein? – Weißes Papier?« Lena urteilt: »Das ist Frau Umweltmuffel! Wir sollen solches nehmen wie Klopapier!«

7.30 Uhr. Jan kommt mit klatschnass hängendem Windelpo in die Küche geschlendert, fällt Lena um den Hals und ruft: »O Lema! I lam meme hea!« (O Lena, ich lang nicht mehr gesehen!) Nachdenklich trinkt er Kakao, mehr bekommt er um die Uhrzeit nicht runter. Unvermittelt sagt er: »Mama, hierbleib!« Ich versichere ihm: »Ja, ich bleibe ja hier.« Er, lauter: »Mama, immer hierbleib!« Jan isst nicht gern alleine. Kein Problem, ich hatte gerade sowieso nicht vor wegzugehen. Wohin auch. »Ja, ich bleib bei dir in der Küche, bis du fertig gegessen hast!« Mit der Stimme, die er benutzt, wenn man ihn gründlich missverstanden hat, ruft er: »MAMA! HIERBLEIB! Nein Himmel!« Er liebt mich! Er braucht mich! Was geht bloß in diesem fünfjährigen Jungen vor, der erst allmählich seinen Gedanken Ausdruck verleihen kann?

Als ich kurz darauf allein in der Küche stehe, weiß ich plötzlich: ein neuer Tag! Der gestrige war nicht gut. Alles, was schief laufen konnte, lief schief. Aber hier ist wieder eine völlig neue Chance. »Das Alte ist vergangen.« Alles Gott zurückgeben. Gott gibt mir immer wieder eine Chance. Neues kann entstehen.

Mein Frühprogramm, gepaart mit meiner neuen strafferen

Haushaltsführung, hat den Vorteil, dass um 9 Uhr alle Zimmer unten grob vorzeigbar sind und ich bereits mit Charles, dem Schnüffler, durch den Wald radle. Bin begeistert von diesem neuen Gefühl der Macht und Überlegenheit dem Chaos gegenüber und ziehe von dannen, den üblichen Weg entlang. Ich stelle das Rad ab und laufe. Einmal um den See am Wald und zurück. Alles hat sich verändert. Beinahe unmerklich, so wie jeder Tag einen Hahnenschrei kürzer wird, legt die Welt ein anderes Kleid an. Herbst. Der Himmel ist unbeschreiblich blau, die Luft sehr klar. Über den See ziehen kleine Nebelschwaden, ich laufe durch das taunasse Gras. Alles ist in goldenes Licht getaucht, neue Farben mischen sich unter das satte Grün, warmes Rot, hier und da leuchtendes Gelb. Der Wald riecht stärker als im Sommer. Nach feuchter Erde, Pilzen und beginnendem Moder. Gebündelte Sonnenstrahlen fallen schräg durch die Baumwipfel, fast unwirklich schön. Als Kind war ich mir ganz sicher, dass diese Strahlen durch Gottes Fenster zur Erde fallen und dass er mir durch dieses Fenster beim Leben zusieht. Heute muss ich immer noch stehen bleiben und an Gott denken. Zufrieden ziehe ich meine Runde durch den Wald, immer dem gleichmäßig trabenden Charles hinterher, und hänge meinen Gedanken nach. Als ich den Wald verlasse, bin ich geblendet von den abgemähten, gelben Feldern und dem Mais, der noch hoch steht.

Ich bin froh über diesen Start in den Tag. Die Bewegung an der Luft tut mir gut. Seit ich Charly habe, sind meine Kreislaufprobleme weg. Ruhe vor dem Sturm, das Gestern nachklingen lassen, einstimmen auf den neuen Tag, Gedanken fließen lassen, mit Gott reden.

Annas Entwicklung geht mir heute durch den Kopf. Zur Zeit können wir zusehen, wie sie wächst und reift, fast wie die Weintrauben an den Hängen ringsum. Die zehn Jahre mit ihr sind wie im Flug vergangen. In dem Bewusstsein, dass unsere gemeinsamen Jahre gezählt sind, investieren wir Zeit und

Kraft in unser Miteinander. Und erleben, wie es sich lohnt, für sie und uns. Schön zu sehen, wie sie ihre Schüchternheit überwindet und an Anforderungen wächst, wie sie stärker und selbstbewusster wird, wie sie die Welt um sich herum immer klarer wahrnimmt und voller Lebenslust und Erwartung an ihr teilhaben will.

Abends bauen die Mädchen im Heu Höhlen und holen alle jungen Hasen zu sich. Einer klettert unter Lenas Pulli. »Guck mal, wie still der sitzt! Guck mal, wie lang sein Schwänzchen ist!« Anna schadenfroh: »Guck mal, wie der pinkelt!«

Samstag, 21. September

Morgen kommen Judith und Otto. Aus der Tiefe meiner Hausfrauenseele steigt der Wunsch, es möge bei uns so schön aussehen wie bei Judith, als sie mich neulich bei Annas Einschulung spontan zum Tee einlud. Morgens um neun war dort die Welt schon in Ordnung. Ich sehe mein Haus mit Judiths Augen, all den Dreck und die Unordnung. Warum nicht den Besuch zum Anlass nehmen, um Berge zu stürmen? Plötzlich sehe ich wieder die Kindergemälde, die angeschmuddelt und halb zerfetzt seit Jahren an der Toilettentür kleben, Zeugnisse von berstendem Mutterstolz. Als ich sie abziehe, erscheinen verfusselte Tesafilmreste, die sich nicht ablösen lassen. Eine halbe Stunde lang schrubbe ich mit Reinigungsbenzin und Scheuermilch, dann strahlt der alte Lack in mattem Glanz. Danach mache ich mich eine Stunde lang an die Küchenkacheln und Schrankoberflächen. Anschließend putze ich auch gleich den Kühlschrank, steht schon wochenlang auf meiner Liste, habe ich ewig vor mir hergeschoben. Könnte ja sein, dass Otto mir behilflich sein will und die Milch aus dem Kühlschrank holt. Wenn ich schon so drauf bin, entkalke ich auch gleich noch Armaturen und Toilette. Dann verschwinde ich mit einem Eimer Wasser eine Stunde lang im Wohnzimmer. Bei der Gelegenheit staube ich das Bücherregal ab. Der Schuster hat doch wirklich die schlechtesten Schuhe! Wie unordentlich die Bibliothekarin hier die Bücher aufbewahrt! Überhaupt: So viel Schrott dabei, für wen bewahre ich diese Staubfänger überhaupt noch auf? Jetzt wird entrümpelt! Kiloweise fallen alte Schinken der Ausmistung zum Opfer, Luft kommt ins Regal. Vereinfachen will ich mein Leben, von Ballast befreien, jawohl, lernen zu entscheiden, was wirklich wichtig ist.

Wie sehen eigentlich die oberen Stockwerke aus? Können sie einer eventuellen Führung durch den arglos stolzen Hausmeister standhalten? (»Wollt ihr mal Annas Zimmer sehen?«) Vogeldreck auf dem Fenstersims im Schlafzimmer! Jans Kopfkissen versabbert, Annas Zimmer sowieso schon lange reif für eine Generalüberholung. Ich mache oben weiter. Plötzlich ist es dunkel und Zeit, die Kinder zu füttern, durchs Wasser zu ziehen und ins Bett zu bringen. Ich bin noch nicht fertig mit meinem Programm und habe vor lauter Putzen keinen zweiten Kuchen für die vielen Kinder morgen gebacken. Das wäre nun wirklich wichtig gewesen. Außerdem habe ich übereifrig, wie ich bin, gestern einen Hasen aufgetaut und es heute nicht geschafft ihn zuzubereiten. Ich werde morgen den Gottesdienst schwänzen müssen, das darf doch nicht wahr sein!

Plötzlich habe ich das Gefühl, dass das Leben heute an mir vorbeigegangen ist. Noch kein freundliches Wort mit Werner oder den Kindern gewechselt. Noch nicht vor die Haustüre getreten, noch keinen Luftzug von einem der letzten Septembertage genommen. Den Vögeln nicht zugehört. Kein Kind beim Spielen beobachtet.

Einen Tag verschenkt. Was tue ich hier eigentlich? Warum zeige ich uns nicht so, wie wir sind und leben, mit unserem Alltagsgesicht? Unvollkommen, gewiss, aber dennoch nicht wertlos. Will ich eigentlich wirklich nur, dass meine Gäste sich wohlfühlen oder will ich ihnen imponieren? Schaut her, wie Bianka alles im Griff hat! Was habe ich denn zu verlieren? Verhalte ich mich nicht genau so, wie ich es früher bei den Erwachsenen immer verurteilt habe? Ich will echt sein und doch lasse ich mich in den Sog ziehen, so zu handeln, wie die anderen es von mir erwarten könnten. Wie sehr lasse ich mich in meinem Handeln doch noch von Menschen bestimmen. Gott »hat mich doch mit Bedacht unverwechselbar gemacht« – bin ich ein Chamäleon? Dabei schätze ich wahrhaftige Menschen so sehr. Mir ist gar nicht wichtig, wie poliert es bei anderen aussieht, mich interessiert ihr Leben. Nichts finde ich erfrischender als Leute, die einem ohne Fassade begegnen. Habe ich dieses Spiel wirklich nötig?

Sonntag, 22. September

Kein Gottesdienst. Dafür Kuchen backen, Hasen zubereiten, Bad putzen, mit Werner streiten. Der hält seine »Bleiers haben ihr Leben nicht mehr im Griff«-Rede, die wie immer einschließt, dass *sein* Leben auf die Dauer so nicht weitergehen wird. Nur noch arbeiten und selbst daheim immer funktionieren müssen, er brauche auch noch Freiraum, um sich fallen zu lassen und Zeit für mich und die Kinder. Die nächsten Sonntage bräuchte ich gar nichts auszumachen, ihn jedenfalls nicht dabei einzuplanen. »Notbremse« nennt er das. Er erkennt meist früher als ich, wann unsere Ressourcen zur Neige gehen. Ich wäre besser in den Gottesdienst gegangen ...

Dann kommen Grasers und es ist vom ersten Augenblick an schön. Wir marschieren mit dem Hund in den frühherbstlichen Wald und unterhalten uns überaus angenehm. Sie sind mindestens so ausgebrannt wie wir. Vier Kinder, drei davon bereits auf weiterführenden Schulen – wir brauchen nur ihr Leben zu betrachten, dann können wir uns ausrechnen, dass es bei uns in den nächsten Jahren nicht einfacher werden wird. Die Verantwortung noch eine Idee größer, das Geld noch eine Idee knapper und die Spannungen mit dem Heranwachsen der Kinder und dem Anspruch, ihnen noch gerecht werden zu wollen, steigend. Sehr ermutigend ... und doch ist es ermutigend, den Umgangston in dieser Familie zu erleben, zu sehen, dass die Balance zwischen Kameradschaft und Respekt möglich ist, zu hören, worüber sie in welcher Weise miteinander reden können. Da ist echte Kommunikation, genau das, was ich mir für uns in jeder Altersstufe der Kinder wünsche. Solange wir miteinander reden können, lässt sich alles ertragen, und jedes Alter trägt seine eigene Bereicherung in sich.

Wieder daheim will keiner mein geputztes Bad oder Annas gewienertes Zimmer sehen, bei Kaffee und Kuchen sitzen wir im mittlerweile dämmerigen Wohnzimmer (das bei dieser Beleuchtung sowieso sauber aussieht) und unterhalten uns stundenlang. Erfrischend, ehrlich, persönlich, aufbauend. Derweil schlingen sieben Kids in der Küche beim »Stoppessen« den Kinderkuchen rein. Sie nennen ihn »Matschikuchen«, weil er etwas weich ausgefallen ist und beim Runterheben vom Tortenheber zusammenrutscht. Die restlichen Stunden bauen sie Höhlen im Heu, das Haus bleibt sauber und wir haben unsere Ruhe. Herrlich!

Dienstag, 24. September

Ich begleite Mann und Sohn zum Herrenfriseur, der tatsächlich »Männer haben ihren eigenen Kopf« über dem Laden stehen hat. (Frau geht mit drei Kindern zum Zahnarzt, aber Mann nimmt Sohn nur mit Begleitschutz mit. Falls er bockt.) Bisher habe ich ihnen die Haare immer selbst geschnitten. Jetzt ist die Zeit reif für ein anderes Profil, sprich für eine Frisur vom Profi. Bei beiden. Ich weiß nicht, wann der schönste aller Ehemänner zum letzten Mal eine derartige Einrichtung betreten hat. Zwischendurch hat er von Fall zu Fall die seitlichen Partien mit einer Nagelschere vorteilhaft in Form gebracht.

Werner, der Unkomplizierte, erklärt dem pferdeschwänzigen Dorfcoiffeur von »Männer haben ihren eigenen Kopf« selbstsicher und konkret seine Vorstellung: »Schön kurz, richtig schön kurz!« Der versteht und legt los. Ein zweiter Typ nimmt ganz zwanglos Platz. Kommt wohl direkt vom Tapetenstreichen, klebt noch reichlich Farbe an der Hose. Klar, voll vom Termin überrascht worden, keine Zeit gehabt zum Umziehen. Könnte einem ja selbst auch passieren, so mitten beim Kochen mit der Bratenschürze loszurennen. Auch er hat genaue Vorstellungen von seiner Traumfrisur: »Kürzer!«, und der nächste Pferdeschwanz geht an die Arbeit. Jan nimmt auf dem dritten Stuhl Platz, Panik überfällt ihn, weil er nicht neben seinem Vater sitzt, aber er bezwingt sie angesichts so viel geballter Männlichkeit. Das schafft er alleine, mich braucht er gar nicht. Unter einem Bartschneider nimmt sein Köpfchen Form an, es funktioniert, obwohl er rhythmisch zuckend den Nacken einzieht und sich zu entwinden versucht. Ich sitze im Hintergrund, alle Männer von hinten und dank der Spiegel auch von vorne im Visier.

Plötzlich verharren alle außer Jan reglos. Die Gesichter im Spiegel gefrieren alle zu derselben Fratze, kein Geräusch, keine Bewegung. Sorgenfalten machen sich auf den Stirnen breit. Ich erstarre ebenfalls überrascht, schärfe alle Sinne und vernehme plötzlich eine aufgeregte Männerstimme aus dem Radio. Das Nächste, was ich höre, ist ein langgezogener fünffacher Klagelaut. Entspannung, Frust. Um ein Haar hätte der KSC ein Tor geschossen! Kein Mensch redet hier über Haare, dafür über die Fähigkeiten von Männern mit fremd klingenden Namen. Wobei Mann sich durchaus nicht einig ist. Von »Die kriegen heut Abend dermaßen eins reingeballert!« bis zu »Die gehen da völlig souverän raus!« ist alles dabei. Selten so gelacht. Innerlich natürlich.

Ich finde eine Männerzeitschrift und vergnüge mich damit zu erfahren, was den neuen Mann kennzeichnet: Unrasiert oder mit Ziegenbart ist er selbstbewusst, kompliziert, echt, glaubwürdig, experimentierfreudig, kühn, mit Konturen und Gefühlen. Ist ja stark! Mit zwei zum halben Preis einer Damenfrisur Kahlrasierten verlasse ich den Salo(o)n in gehobener Stimmung. Daheim werfen sich die zwei neuen Männer selbstbewusst, total echt und zutiefst glaubwürdig vor den Fernseher und verfolgen gebannt den Rest des Spiels.

Nachts weint ein kleiner Mann herzzerreißend. Ich springe mit lebensrettenden Absichten hinüber – er sitzt im Bett und hält etwas in der Hand. Verstört reicht er es mir, ich habe Angst, dass er erbrochen hat – es ist sein Wackelzahn! Hat wahrscheinlich im Traum eine Flanke ans Kinn bekommen ...

Mittwoch, 25. September

6.20 Uhr. Die Familienmitglieder sitzen vollständig versammelt und mehr oder weniger geistig anwesend in der Küche. Anna gibt beim Frühstück mit ihrem Weiterführendeschulewissen an. Fragt ihren Vater: »Werner, wie hieß Mozarts Schwester?« Werner müde: »Mozartkugel?« »Quatsch!« »Mozzarella?« Anna platzt vor Stolz: »Nein! Wie ich: Nannerl!« Wir blicken sie mitleidig an. (6.20 Uhr ...) Sie stöhnt auf und erklärt uns herablassend: »Maria-Anna!!!« Anna hat keinen Zweitnamen, hat diesen unseren Fehler aber selbst ausgeglichen. Im wahren Leben heißt sie Anna Maria. Wir vergessen es nur hin und wieder.

Jan braucht nachts noch eine Windel. Werner startet mal wieder einen Bewusstseinsbildungsprozess: »Jan, wenn du mal heiratest ...« Weiter kommt er nicht, denn Jan schreit empört: »Ich nein heirat!!« Anna kommt ihrem Vater zu Hilfe: »Haha, dann ist er ein Nonner!« Das geht Jan unter die Haut und er korrigiert sich schnell: »Ich Papa heirat!« Nun schreitet Lena amüsiert ein, mit dem einzigen Argument, das bei ihrem Bruder zählt: »Jan! Papa hat doch auch eine Frau geheiratet!« Jan blickt zögernd in die Runde, legt die Stirn in Falten und meint dann entschlossen und keinen Widerspruch mehr duldend: »Ich Anna heirat!«

Lachend und schlüsselsuchend geht Werner seinen Weg.

Freitag, 27. September

Jan entwickelt sich im neuen Kindergarten explosionsartig. Dort ist er nun zwar das Kind mit den größten Defiziten, aber er hat sich schon über Erwarten gut eingelebt, als begriffe er die Chance, die er dort hat. Die Zeit mit ihm ist anstrengend, hoffnungsvoll, süß, beglückend. Er spielt jetzt komplexere Rollenspiele – zehn Playmosoldaten liegen in Reih und Glied auf der Leiter zu seinem Bett. Jan steht mit verschränkten Armen abwartend daneben: »Soldaten Urlaub machen. Fünf Jahre. Dann wieder weiter kämpfen!« Er stellt detailliertere Fragen und gibt klarere Antworten. Gerade darum ist es wieder schwer, ihn zu verstehen, denn seine Aussprache wird kein bisschen deutlicher. Immer noch stehen ihm nur wenige Laute zur Verfügung. Oft verstehe ich ihn einigermaßen gut, aber immer wieder kommt es vor, dass ich null und nichts kapiere. Er entdeckt seine Freude am Malen und malt viel und freiwillig, die Ergebnisse sind allerdings noch weniger verständlich als seine Sprache.

Mittwoch, 2. Oktober

Väter zeigen ihren Töchtern ihre Liebe auf verschiedene Weisen. Einige wenige bewundern verliebt die Schönheit ihrer Prinzessinnen. Manche spielen gerne abendelang Rommé mit ihren erwachsenen Mädchen. Ein paar interessieren sich haarklein für jeden Gedankengang ihrer Kleinen und möchten mit ihnen über Kultur und Weltpolitik diskutieren. Die meisten aber haben eine andere Sprache der Liebe.

Mein Vater ist kein Mann der großen Worte. Mein Vater ist

ein Mann der Tat. Während des Krieges in Ostpreußen geboren, mit fünf Jahren seines Vaters und seiner Heimat beraubt und zum Flüchtlingsleben und Hungern verurteilt, erlebte er eine Kindheit, die geprägt war vom Kampf ums nackte Überleben. Er war der Jüngste der vier Kinder, die überlebten. Als kleiner Junge machte er seine Mutter glücklich, indem er auf dem Markt half und so Naturalien verdiente. So zeigt er seine Liebe auch heute noch.

Sein Fuß überschreitet selten unsere Schwelle. Er bewundert weder meine Schönheit, noch meine Zeitungsartikel, er diskutiert mit mir nicht über Zeitgeschichte. Von Beruf Metzger, bringt er mir heute ganz unerwartet einen Sack voller Bratwürste. »Hast du Platz in deiner Kühltruhe? Die habe ich heute Morgen frisch gemacht!« Spricht's und verschwindet. Und ich weiß, dass er mich liebt. Solange die Kinder klein waren, stand Samstag für Samstag eine Tüte mit Brot, frischen Brötchen und einigen Süßigkeiten vor der Haustür. Wir bemerkten es immer erst, wenn mein Vater abfuhr und Charly in froher Erwartung der duftenden Brötchen zu jaulen begann. Wenn mir der Brennstoff ausginge, würde er bei Mondschein einen Kohlenwaggon für mich ausrauben. Das Bewusstsein, dass zwei Männer für mich sorgen, gibt mir das Gefühl, über Netz und doppeltem Boden zu leben.

Neulich war ich bei meinen Eltern – sie wohnen gleich um die Ecke – und habe die Qualität ihres Videorekorders bewundert. Dabei wurde mir bewusst, dass unsrer schon seit über einem Jahr tot ist, und ich hielt eine kleine Trauerrede. Keine 24 Stunden später stand mein Vater mit einem Junggerät unterm Arm auf unserer Schwelle: »Ich hab mir zufällig ein neues Videogerät gekauft. Wenn du willst, kannst du mein altes haben!«

Seine Treue und Großzügigkeit, die Opferbereitschaft und bedingungslose Liebe, die er mir entgegenbringt, auch wenn vieles an unserem Leben ihm wohl unverständlich ist, machen es mir leicht, diese Seiten bei Gott zu erkennen und zu erleben.

Lena kommt jubelnd von der Schule heim: »Hallo, Opi! Wir haben heute nichts auf, weil morgen Tag der deutschen Einheimer ist!«

Freitag, 4. Oktober

Durch tagelanges Organisieren habe ich für Werner und mich zwei Tage freigeschaufelt. Aus unserem Traum, vier kinderfreie Tage Paris mit Hotelübernachtung, sind mit knapper Not zwei Tage Schwarzwald im Wohnwagen geworden. Auch schön. Als alles zu scheitern drohte, tauchten am Horizont unverhofft zwei liebe Cousinen auf, die sich aus völlig eigenem Antrieb anboten, Jan und Lena, unsere zwei schwer Vermittelbaren, zu beherbergen. Hemmungslos nahm ich ihr Angebot an und packte unsere rollende Schäferhütte. Eine Stätte meiner Kindheit wollte ich aufsuchen, einen zu einem katholischen Ferienzentrum umgebauten Schwarzwaldhof zwischen sanften Hügeln. Früher war hier meine zweite Heimat, weil meine Oma mich als Kind immer mitnahm, wenn sie für Vereine kochte. Ich war schon so lange nicht mehr dort, aber viele Bilder davon schlummern noch in meiner Seele. Endlich würde ich wieder diese unvergleichliche Schwarzwaldluft riechen. Als wir bei strahlendem Sonnenschein von der Autobahn abbogen (die Fahrt hatte ich viel länger in Erinnerung), machte mein Herz einen Sprung. Ich war so glücklich, dass ich weinte, überrascht von der Intensität der Gefühle und Erinnerungen, die mich überfielen. Sah mich wieder im Heck des alten Ford sitzen, eingeklemmt zwischen Oma und einer verschrobenen Nachbarin. Ohne die Strecke je selbst gefahren zu sein geschweige denn sie vorher beschreiben zu können, wusste ich bei jeder Kurve, wie es weitergeht. Alles war noch da. Aber als wir um die letzte Ecke bogen, stockte mir der Atem. Ich hatte den Hof viel größer in Erinnerung. Alles war viel näher, kleiner und unbedeutender als auf den Bildern, die mir vor

Augen standen. Neben die Wiedersehensfreude trat das Gefühl, auf gemeine Art betrogen zu werden. Am Gipfel der Berge, damals für mich gleichbedeutend mit dem Ende der Welt, stand ein Häuschen, in dem eine furchtbare Hexe wohnte – heute ein harmloses, kleines Bauernhäuschchen dreihundert Meter höher, ein Katzensprung. Die lange Treppe zum Hof hinunter, bei der ich immer ganz außer Puste kam – mühelos zu bewältigen. Die riesige Wiese, die ich mit anderen Kindern runterkullerte – nur ein kleiner Hang. Der Dachvorsprung, unter dem wir bei Regen »Fischer, wie wehen die Fahnen?« spielten – nur halb so groß! Erschüttert und desillusioniert zog ich weiter mit meinem drängelnden, unberührten, verständnislosen Mann, der nichts weiter als einen ganz normalen Hof entdecken konnte. Schlagartig wurde mir klar, dass Anna, Lena und Jan in einer anderen Wirklichkeit leben als ich. Ich lebte als Kind genau wie sie in dieser Zwergenwelt, ohne es zu wissen.

Mir fiel ein, was mir Lenchen neulich zuflüsterte: »Du bist schon arg alt, weil du früher auch schon gelebt hast, gell, Bianka?« Bevor mein sprachlos geöffneter Mund etwas sagen konnte, fuhr sie fort: »Aber die Oma hat noch viel mehr früher gelebt als du! Da gab's noch gar keine Waschmaschine! – Ich habe immer gedacht, früher war alles grau. Wegen den grauen Fotos im Album.« Ich hatte vergessen, wie das war, entgegen aller früheren Vorsätze. Erst jetzt, durch das Zusammenprallen von Erinnerung und »Realität« (War das damals keine Realität?), wurde mir klar, dass meine Kinder dieselben Dinge ganz anders wahrnehmen als ich. Ich muss umdenken, wenn ich mich wirklich in sie hineinversetzen will.

Aber die Schwarzwaldluft ist noch dieselbe! Schon als Kind habe ich sie so bewusst wahrgenommen. Sie enttäuscht mich nicht. Würzig, erdig und schneidend klar. Immer wieder atme ich tief durch. Als wir abends im Wohnwagen sitzen, strecke ich immer wieder meine Nase aus dem Fenster, um einen Lungenzug zu nehmen. Diese Mischung aus würzigem Tannenduft, Bachrauschen, sanften Hängen, vereinzelten Schwarzwaldhöfen, Laubbäumen in Herbstfärbung und dunklen Tannen, das ist Heimat!

Unser Campingplatz ist der einzige im Umkreis. Eigentlich eher eine Wiese hinter einem alten Schwarzwaldhof mit fließend kaltem Wasser und – innovativste aller Einrichtungen – einem Toilettenhäuschen, aus dessen Wand ein Schlauch kommt, den man in die Toilette hängt und zum Nachspülen aufdreht. Haben wir gelacht.

Wir wandern ausgiebig, stundenlang, reden in Ruhe miteinander, essen, wann wir wollen, und machen überhaupt, was uns beliebt. Und das Beste: keine Kinder! Keine Forderungen, kein Streit, keine Bedürfnisse vor meine eigenen stellen, Ruhe. So kennen wir unseren Wohnwagen noch gar nicht; groß, geräumig, still. Diese Stille! Ständig denke ich in Worten der Weltliteratur, wie zum Beispiel Maulwurf Grabowskis unvergesslichem Stoßseufzer: »Wie behaglich! Wie geruhsam!« Die ganze Nacht gemütliches Regengeprassel auf dem Dach, unsere kleine Hütte ist warm und trocken.

Samstag, 5. Oktober

Tut uns das gut! Völlig weg von daheim. Abstand gewinnen von dem nervenzerreißenden Getümmel. Verantwortung abgeben, aus dem Bauch heraus leben, ausgiebig frühstücken, reden, reden, reden. Und ganz natürlich Raum für Nähe, ohne Uhr, ohne Hetze, ohne Müdigkeit, ohne Störung. Was bleibt: Ich habe keine Angst vor der Zeit, wenn die Kinder uns einmal verlassen werden. Nach diesem Wochenende weiß ich es wieder genau: Wir werden uns immer etwas zu sagen haben. Wir sind uns vertraut und dennoch fremd genug, um uns anzuziehen. Es ist und bleibt interessant miteinander.

Wanderung zu den Allerheiligen-Wasserfällen. Plötzlich überrascht uns der Regen, aber das macht weiter nichts, wir sind gut ausgerüstet und kein Kind quengelt deswegen. Man könnte sich fast daran gewöhnen ...

Könnte. Werner kehrt richtig froh heim, mit einem Anflug von schlechtem Gewissen. Ich dagegen bin hungrig geworden und tue mich schwer mit der Umstellung. Werner trägt mir nach, dass ich melancholisch werde. Aber ich lasse mir nicht einreden, dass ich deswegen eine schlechte Mutter bin. Ich liebe meine Kinder, stundenlang, jeden Tag. Er hat durch seine Berufstätigkeit viel mehr Abstand zu ihnen. Als wir Jan abholen, begrüßt er uns überschwänglich: »Papa! I lam meme heja!« (Papa, ich lang nicht mehr gesehen!)

Dienstag, 8. Oktober

Der Abend steht unter dem Zeichen des Huhns. Dem Gemeindemitteilungsblatt entnimmt die Kleinbäuerin, dass der Geflügelhändler von 17 Uhr bis 17.15 Uhr mit seinem Lastwägelchen vorbeikommt. Die ultimativ letzte Chance in diesem Jahr, dann kommt er erst im Frühjahr wieder. »Ein kleines Präsent erwartet Sie«, steht in der Anzeige. Ich bin die einzige Kundin, alle anderen Kleinbäuerinnen haben anscheinend ihre Hühner schon unter Dach und Fach. Ich bestelle vier rote Hühner. Er lädt ein: eins, zwei, drei, vier – fünf. Ich bin überrascht, wie großzügig das »kleine Präsent« ausfällt, da zählt er weiter: sechs, sieben. Ich falle ihm in den Arm, er hat meinen dezenten, badischen Dialekt missverstanden und »zehn« gehört. Mürrisch wirft er drei verwirrte Geflügeldamen zurück. Das kleine Präsent entpuppt sich als Kugelschreiber der billigen Art. Aber Jan ist ganz bei der Sache. Hühner, das ist sein Metier. Jeden Mittag, wenn er vom Kindergarten heimkommt, marschiert er zuallererst in den Hühnerstall, um Eier zu holen. Als Gruß erschallt dann sein Schlachtruf:

»Mama, komm schnell, Eier, vier!« Dann komme ich immer schnell, sonst sind es nur noch Eier drei, das vierte schleckt der Hund vom Boden. In letzter Zeit legen sie immer seltener Eier vier, immer öfter drei, zwei, eins oder gar keins. Jan fragt: »Warum Hühmam kaufen?« Ich, lakonisch: »Die alten legen nicht mehr.« Jan, ebenfalls kurz und bündig: »Alte Hühma Abfall schmeißen!« Ich, schockiert: »Nein! Werner schlachtet sie, die essen wir!« Jan, entsetzt, vor seinem geistigen Auge altes Federvieh auf seinem Teller: »Ich nein Hühmam essen!« Ich, amüsiert: »Doch, das schmeckt gut, das ist dann Hühnerfleisch!« Jan, bereitwillig einlenkend: »Oh, ich Fleisch ja essen!«

Donnerstag, 10. Oktober

Anna und Lena werden vor der Schule von Freundinnen abgeholt. Zusammen helfen sie Werner beim Schlüsselsuchen.

Steffi, Annas Freundin, fragt so leise, dass ich es gerade noch hören kann: »Anna, kriegt deine Mutter wieder ein Baby?« Entsetzt schieße ich sie an: »Steffi, wenn du so alt bist wie ich und drei Kinder hast, wirst du über so eine Figur wie meine noch froh sein!« Steffi ist bereits jetzt mehr als kräftig gebaut. Ich bin persönlich beleidigt. Werner tadelt mich: »Nicht zurückschießen! Abnehmen!«

Der Schlüssel bleibt unauffindbar. Werner fährt mit dem Rad zum Bahnhof. Er wird sich sehr beeilen müssen, wenn er noch den Zug erreichen will. Das ist gut für seine Figur!

Ich bin kein guter Radiohörer. Meistens schalte ich schon nach wenigen Sekunden wieder ab. Kaum eine Musik findet Gnade in meinen Ohren und das Geschwafel ödet mich an. Heute bin ich wild entschlossen, gute Musik oder wichtige Informationen zu entdecken. Ich sitze im Auto und schalte das Radio ein. Die Antenne ist defekt und es gibt nur einen rauschfreien Sender. Der bietet gerade Horoskopdienstleistungen an. Klaus ist Widder und will wissen, was das für sein Leben bedeutet. Ich bin auch Widder und obwohl ich nichts von Horoskopen halte, bin ich doch gespannt, was Klaus erfährt. »Ich will wissen, wie es mit meiner Partnerschaft aussieht«, fragt Klaus schüchtern, aber nicht ohne Hoffnung in der Stimme. Der Zukunftsspezialist ist begeistert: »Super! Du hast ein super Horoskop!« Klaus genügt das nicht, zweifelnd fragt er: »Ja? Weil im Moment ist ziemlich der Wurm drin!« Der Astrologe wiederholt enthusiastisch: »Ne, echt, ein tolles Horoskop, Klaus! Zum Jahresende klärt sich alles!« Klaus, immer noch zaghaft: »Ja?« – »Ja! Entweder es löst sich das Problem oder es kommt etwas völlig Neues!« Längere Pause, dann insistiert der ratlose Klaus: »Aaahh! Wann wär das dann?« Radiostimme: »Zum Jahresende. Wirklich, Klaus, ein tolles Horoskop!«

Vor lauter Fassungslosigkeit habe ich mich verfahren. Also, gegen Jahresende lösen sich all meine Probleme oder es kommt etwas völlig Neues! Es könnte also, nur so zum Beispiel, sein, dass sich mein Rest-Schwangerschaftsbauch, wegen dessen mich indiskrete Menschen immer wieder neugierig ansprechen, plötzlich abflacht. Oder, im Gegenteil, dass ich wieder schwanger sein werde, passend zum Bauch . . .

Sonntag, 13. Oktober

Der Frauenkreis, den ich nicht besuche, plant eine Wochenendfreizeit für alle interessierten Gemeindefrauen. Mein erster Impuls: Hilfe! So viele Frauen auf einem Fleck, das ist mir zu einseitig, das geht schief. Ohne mich!

Daheim koche ich entgegen meiner Sonntags-nach-der-Gemeinde-schnelle-Küchen-Praxis ein feines Menü, es wird dreigängig und ausgesprochen gut. Dafür stehe ich – wie üblich allein – über eine Stunde in der Küche. Alle schmatzen und mampfen. Nach zehn Minuten verlassen sie abgefüllt und gut gelaunt das

Schlachtfeld. Irgendwie kann ich das heute nicht mit dem üblichen Gleichmut ertragen und frage Werner, ob er mir hilft, die Küche sauber zu machen. Freundlich, schlicht und ergreifend sagt er: »Nein.« Weiter kein Kommentar, er fährt mit Mike Schuster ein wichtiges Autorennen im Fernsehen. Klare Frage, klare Antwort. Sein gutes Recht. Männer lieben Klarheit. Ich schleiche in die Küche zurück, will nicht kämpfen um diese Dinge, sondern wünsche sie mir aus Liebe entgegengebracht. Ich fasse es nicht, fühle mich mies, abgelehnt, in Frage gestellt, lächerlich gemacht. Ich bin verletzt. Wer bin ich, dass man so mit mir umgeht, in welche Rolle presst man mich und warum akzeptiere ich? Enttäuscht, in Tränen aufgelöst und mit steil ansteigendem Adrenalinspiegel mache ich die Küche sauber. Mein nächster Weg ist ans Telefon: Entgegen meinem Instinkt melde ich mich für das Frauenwochenende an. Sollen sie sehen, wie sich das Leben ohne Putzfrau anfühlt. Und ich will sehen, wie das ist, bedient zu werden. Abstand gewinnen, Flucht. Zugegeben ein zweifelhaftes Motiv, aber für den Moment hilft's. Zumal auf dem Wochenende die Verheißung ruht, allen »Muttis« werde ohne ihr übliches »Handgepäck« Entspannung geboten.

Montag, 14. Oktober

19 Uhr. Elternabend in Annas Realschule. Eine Stunde Information in der Aula. Leitgedanke: Sie sind die Eltern, wir sind die Schule, arbeiten wir doch zusammen! Wir sollen unsere Kinder dahingehend erziehen, dass sie die Toiletten der Schule nicht mit unflätigen Sprüchen beschmieren und keine Mützen tragen. Wenn's weiter nichts ist . . . Später sitze ich auf Annas Platz in ihrem Klassenzimmer. Die Eltern sind engagiert wie immer. »Ich finde, in Mathematik könnte es ruhig etwas mehr Hausaufgaben geben (umpff!), mein Philipp könnte da schon mehr tun, als Sie verlangen! Das soll jetzt keine Kritik sein, nur mal so gesagt.« –

»Die Melle langweilt sich, es geht ihr alles viel zu langsam! Ich glaube, die ist total unterfordert hier!« – Ich befürchte, mit gutem Grund annehmen zu dürfen, dass Ännchen von Tharau eher nicht zu den Unterforderten gehört. »Wenn wirklich langsame Kinder in der Klasse sind, warum gucken die Eltern daheim nicht danach, dass sich das ändert?« (Umpff umpff!!??) »Der Patrick sagt, in Mathe wird nicht gut erklärt. Sei mal dahingestellt, ob das stimmt, ich will Sie jetzt nicht kritisieren, aber sein Mathelehrer hat in der vierten Grundschulklasse fünfzig Prozent der Zeit gefehlt, egal jetzt mal, warum, sagen wir, wegen Krankheit. Wie gehen Sie damit um?« Ich lausche mit offenem Mund.

Die Klassenlehrerin, die Englisch unterrichtet, und die Deutschlehrerin haben überraschend menschliche Züge. Eigentlich konnte es für Anna ja nur besser werden, und so ist es. Die beiden resoluten, humorvollen Mittvierzigerinnen sehen das einzelne Kind, seine Persönlichkeit, seine Ängste, zeigen Verständnis für Anfangsschwierigkeiten, lachen über seine Drolligkeit und nehmen es ernst. Musik in meinen Ohren! Als sich nach einer Stunde abzeichnet, dass von Seiten der Lehrer keine Informationen mehr zu erwarten sind und sich die Diskussion immer weiter im Kreis dreht, murmle ich freundlich: »Hab noch was vor«, verlasse eilends das Schulhaus und drehe mit Charles noch eine Runde, derweil andere ausharren bis zum Ende.

Dienstag, 15. Oktober

Ich habe keine Ahnung, wie ich das nächste Halbjahr überstehen soll. Es war doch gerade erst Frühling! Ich hab doch den Sommer noch gar nicht richtig ausgelebt! Jeden Herbst dieselben Umstellungsschwierigkeiten. Schon jetzt kribbelt es wieder in meinem Bauch, sobald ich nachmittags mit den drei Kindern im

Haus eingesperrt bin. Ich könnte schreien und laufe auch ständig Gefahr, es zu tun. Allein schon der Geräuschpegel geht über meine Kraft. Jan hat so wenig Möglichkeiten, sich verständlich zu machen, dass er ständig heult, wenn er etwas erreichen will, und das ist zur Zeit oft der Fall. Ich hasse diese Frequenz. Eigentlich freue ich mich ja über seinen spät erwachten Willen, darüber, dass er jetzt doch noch die Trotzphase durchmacht und dass er immer noch so viel Freude am Sprechen hat. Meine Gefühle sind sehr ambivalent. Dazu die Angst, Anna und Lena zu vernachlässigen. Anna, die ihre Bedürfnisse sowieso selten äußert, und Lena, die oft aus Rücksicht auf Jan eigene Wünsche zurückstellt. Ein Balanceakt. Allen immer gerecht werden zu wollen, ist wahrscheinlich ein Wunsch, der einer Vorstellung von Gerechtigkeit entspricht, die illusorisch ist. Lena fühlt sich von Jan, der gar kein armes, krankes, zu bemutterndes Baby mehr sein will, ständig provoziert, außerdem Anna gegenüber unterlegen, immer auf der Suche nach ihrem Platz zwischen den Geschwistern. Anna, die alles mit sich selbst ausmacht und immer einen kleinen Motor hinter sich braucht, der sie vorantreibt und ermutigt.

Als die Kinder noch klein waren, hatte ich wenigstens eine Mittagspause. Wenn Werner ausdrücken will, dass er einen harten Arbeitstag hatte, sagt er: »Heute habe ich durchgearbeitet, ich hatte nicht einmal eine Mittagspause!«, und es ist klar, dass es sich dabei um einen untragbaren Ausnahmezustand handelt. Bei mir ist das seit Jahren Dauerzustand. Ich komme nicht zur Ruhe. Entweder erlauben es die Umstände nicht oder die Kinder oder ich finden keine innere Ruhe. Mein Kopf ist so voll. Immer denke ich, hektischer kann es gar nicht mehr werden, und dann wird es noch eine Idee hektischer. Ich habe es nicht im Griff, es hat mich im Griff. In diesem Monat hatte ich täglich irgendwelche Termine, so dass ich kaum noch mit Werner reden konnte. Immer nur schnell zwischendurch die wichtigsten organisatorischen Dinge abklären. Will ich zu viel vom Leben? Überall dabei sein, auf nichts verzichten? Wo ist Ballast, den ich abwerfen kann?

Ich mache Bestandsaufnahme. Gemeindeveranstaltungen, Bibelgrundkurs mit Werner, Hauskreis, Chor – das ist mir alles wichtig.

Immer neue Arzttermine wegen der Kinder – wichtig. Jan muss diesen Monat zum Ohrenarzt, zur Kieferchirurgie (100 km), zum Augenarzt, zur Klinik für Kommunikationsstörungen (160 km). Anna und Lena mussten wegen steifem Hals behandelt werden. (Ich wusste gar nicht, dass so was ansteckend sein kann.) Wie zwei alte Pensionärinnen sind die beiden durchs Haus geschlichen.

Geburtstage sind wichtig. Ohne Geburtstage würde man sich gar nicht mehr sehen – diesen Monat sind es gleich sechs ehrenvolle Anlässe, die wir auf keinen Fall ausfallen lassen können und für die ich Geschenke besorgen muss.

Elternabende – superwichtig! Treten immer zu dritt in einer Woche auf. Meine treue Freundin mit ihrem neuen Baby im Krankenhaus besuchen – total wichtig.

Putzdienst in der Gemeinde und die halbjährliche Gemeindeversammlung – wichtig? Wichtig.

Wichtig wichtig wichtig. Trotzdem bricht alles bald zusammen, scheint die Notbremse, ein Verweigern von neuen Terminen, die einzige Lösung. Die erste, die dran glauben muss, ist Claudine, Buchladenchefin. »Übrigens, am 21. ist Buchladenbesprechung!« – Was? Schon wieder? Mit fester Stimme entgegne ich: »Ich komme nicht.« Sie, mit einem gefährlichen Unterton in der Stimme: »Warum nicht?« Ich, unnachgiebig: »Weil ich keine Termine mehr annehme. Seit zwei Wochen habe ich jeden Tag Termine!« Überzeugt, dass sie von diesem Argument beeindruckt und voller Mitgefühl sein muss, überrascht mich ihre Reaktion: »Na und? Ich auch!«

Egal, wer ein Nein zu hören bekommt, die Welt scheint unterzugehen. Beim ersten Nein, das mein Redakteur zu einer Samstagabendveranstaltung hört, lamentiert er: »Du hast noch nie Nein gesagt!« Aber genau das will ich: Nein sagen lernen und mich geliebt wissen, auch wenn ich nicht jederzeit verfügbar bin.

Montag, 21. Oktober

Drei Stunden auf Miniholzstühlchen gesessen, zur Abwechslung beim Elternabend in Jans neuem Kindergarten. Noch nie habe ich so viel dummes Geschwätz auf einmal gehört. Es liegen Welten zwischen den Problemen der Mütter hier – zwei Väter sind zwar auch dabei, sie ziehen es allerdings vor zu schweigen – und der Eltern, deren Kinder im Körperbehindertenkindergarten sind. Dort war die Messlatte eine andere. Über Lappalien unterhielt man sich nicht. Man war sich bewusst, dass jeder zu tragen hatte, wir waren eine Schicksalsgemeinschaft und grundsolidarisch, Väter waren stark vertreten. Hier dagegen sind die Behinderungen nicht so gravierend und offensichtlich, hier besteht bei vielen Kindern Hoffnung auf Normalisierung. Ich kann mich nur schlecht beherrschen und meine Geduld wird auf eine Zerreißprobe gestellt bei Fragen wie: »Meine Tina hat schon mal was Empfindliches an, kann man denn nicht darauf achten, dass sie sich beim Malen nicht so beschmutzt? Und muss man denn unbedingt draußen spielen, wenn sie eine helle Hose anhat?« Als alle Appelle der Erzieherinnen, Tina alte Jeans anzuziehen, fehlschlagen, greift die Leiterin zu der stärksten Waffe: »Wir möchten immer wieder betonen, dass jede Art motorischer Entwicklung auch die Sprache fördert. Es tut Ihrem Kind einfach gut, wenn es toben kann, ohne Rücksicht auf seine Kleidung nehmen zu müssen!« Tinas dekorativ gekleidete Mutter schweigt betroffen, derweil sich Christofs schwergewichtige »Muddi« (»Ich bin die Muddi vom Grischdoff«) bestürzt zu

Wort meldet. Ob sie dann umgekehrt den Schluss ziehen müsse, dass sie die Sprachentwicklung vom Grischdoff gehemmt habe, weil sie ihn sehr lange an der Hand geführt hat, wenn er eine Treppe runter wollte? Vier Erzieherinnen brauchen fünfzehn Minuten, um die aus der Fassung geratene Muddi zu beruhigen. Mein Durchhalten wird belohnt, denn am Ende erfahre ich, dass der zwanzig Kilometer entfernte Sprachheilkindergarten umziehen wird, und zwar ausgerechnet an unseren Ort und zum nächsten Schuljahr! Also kann Jan vor der Einschulung noch ein Jahr lang selbstständig in den Kindergarten gehen, in seinem Heimatort, wie wundervoll!

Jans Erzieherin sagt mir, dass er das schwächste Kind sei, sowohl sprachlich als auch in der gesamten Entwicklung. Tapferer Jan! Welche Herausforderung, vom fittesten Kind des Körperbehindertenkindergartens zum Kind mit der größten Behinderung in einem neuen Kindergarten zu werden. Bis jetzt scheint er es ganz gut zu verkraften. Er kommt ausgeglichen heim und spielt erst einmal eine ganze Weile zufrieden in seinem Zimmer. Das ist neu.

Sonntag, 27. Oktober

Wir sind nicht zur Vogelgreifwarte gefahren, wozu wir wild entschlossen waren. Wir haben auch nicht den geplanten ausgedehnten Waldmarsch gemacht. Nach zwei Wochen täglicher Termine haben wir keine Kraft mehr. »Heine Haft mehr! Hulter heiten!«, pflegte Lena mit zwei Jahren zu sagen, wenn sie nicht mehr laufen wollte. Wir haben stattdessesn die Kinder in ihre Zimmer gescheucht wie ausgebrochene Hühner in den Stall. Wie immer, wenn wir zu dieser Maßnahme greifen, spielen sie schön miteinander. Werner ist postwendend eingeschlafen. Was nun? Jetzt muss ich etwas mit mir selbst anfangen. Nur was? Heine Haft mehr zum Lesen. Heine Haft zum Schreiben. Eine Weile sitze ich da und gucke herum, dann zünde ich im Wohnzimmer alle Kerzen an und lege Musik auf, alte, ewig ungespielte Platten. Schon lange habe ich mir das nicht mehr gegönnt! Die alten Texte tauchen aus ihrem Schattendasein empor, englisch, französisch, italienisch, ich hatte sie drauf, und da sind sie plötzlich wieder. Sie rufen meine Teenie-Zeit wach, in der noch alles offen war. Gefühle und Erlebnisse waren intensiv und neu. Scheu, Schüchternheit, Angst, Ahnung, Hoffnung, Glück, Blicke, die sich kreuzten, Begegnungen, Lachen, Tränen, Starksein in der Gruppe, Kichern mit Mädchen, die Bedeutung von Freundschaft, Tanz, Musik, das Entdecken meiner Weiblichkeit, meiner Interessen, meines Ichs, des anderen Geschlechts. Welche Entdeckung, dass ich zu den verschüttet geglaubten »alten« Gefühlen zurückfinden kann! Sie haben sich mit der Musik in mein Gedächtnis eingegraben und wehen nun nostalgisch durch das Zimmer. Ich bin sechzehn, bin unsicher, scheu, erwartungsvoll, voller Hoffnungen für die Zukunft. Bin glücklich und traurig, voller Angst und im Siegestaumel, tödlich gelangweilt und wahnsinnig aufgeregt. Schwarz oder weiß, nie grau. Ein Spielball meiner Gefühle, voller dichter, intensiver Empfindungen.

Tagelang vergrub ich mich damals in meinem Zimmer, verschloss mich in meiner Welt, brauchte nur die Klänge von meinem Achtzig-Mark-Quelle-Plattenspieler. Kaum ein Lied, das ich heute kennen lerne, hat noch die Chance zu so heftigen, emotionalen Verknüpfungen. Ich gieße mir Rotwein ein und mache die Stehlampe an. Ist das gemütlich! Ich nehme eine Kassette mit meinen ehemaligen Lieblingsliedern auf. Ab und zu huscht ein Kind herein, tanzt eine Runde mit mir und lässt mich leise mit meinem Glück zurück. Stundenlang lausche ich den vertrauten, beseelten Klängen und bemerke gar nicht, was mich sonst fertig macht – 18 Uhr und schon dunkel draußen! Als ich wieder ins Jetzt eintauche, sitzen meine drei mit dreizehn Puppen und Bären auf der Treppe, die heute ein Omnibus ist.

Montag, 28. Oktober

Eine Woche Herbstferien. Ausschlafen. Durch die Zeitumstellung sind die Kinder heute schon um 7 Uhr fit und spielen weiter Omnibus. Ich döse zufrieden vor mich hin und beginne den Tag schließlich damit, entspannt in den Kissen zu sitzen und zu lesen. Da geht die Tür auf und Lena schreitet herein. Auf einem Tablett balanciert sie eine große Tasse dampfenden Kakao, ein Stück Kuchen, eine kleine Schüssel voller Nüsse und Rosinen, eine Serviette und eine Kerze. Mein erster Gedanke ist: Nein! Bloß keine Krümel und Kakaoflecken auf der Bettwäsche, und außerdem wollte ich gerade aufstehen und uns allen Frühstück richten, und nun soll ich hier ganz alleine speisen? Ich sehe das erwartungsvolle Gesicht meiner geliebten Tochter und strahle. Sie liebt mich! Welche Mühe hat sie sich gemacht! Dann sitzen drei Kinder an meinem Bettende und beobachten voller Staunen und Freude, wie ich das köstliche Frühstück genieße. Bianka ist glücklich!

Freitag, 1. November

In letzter Zeit fege ich täglich unseren kilometerlangen Eckhaus-Gehweg. Nicht aus Überzeugung, sondern aus Angst. Vor der Verzweiflung der Leute. Wir haben das einzige Haus in der Straße mit Laubbäumen, nach und nach haben wir einen kleinen Park angepflanzt. Kleines Haus mit großen Bäumen und obendrein einem Pelz aus Weinblättern. Noch mehr Laub, das jetzt abfällt und sich unternehmungslustig in drei Himmelsrichtungen wehen lässt. Egal, aus welchem Fenster ich blicke, ich sehe Nachbarn (Eckhausbewohner haben viele Nachbarn!) mit grimmiger Miene drei, vier Herbstblätter wütend vor sich herfegen, die eindeutig von unserem Grundstück stammen. Die letzte Nacht hat gründliche Arbeit geleistet: Kältesturz, Sturmwind und peitschender Regen haben Bäume und Weinreben um ihr gesamtes Laub gebracht. Die Nachbarn werden schockiert sein. Ich bin es jedenfalls. Plötzlich können alle wieder in meine Küche sehen, denn ich hasse Vorhänge. Ich will ja meine Bäume sehen und das bisschen Winterlicht reinlassen.

Gejagt von meinem schlechten Gewissen fege ich also Millionen Blätter vor mir her. Gleich mehrere Passanten (keine Nachbarn, die hängen, zumindest teilweise, hinterm Vorhang) finden mich deshalb sympathisch und rufen verständnisvoll: »Das ist eine elende Sauerei, was?« Soll ich ihnen sagen, dass in dieser Straße mit ihren blitzsauberen Nadelbaumvorgärten unser grünes Häuschen mit den großen Laubbäumen, die sich das ganze Jahr über auf so abenteuerliche Weise verändern, für mich die reinste Erholung ist? Sie würden mich nicht verstehen.

Auch der Wald wird immer lichter, von einer Charly-Runde zur anderen. Trotz meines Widerwillens gegen die dunkle Jahreszeit kann ich ihr hin und wieder doch auch etwas abgewinnen. Rückten nicht die Menschen im letzten Winter in der Kälte näher zusammen? Traf man sich nicht in diesen gemütlichen, warmen Räumen, und der Hund lag vor dem Feuer? War das nicht die Zeit, in der wir immer mehr Kerzen anzündeten, je dunkler die Tage wurden? In der wir Musik hörten, tanzten und spielten? Ich rede mir gut zu und mache mich stark für die nächsten Monate.

Montag, 4. November

Heute habe ich es mal wieder geschafft. Ich gehe in die Stille, um in der Bibel zu lesen. »Denn jeder Bittende empfängt, und der Suchende findet, und dem Anklopfenden wird aufgetan werden. Wo ist unter euch ein Vater, den der Sohn um ein Ei bäte – er wird ihm doch keinen Skorpion geben?« Während ich überlege, was Gott mir damit sagen will, schweife ich gedanklich minimal ab. Mein Vater hat uns ein Huhn gebracht. Es ist ihm zugeflogen. Manchmal fliegen einem eben Hühner zu. Aber irgendwie ist dieses anders als andere Hühner. Es ist ein Flughuhn! Obwohl es den übrigen vieren gleicht wie ein Ei dem anderen, legt es viel hellere, ziemlich unförmige und zieht es vor, auf dem Dach des Hühnerstalls zu schlafen. Es sieht aus, als ob ein Geier dort oben wacht. Manchmal sieht es mich durchs Küchenfenster an und pickt die Blätter vom Knöterich. Gelegentlich spaziert es auf der Gartenmauer entlang, die an die Straße grenzt, und frisst von dort aus von den Bäumen, irgendwie giraffenhaft.

Jan ist über die ganze Sache höchst amüsiert. Seit das neue Huhn in unserer Mitte weilt, kann ihn schon vor dem Frühstück nichts mehr halten. Er erwacht mit den Worten: »I Eier holem! Homi Hühmam, homi Eier lehem!« (Ich Eier holen! Komische Hühner komische Eier legen!)

Da klingelt es. Nachbar Brunold steht in der Tür und fragt: »Fehlen euch Hühner?« Ungläubig gehe ich nachsehen. Der Stall ist leer, die Türen sind geschlossen. Er führt mich in der Dämmerung in seinen Garten. Auf der Gartenbanklehne sitzen unsere fünf Hühner, eng aneinander gekuschelt. Echte Freunde machen alles miteinander. Sie haben beschlossen, wie Werner und ich einen Ausflug mit Übernachtung zu machen! Das Flughuhn fliegt voraus. Je zwei Hühner unter dem Arm marschieren Brunold und ich zurück. Beschämt entschuldige ich mich für die Störung. Insgeheim bin ich allerdings stolz auf das Flughuhn: Es hat seinen Kolleginnen das Fliegen beigebracht!

Soweit meine Stille Zeit.

Mittwoch, 6. November

Zwei Jahre lang hat Anna Blockflöte gelernt, anfangs aus eigenem Antrieb, dann zunehmend lustlos und gequält. Zuerst habe ich mit ihr zusammen Unterricht bei einer Freundin genommen, dann hat sie in der Musikschule mit Gleichaltrigen musiziert. Jetzt hat sie es endgültig aufgegeben. Ich muss es akzeptieren. Sie hatte ihre Chance – sie zu zwingen, wäre falsch. Warum bin ich dennoch traurig darüber? Weil wir uns so bemüht haben, Anna zu motivieren? Weil ich selbst so gerne ein Instrument beherrschen würde? Dabei übe ich ja seit einem halben Jahr auch nicht mehr. Keine Lust und Muße. Anna geht es ebenso, ich weiß es. Seit dem Schulwechsel hat sie alle anderen Aktivitäten aufgegeben. Heute seufzte sie: »In der Grundschule hatten wir viel weniger und nicht so schwere Hausaufgaben auf! Ich will unter der Woche mit gar niemandem etwas ausmachen, das ist mir viel zu stressig! Und Turnen und Flöten will ich nicht mehr, ich hasse Termine!« Dabei wirkte sie so resigniert, dass ich ganz traurig wurde. Zum Schwimmen geht sie seit ihrem Zahnunfall auch nicht mehr. Viel zu oft klagt sie über Kopfweh. Sie will, wenn es schon sein muss, in Ruhe ihre Hausaufgaben machen, wann es ihr behagt, ohne Zeitdruck, mit einer langen Spielpause davor. Von sich aus macht sie tatsächlich nichts mehr mit ihren Freunden aus. Ruft allerdings jemand an, kann sie plötzlich in Windeseile ihre Aufgaben erledigen, ist besuchsbereit und munter wie ein Springbrunnen.

Ich trauere um ihre verlorene freie Zeit, Werner dagegen richtet den Blick schon auf ihre Zukunft: In sechs Jahren – und was sei das schon – müssten Weichen für ihr Berufsleben gestellt sein oder sie stellten sich von alleine. Und wenn man beobachte, was im Berufsleben abgehe bezüglich Stellenabbau, Konkurrenzkampf und Leistungsdruck, wie nur die Besten noch eine Chance hätten, die sozialen Leistungen abgebaut würden, das Leben immer härter würde, dann sei es total wichtig, dass sie am Ball bleibe und jetzt schon gezielt investiere, auch wenn es ihr Mühe mache. Ich hasse es, so zu denken, aber wahrscheinlich hat er Recht.

Lena geht die Dinge mit einem ganz anderen Schwung an. Vor allem morgens um halb sieben. Da übt sie schon zum ersten

Mal Blockflöte, so dass ich wutschnaubend hochrenne, ihre Tür aufreiße und sie anzische, sofort zu verstummen. Nebenan schläft Jan noch den Schlaf des Gerechten und das hoffentlich noch eine ganze Stunde lang. Lena übt täglich unaufgefordert, bis sie ihre Stücke auswendig und im gestreckten Galopp beherrscht. Wenn es ihr schwer fällt, heult sie dabei, aber sie übt. Zusätzlich zur Klarinette lernt sie nun Blockflöte, einfach so, nebenbei, im Selbststudium. Anna hat ihr die ersten Töne beigebracht. Die nächsten hat sie anhand der Grifftabelle gelernt. Innerhalb weniger Wochen hatte sie Annas halbes Repertoire drauf. Lena läuft an keinem der drei Notenständer vorbei, ohne das danebenliegende Instrument zum Mund zu führen. Da ist etwas zu spüren von Leidenschaft und Ehrgeiz. Und das Mädchen hat Disziplin, die untrennbar zur Begabung dazugehört, wenn man ein Instrument lernen will. Den Kontrast vor Augen haben wir erkannt, dass jedes Kind für etwas anderes geschaffen wurde. Anna träumt sich lieber durchs Leben, guckt, spielt. Gut Ding braucht gut Weil. Der Abschied von dieser Lebenshaltung wird sich früh genug aufzwingen. Noch eine kleine Weile und Anna lebt ihr eigenes Leben. Mit oder ohne Flöte.

Montag, 11. November

Vielleicht kann ich ja mehr gewinnen, als ich ahne, aber je näher der Zeitpunkt des Frauenwochenendes rückt, desto mulmiger wird mir, desto häufiger melden sich Zweifel. Soll ich mich noch panikartig abmelden oder soll ich es wagen?

Erste Gemeindemänner-Reaktionen: »Ihr könnt gerne gehen, aber das Auto bleibt hier, wir haben schließlich die Kinder und müssen mobil bleiben!« Einer rät hilfsbereit, einen Bus zu chartern, das würde sich doch lohnen. Ein anderer fragt, wie weit das eigentlich sei, ob man dahin nicht laufen könne, höhöhö . . .

Oder, zentrale Frage: »Wer macht eigentlich am Sonntag

Kinderstunde? Hoffentlich habt ihr das vorher geklärt!« Und ganz charmant: »Ihr Frauen seid ja nicht normal, was für einen Aufwand ihr da betreibt für die zwei Tage! Das würden wir Männer nie machen!«

»Alles Glück der Frau – höhöhö, dass das sowieso auf den Mann hinausläuft, kann ich euch jetzt schon sagen!« Ich lasse meinen Bruder ziehen, erfüllt von geschwisterlicher Liebe und grundsätzlicher Annahme. Doch seine wohlwollende Sorge hat mich schon infiziert: Ist das Programm nicht wirklich zu vollgestopft? Kann ich da überhaupt noch aufatmen, was ich mir doch von dem Wochenende erhoffe? Bleibt da noch Raum für persönliche Kontakte, Spaziergänge, Spontanität?

Lena kommt von der Schule und bringt wieder mal einen Elternbrief mit. Haben diese Elternbeiräte denn keine anderen Aufgaben, sind sie nicht ausgelastet? Sollten mal zu uns in die Gemeinde kommen und sagen, dass sie noch Kapazitäten frei haben.

»Liebe Eltern!
Einige Wochen sind nun schon wieder vergangen und aus unseren ehemaligen Zweitklässlern sind jetzt gestandene Drittklässler geworden.« (Kinder, wie die Zeit vergeht! Wenn das kein Anlass ist, einen Brief zu verfassen!) »Auch wir Eltern werden das eine oder andere Mal mit schwierigeren Rechenaufgaben oder gar langen Aufsätzen konfrontiert.« (Wie viel ist 258 plus 312 – das sind schon Herausforderungen! Und dann die kleine Bildergeschichte mit dem Brotmännchen – ja, es wird viel verlangt!) »Um uns wieder einmal austauschen zu können (»Ach, wie haben Sie eigentlich den Schluss bei der Brotmännchengeschichte verfasst?«), wollen wir uns am 22. 11. um 20 Uhr im Italia treffen.« (Ein Termin! Ich habe es geahnt. Sie werden uns in die Schublade »Vernachlässigende Mutter / bedauernswertes Kind« stecken, denn ich werde nicht erscheinen.) »Des Weiteren

wollen wir etwas ganz Neues in Angriff nehmen. (?) Wir hätten die Möglichkeit, einmal pro Woche in der großen Pause selbst gebackenen Kuchen zu verkaufen. Um dies realisieren zu können, benötigen wir Ihre Mithilfe. (??) Bitte füllen Sie dazu den unteren Abschnitt aus. Wir werden dann entscheiden können, ob wir den Versuch wagen und damit auch etwas Geld für die Klassenkasse verdienen können. (???) Wir hoffen auf Ihr Interesse ...« Darunter ein Kästchen: »Ich finde die Idee gut und würde auch einen Kuchen backen!«

Zuerst muss ich lachen, weil mir das Ganze wie eine Satire vorkommt. Wo sind die anderen Kästchen? Keine Ahnung, wozu sie Geld brauchen. Was man alles mit seiner Zeit machen kann! Mir machen diese engagierten Eltern Angst. Bald kommt wieder der Weihnachts- und Faschingsfeierrausch. Wer weiß, was sie noch alles auf die Beine stellen werden.

»Alles Glück der Frau?«

Immer wieder geht mir das Thema des Frauenwochenendes durch den Kopf. Zuerst fand ich es abstoßend, klischeehaft, langweilig, aber jetzt gefällt es mir zunehmend besser.

Immer wieder denke ich darüber nach, was Glück für mich eigentlich bedeutet. Es gab in meinem Leben so viele unterschiedliche Situationen, die »alles Glück der Frau« für mich waren. Oft hatte es mit Beziehung zu tun, zu Menschen und, auf einer anderen Ebene, zu Gott.

Da waren die ganz großen Ereignisse: Das erste, als ich mit elf einen Hund bekam. Ich kann mich nicht erinnern, vorher je annähernd so glücklich gewesen zu sein. Ich habe erst aufgehört, von Lassie zu träumen, als Charly bei uns einzog. Dann das überraschende Erlebnis der Liebe zu Werner und das Wachsen dieser Liebe zwischen uns. Ich war glücklich, als ich nach dreizehn Jahren Schule mein Abitur in der Hand hielt, meinen Führerschein bestand und die Aufnahmeprüfung für meinen

Traumberuf. Die erste gemeinsame Wohnung, das abenteuerliche Fußfassen in meinem neuen Leben mit Werner. Die Geburt von Anna und Lena, Mutterschaft. (Das Glück mit Jan war ein anderes. Manchmal war es ein Tag, den er überlebt hat. Eine Diagnose, die sich als falsch erwies. Ein kleiner Fortschritt, den er machte und den bei Anna oder Lena niemand beachtet hätte. Wenn sich jemand mit ihm befreundete. Jans stetes Glücklichsein.) Unser Haus. Die wunderschönen Urlaube, zuerst zu zweit und dann mit den Kids, die fremden Länder, die südliche Sonne, die nördliche Luft, das Meer.

Mein Glück hat immer noch viel mit meiner Beziehung zu Werner zu tun. Immer wieder zu erkennen, wie gut und immer besser wir trotz all der Konflikte zusammenpassen, in unseren Zielen und Lebenseinstellungen übereinstimmen, in guten Zeiten unsere Defizite ausgleichen.

Glück und Kinder gehören für mich zusammen. Ich bin schwanger, ich bin stark, ich überwinde meine Angst. Ich kann gebären, stillen, Mutter sein! Ich kann mein Kind beruhigen, ihm Geborgenheit geben, es lieben, es glücklich machen – Glück, mit dem ich nicht gerechnet habe. Die Kinder werden älter, Werner und ich sind ihr sicherer Hafen, von hier aus starten sie, immer wieder neu aufgetankt, hierhin kehren sie zurück. Nachts stehe ich an ihrem Bett und betrachte sie staunend.

Und dann das Ereignis schlechthin: Die Entdeckung der Wirklichkeit Gottes, sein Eintreten in mein Leben, eine radikale Kursänderung. Seitdem liegt ein Grundton von Glück auf meinem Herzen, der meinem Leben eine andere Farbe verleiht. Sinnfülle, Geborgenheit, Ziel.

Seitdem lechze ich nicht mehr nach einzelnen Glücksmomenten, suche Highlights, um danach umso tiefer abzustürzen. Seitdem ist Vorfreude nicht mehr meine schönste Freude, zehre ich von dem Frieden, den Gott mir gibt. »Unruhig ist unsere Seele, bis sie ruht in dir«, schrieb Augustinus.

Seit zwölf Jahren erlebe ich, dass die Realität, der ich vertraue, eine stabile Lebensgrundlage ist. Gott kennt meinen Weg und geht ihn mit mir. Wenn ich ihm begegne, bin ich glücklich. Ob beim Bibellesen oder am Strand, beim Beten, in Notzeiten, wenn ich schwach bin, wenn ich jemandem helfe, in Gemeinschaft mit anderen Christen – Gott begegnet mir überraschend, überwältigend und voller Liebe.

Und dann die Alltagsfeste der Sinne: Nach einem langen düsteren Tag taucht plötzlich die Sonne auf und mir wird durch und durch warm. Abends betrachte ich im Garten Blumen, sehe zu, wie es dunkel wird, wie die Farben sich verändern. Ich bin angenehm müde, werde gleich in schweren, wohltuenden Schlaf fallen und stehe noch eine Weile am Fenster. Laue Sommernacht, Sternenhimmel. Lange Zeit stehe ich da, sehe und rieche.

Meeresluft atmen, Wellenspiel beobachten, Möwen kreischen hören, Muscheln sammeln.

Das hoffnungsvolle Aussäen im Frühling, das üppige Wachstum im Sommer, die Apfelwiese, die Ernte im Herbst, der volle Keller und das Ausruhen im Winter.

Charlys Zuneigung und Treue, seine stürmischen Begrüßungsfeste, sein kraftvolles Herumtollen, sein Beschützertrieb, seine Zuverlässigkeit.

Manchmal finde ich Glück in Gemeinschaft mit anderen, bei der überraschenden Entdeckung von Gemeinsamkeiten, in offenen, fruchtbaren, lebendigen Freundschaften. Wenn Menschen mich mögen und das zum Ausdruck bringen. Wenn sich ein Freund bei mir zu Hause die Schuhe auszieht und auf dem Sofa ausstreckt oder in der Küche auf der Anrichte sitzt, das Radio anmacht, mir bei der Arbeit zusieht und Beine und Seele baumeln lässt. Ich bin glücklich, wenn ich mich bei jemandem zu Hause fühle und nicht um Anerkennung werben muss, weil ich mich grundsätzlich erkannt und geliebt weiß, mich loslassen und ich selbst sein kann. Ich genieße es, wenn ich bei einem guten Essen mit Freunden lachen kann.

So viele Gründe, glücklich zu sein!

Glück kann auch das Erlebnis einfachen Lebens sein, des Wesentlichen, der Gelassenheit, der Ruhe. Wenn ich begreife, wie wenig ich wirklich brauche. Wie Reinhard Mey in seiner Hommage an Griechenland singt:

Drei Stühle

Da ist kein Misstraun, da ist kein Neid.
Und da ist Frieden, da ist Zeit.
Der Wirt, der mit den dicken Kaffeetassen klirrt.
Nichts ist Berechnung, nichts bedacht,
Alles aus Freundlichkeit gemacht,
Das ist ein Ort, an dem dein Herz gesunden wird.

Blau-weißes Tischtuch, frisches Brot,
Leise tuckerndes Fischerboot,
Ein Teller Apfelscheiben und ein Becher Wein.
Vielleicht bleib ich irgendwann hier –
Jedenfalls arbeit' ich schon an mir,
Um auch mit nur drei Stühlen zufrieden zu sein.

Beim Nachsinnen tauchen Erinnerungssplitter aus meiner Kindheit auf: Die lederne Kindergartentasche mit diesem ganz bestimmten Geruch, die Plastiktrinkflasche voll Johannisbeersaft mit dem abgewetzten Rotkäppchen darauf, auf dem Boden das Pflaster mit meinem Namen. Ich trinke aus dem dazugehörenden Becher. Mein Vater zieht mich abends zu sich aufs Sofa, kitzelt mich und nennt mich liebevoll seine Prinzessin. Ich liege im Krankenhaus, weil ich schiele, meine vierte Augenoperation. Meine Eltern dürfen mich drei Wochen lang nicht besuchen. Da schleicht sich mein Vater in die Station und wirft mir über die Tür einen kleinen, gelben Teddybären auf mein Bett. – Er sitzt heute noch neben meinem Bett und riecht noch immer wie damals.

Ich bin ein glücklicher Mensch!

Mittwoch, 13. November

Dieses Jahr wollte ich mir den Martinsumzug zum ersten Mal schenken. Ich musste mit Anna Englisch üben, hatte überhaupt keine Lust auf kalten Wind, Laternentragen, im Alleingang singen und immer wieder Kerzlein anzünden und sagte deshalb gar nichts zu Jan. Gut, so ein Umzug ist schön für die Kinder, aber es würde ihm schon nichts schaden. Kurz bevor es losging, strahlte mich Jan plötzlich von seinem Stuhl aus an und rief jubelnd: »Mama! Heute überall Sankt Martin-Umzug! Frau Höfel mir gesagt!!!« Ich knickte innerlich zusammen und erkannte den Ernst der Lage:
  a) Mein Sohn bekundet zum ersten Mal seinen Willen, irgendwo dabei zu sein; es ist ihm offensichtlich wichtig.
  b) Jan kann sämtliche Sankt Martin-Lieder singen.
  c) Es ist für ihn selbstverständlich, dass wir hingehen.
  d) Der Umzug beginnt in wenigen Minuten ...
Es wurde ein einziges Abenteuer. Jans Augen leuchteten heller als das Martinsfeuer, er schmetterte alle Lieder aus voller Kehle mit, wollte direkt hinter den Bläsern laufen, war stolz auf seine Laterne und zutiefst glücklich. Ich war es auch. So ein Fest!

Samstag, 16. November

Gestern Abend war ich wie leer gepumpt. Innerlich unruhig, ohne Freude, ohne Kraft, wusste nichts mit mir anzufangen. Hatte leichtes Kopfweh und machte mir klar, dass ich psychisch nicht in Form war, weil ich meine Periode erwartete. Ich wollte vernünftig sein, keiner Stimmung nachgeben und beschloss um 20 Uhr, ins Bett zu gehen. Sicher würde es mir morgen früh wieder besser gehen. Es gelang mir sogar, Werner zu überreden, mich zu begleiten. Konnte dann lange nicht einschlafen. Als ich gegen 22 Uhr endlich in den rettenden Schlaf versank, weckte mich Werner, der Fitte, liebevoll mit der für ihn persönlich sehr wichtigen Frage: »Schläfst du schon?« Ich wollte das Licht anmachen, eine Bettpfanne suchen und sie ihm über den Schädel hauen, aber sein Schnarchen setzte so plötzlich ein, dass ich vor Erstaunen gar nichts tat. An Schlaf war nicht mehr zu denken. Stundenlang wälzte ich mich hin und her.

Plötzlich stehen Bilder vor meinen Augen, Bilder, die ich bisher immer sofort zur Seite geschoben habe, wenn sie auftauchten: Szenen aus den ersten Tagen mit Jan. Als sie ihn mir auf den Bauch legen, teilen sie mir mit, dass er eine Missbildung am Gaumen hat und in die Kinderklinik muss. Kurz nach der Geburt habe ich kein Kind mehr, wird mir Jan weggenommen. Was für ein Absturz aus der Urgeborgenheit muss das für ihn gewesen sein!, habe ich immer gedacht. Noch nie habe ich darüber nachgedacht, wie traumatisch dieses Erlebnis für mich war. Ich musste immer Fassung bewahren, tapfer und stark sein, während die Ereignisse um Jan sich überschlugen. Damals begann es, dass ich meinen Schmerz zurückstellte hinter die Sorge um sein Wohl und das der Mädchen, die ja noch klein waren. Damals begann das Funktionierenmüssen und damit das Wegschieben meiner spontanen Gefühle. Kein Raum für Schmerz und Selbstmitleid. Außerdem sah ich ständig andere Kinder, denen es noch viel schlechter ging als Jan. Kein Recht zu klagen. Im Vergleich zu ihnen hatte er es ja immer noch gut. Jan hatte »nur« eine Gaumenspalte. Häufiger haben Kinder eine Lippen-Kiefer-Gaumenspalte, ein wahrer Alptraum. Viele Gaumenspaltenkinder haben Organmissbildungen, bei Jan entdeckte man »nur« zusammengewachsene Nieren, die jedoch funktionieren. Als Jan wegen immer wiederkehrenden Lungenentzündungen monatelang in der Klinik lag, hatten andere Kinder Lungenentzündungen als Folgeerscheinung schwerer Herzoperationen. Als Jan in den Körperbehindertenkindergarten kam, war er das Kind mit der leichtesten Behinderung. Viele Kinder hatte es härter getroffen und Jan schien daneben privilegiert. War ich mit Jan zweimal in der Woche beim Ohrenarzt, um seine eiternden Ohren behandeln zu lassen, saß dort ein taubes Kind.

Es stimmt, dass wir zwei Mädchen gesund aufwachsen sehen dürfen, aber dennoch tut es weh, dass bei Jan so vieles nicht selbstverständlich und normal abläuft. Und obwohl wir uns ständig über die Fortschritte und Entwicklungen in Jans Leben freuen und allen Grund zur Dankbarkeit haben, breche ich heute Nacht zusammen. Jetzt, wo die Schmerzen so weit hinter ihm und mir liegen sollten. Aber das tun sie nicht, sie stecken tief in mir drin, unverdaut wie ein Brocken ungenießbares Fleisch.

Jans lebensbedrohliche Infektion am dritten Lebenstag. Als ich ihn damals endlich voller Vorfreude und Nervosität besuchen konnte, hatte er so schlechte Werte, dass niemand wusste, ob er überleben würde. Ich trauerte nicht um fehlende Still-Freuden, wegen des Gefühls von Einsamkeit und Leere im Krankenhaus oder darüber, dass ich mein eigenes Baby nicht wiedererkannt hatte. Auch nicht um die relativ harmlos wirkende Missbildung. Ich saß wie erstarrt an dem winzigen Bett, versuchte zu begreifen, was da geschah, dachte an die gemeinsamen neun Monate und bangte um jeden Tag. Ich war starr vor Angst und wagte nicht vorauszudenken. Die Röntgenaufnahmen aus der Kopfklinik – Jans Fontanellen, viel zu früh geschlossen, die permanente Angst, dass es notwendig werden könnte, seine Schädeldecke zu sprengen. Fehlende Neugeborenenreflexe, zu schwacher Muskeltonus, entsetzter Ausruf des Kinderarztes: »Der ist ja neurologisch überhaupt nicht in Ordnung!«, eine Hiobsbotschaft nach der anderen.

Später Jans mühsames Wahrnehmen seiner Umwelt, seine

unerklärlichen Ängste, seine Langsamkeit, sein seltsames Reagieren auf mich. Er streckt keine Ärmchen nach mir aus, lässt sich nicht durch körperliche Nähe beruhigen, stößt sich von mir ab und will nicht gestreichelt werden, wenn er weint; lacht kaum.

Die vielen quälenden Untersuchungen in der Uniklinik – keine Faser an diesem Kind, die nicht untersucht worden wäre. Und immer weiterfunktionieren, als Mutter, Beschützerin, Krankenschwester, Trösterin zweier kleiner, verwirrter Töchter, die sich so auf das Baby gefreut hatten, als Ehepartnerin, als ich selbst. In der Belastung sind wir einander wenig Halt. Auch um unsere Ehe müssen wir kämpfen.

Enttäuschungen, Verletzungen, Wunden. Immer wieder habe ich all diese schmerzhaften Bilder weggeschoben. Verdrängen, nicht weinen. Jetzt bin ich plötzlich unwahrscheinlich traurig. Ein Strom von Tränen löst sich, ich werfe mich an Werners Hals und schluchze, ohne ihm den Grund nennen zu können. Er hält mich ganz fest. Nach einer Ewigkeit bin ich ruhig. Leer geweint. Als er längst wieder in Schlaf gesunken ist, nehme ich dumpf und erschöpft meine Bibel zur Hand. Mein Herz ist leer. Gott soll es neu füllen. Blind schlage ich sie in der Mitte auf und lese ganz neu, was da steht:

»Ich schreie zum Herrn, so laut ich kann,
und flehe um sein Erbarmen.
Ihm klage ich meine Not;
ihm sage ich, was mich bedrängt.
Wenn ich niedergeschlagen bin und nicht mehr weiter weiß,
kennst du noch einen Ausweg.
Wohin ich auch gehe:
überall will man mich ins Unglück stürzen.
Wohin ich auch sehe:
nirgendwo will man etwas von mir wissen.
Ich finde keine Hilfe mehr, und keiner kümmert sich um mich.

Deshalb schreie ich zu dir, Herr!
Du allein bist meine Zuflucht!
Du sorgst dafür, dass ich am Leben bleibe.
Höre auf meinen Hilfeschrei,
denn ich bin völlig verzweifelt!«
(Psalm 142 nach »Hoffnung für alle«)

So bete ich zu Gott, als ich selbst nicht mehr beten kann. Ich blättere zurück, überlese die zwei vorangehenden Psalmen, ohne dass sie mich näher berühren, dann bleibe ich bei Psalm 139 noch einmal hängen, fühle mich zutiefst getroffen:

»Herr, du durchschaust mich,
du kennst mich durch und durch.
Ob ich sitze oder stehe – du weißt es.
Aus der Ferne erkennst du, was ich denke.
Ob ich gehe oder liege – du siehst mich,
mein ganzes Leben ist dir vertraut.
Schon bevor ich rede, weißt du, was ich sagen will.
Von allen Seiten umgibst du mich
und hältst deine schützende Hand über mir.
Dass du mich so genau kennst – unbegreiflich ist das,
zu hoch, ein unergründliches Geheimnis!
Wie könnte ich mich dir entziehen;
wohin könnte ich fliehen, ohne dass du mich siehst?
Stiege ich in den Himmel hinauf – du bist da!
Wollte ich mich im Totenreich verbergen – auch dort bist du!
Eilte ich dorthin, wo die Sonne aufgeht,
oder versteckte ich mich im äußersten Westen,
wo sie untergeht,
dann würdest du auch dort mich führen
und nicht mehr loslassen.
Wünschte ich mir: Völlige Dunkelheit soll mich umhüllen,
das Licht um mich her soll zur Nacht werden! –

Für dich ist auch das Dunkel nicht finster;
die Nacht scheint so hell wie der Tag
und die Finsternis so strahlend wie das Licht.
Du hast mich geschaffen – meinen Körper und meine Seele,
im Leib meiner Mutter hast du mich gebildet.
Herr, ich danke dir dafür,
dass du mich so wunderbar und einzigartig gemacht hast!
Großartig ist alles, was du geschaffen hast – das erkenne ich!
Schon als ich im Verborgenen Gestalt annahm,
unsichtbar noch, kunstvoll gebildet im Leib meiner Mutter,
da war ich dir dennoch nicht verborgen,
Als ich gerade erst entstand, hast du mich schon gesehen.
Alle meine Tage meines Lebens hast du
in dein Buch geschrieben –
noch bevor einer von ihnen begann!
Deine Gedanken sind zu schwer für mich, o Gott,
es sind so unfassbar viele!«

Tiefer Frieden durchströmt mich, während ich lese. Nichts ist Gott entgangen, er hat keinen Fehler gemacht, er weiß um alles. Er kennt Jan genau, hat ihn gerade so geschaffen, wie er ist. Er sieht mich, weiß, wie es mir jetzt geht. Ich bin nicht allein, er hält mich schützend, weil er mich halten will. Ich kann mich seiner Liebe gar nicht entziehen. Mein Dunkel ist für ihn nicht finster. Oft gehört – jetzt rutscht es vom Kopf in mein Herz. Für mich sind diese Verse geschrieben! Getröstet falle ich in einen heilsamen Schlaf.

Freitag, 22. November

Alle Befürchtungen lange genug hin- und herbewegt, Abschied von meinem Glück, dem Mann, verschmerzt. Langsam kriecht Freude in mir hoch. Weg hier! Zwei Tage lang nicht kocheneinkaufenwaschenspülen ... Mal was ganz anderes. Zwei Tage geschenkt. Für mich alleine!

Vage Bilder entstehen in meinem Kopf: eine kleine Hütte, in die wir Frauen genau reinpassen, gemütliche Zimmer, an jeder Wand ein komfortables Bett, köstliches Essen mit knackigen Salaten ...

Am Abend treffen 32 mutige Frauen in voll gestopften Fahrgemeinschaftsvehikeln gesund und aufgekratzt ein. Haben alle mehr oder weniger viele sinkende Schiffe, Ehemänner, Kinder und Autos zurückgelassen. Ich war noch nie in einem Bibelheim und überhaupt noch nie auf einer Freizeit. Die Zimmer sind eher praktisch bis spartanisch eingerichtet. Berta und ich teilen ein Ehebett (huch, wie intim), auf den Kopfkissen liegen Bibelsprüche. Berta war schon auf mindestens fünfzig christlichen Freizeiten und ist entsprechend abgebrüht. Sie meint, es rieche überall gleich. »Welches Bett nimmst du? Jesaja 41 oder Jeremia 32?« Ich nehme Jesaja und dann mit Berta zusammen das Zimmer in Besitz. Ich fühle mich plötzlich wie früher, unter Mädchen. Das habe ich schon lange nicht mehr erlebt. Ich entspanne mich. Daheim ist weit weg, in meinem anderen Leben.

Es gongt wie in der Schule, Abendessen. Außer uns sind noch andere Gruppen hier, das Haus ist so riesengroß, dass ich mich ständig verirre. Der Hausvater lässt uns einen Choral singen und betet mit mächtiger Stimme: »Herr, wir erwarten Großes von dir!« Ich bekomme eine Gänsehaut. Es gibt dickhäutige, zähe, lauwarme Würstchen mit Mayo-Kartoffelsalat, na ja.

Dekorierfreudige Frauen haben unseren Raum passend zum Thema »Alles Glück der Frau« in Rosa gehüllt, pinkfarbene Riesenschleifen schweben glücklich an der Decke. Manche Frauen haben ein Programm vorbereitet, ich lehne mich zurück und genieße.

Nachts. Die antiken dreiteiligen Matratzen sind hart und passen irgendwie gut zur Mentalität des gestrengen Hausvaters. Berta und ich liegen im Doppelbett und reden noch stundenlang.

Samstag, 23. November

7.30 Uhr. Der Gong bittet erbarmungslos zum Frühstück. Die Einzelzimmerschläferinnen erscheinen in blühender Frische mit rosa Wangen, die »Ehepaare« mit Augenrändern. Die Brötchen sind abgezählt, jeder Frau steht eins zu, danach gibt's leicht angetrocknetes Brot, so viel jeder will. In christlicher Schlichtheit wird eine Sorte Marmelade geboten und ich merke, wie verwöhnt ich bin. Trotzdem ist es klasse, einfach an einem gedeckten Tisch zu sitzen und sich in Ruhe unterhalten zu können. Wir 32 Frauen sind deutlich phonstärker als die zahlenmäßig weit überlegenen restlichen Gäste. Schon seit langem haben wir uns so viel zu sagen, und endlich wird alles gesagt! Der Hausvater ordnet an, dass von jeder Gruppe zwei beim Abräumen und Tischeputzen helfen sollen, damit es schneller geht. Wir aber sind hier, um nicht abzuräumen, und schreiten würdevoll, aber zügig zum intellektuellen Teil der Freizeit: Olga und Agnes haben sich gut vorbereitet, fundierte Referate erweitern unseren Horizont. Danach ist klar: Wir Frauen heute leben in einer Zeit noch nie dagewesener Möglichkeiten, die jahrhundertelang mit Glück in Verbindung gebracht wurden. Man fragt sich, womit man all das Gute verdient hat. Und es wird einem klar: Mit nichts. Geschenk. Gnade!

Mittagessen. Würstchen in neuer Variante. Dickhäutig lauwarm angebraten. Kartoffelpampe. Womit haben wir das verdient? Mit nichts. Geschenk. Gnade!

Ich rufe daheim an. Wie steht's? Es steht eher schlecht. Anna und Lena kommen nicht zurecht. Sie streiten die ganze Zeit. Lena ist weinerlich und klagt über maßloses Bauchweh, Anna ist gereizt. Sie sind Verlassene, kommen zu kurz. Warum leiden sie so, wo doch Werner bei ihnen ist und sich extra freigenommen hat? Ich finde, sie haben kein Recht dazu und schon gar kein Recht, mich damit zu belasten.

Auch Werner scheint mit dem Rollenwechsel schlecht zurechtzukommen. Er ist enttäuscht, hat sich mit den Kids zu Hause zu sein harmonischer vorgestellt. Vor allem die Mädels rebellieren gegen ihn und sind völlig aus dem Gleichgewicht. Werner fasst frustriert zusammen: »Du fehlst halt vorne und hinten. Ich bin der Idiot bei denen. Hier läuft grundsätzlich was verkehrt, sie haben eine Arbeitgeberhaltung mir gegenüber, sind verwöhnt, egoistisch, chaotisch.« Ich staune, bin aber in einer anderen Welt und vertraue auf Werners Kraft. Wie lange habe ich immer wieder gerudert, bis ich in ruhigeren Gewässern war? Lange.

Meine großen Mädchen weinen nach mir, am Telefon versuche ich, sie aufzubauen. Ich bringe sie zum Lachen und verrate ihnen, wo ich Geschenke für sie versteckt habe. Ich sage ihnen, wie sehr ich sie liebe und dass mir diese Zeit sehr gut tut.

Der Nachmittag steht uns zur Verfügung. Frei! Ein Pulk kichernder Frauen schlendert durch die glasklare Schwarzwaldluft. Kein Kind will was von uns, einfach nur geradeaus gehen und die Arme baumeln lassen. Nur Agnes schiebt gelassen die Hälfte ihres »Handgepäcks« (Hanna-Baby) die Hügel rauf und runter. Als wir zurückkommen, empfängt uns helles Stimmengewirr ohne männliche Bässe, Gelächter, Tassengeklapper, Töne, Farben. Manche Köpfe sind zusammengesteckt, Farbe und Pinsel huschen über Seide, eine Gruppe versucht bei Kerzenschein ein mehrstimmiges Weihnachtslied einzuüben, mit viel Vergnügen und mäßigem Erfolg. Wir tasten uns aneinander heran, werden vertrauter miteinander, wachsen zusammen. Echte, gute Gemeinschaft mit vielen Frauen. Damit habe ich nicht gerechnet, ich fühle mich wohl und geborgen.

Abendessen. Auf dem Hinweg machen wir uns schon Gedanken über den Speiseplan: Würstchen im Schlafrock? Überraschung: Cordon Bleu! Schmeckt dann aber wie panierte Würstchen. Wer nachfassen will, findet auf dem Büffet – restliche (k)alte Würstchen... Wir üben uns in lebenskünstlerischer Gelassenheit, setzen uns in immer neuen Formationen an einen Tisch und kommen uns näher, erzählen, lachen und weinen miteinander.

Abends rufe ich noch mal meine Mädchen an. Werner geht dran. Die Kinder spielen einträchtig. Klingt sehr harmonisch. Er hat ein Glas Wein getrunken und meint: »Dass du heute mit den Mädchen geredet hast, hat die Stimmung der Truppe enorm verbessert. Wir können jetzt ruhig noch einen Berg hoch und runter!« Ich muss lachen. Eine Familie ist doch ein feines Gefüge. Reagiert hochsensibel auf jede Schwankung.

Während Henriette wohlig grunzende Frauen massiert, schlafen Winterkinder wie ich warm eingepackt eine Stunde lang vor dem offenen Fenster. Wie behaglich, wie geruhsam! Der Programmstopp, das Alleinsein tun mir gut. Keine Verantwortung, keine wartende Arbeit, kein schlechtes Gewissen, ich liege einfach da und bin. Dass das weise war, stellt sich später heraus: Von 20 Uhr bis in den frühen Morgen hinein feiern wir ein rauschendes Fest. Gehobene Stimmung, kein Auge bleibt trocken und die Lachmuskeln tun weh. Ungeahnte Gaben kommen zum Vorschein. Sind wir nicht alle »Würstchen in Variationen«? Ein Beitrag reiht sich an den anderen, alle tasten sich an das Thema Glück heran. Die brüderliche Prophezeiung, dass dabei sowieso der Mann herauskomme, bewahrheitet sich nicht ganz...

Manche Frauen lerne ich von einer ganz neuen Seite kennen, zum Beispiel als Modell Agnes, von ihrem Entdecker Gundula Lagerfeld mehrlagig gekleidet in die unmöglichsten Klamotten, schwerelos über den Laufsteg schwebt, dicht gefolgt von Henriettes Triellatz-Pirouetten als »Missionsmodell Ost-West«. Die zwei sind nicht mehr zu bremsen! Und dann die Herausforderung, immer zu dritt aus drei blind gezogenen Zetteln mit Stichwörtern einen sinnigen Vierzeiler zu reimen! Meine Gruppe zieht »Ferkel«, »Freudigkeit« und »Ball«.

Große Erheiterung, als Henriettes Gruppe ausgerechnet die Worte »Hausvater«, »Schwachsinn« und »Würstchen« zieht. Aber souverän reimen sie, nur das Vorlesen erweist sich wegen der unkontrollierten Lachanfälle als schwierig, doch nach wenigen Minuten verstehen wir:

»Der Hausvater steht mit würdigem Blick
und fordert im Schwachsinn seine Würstchen zurück!«

Gegen 24 Uhr, als der Hausvater die Zwischentüren schließt, »damit wenigstens die restlichen Hausbewohner schlafen können«, werden wir ruhiger. Cosima hat alte schwermütige Tagebucheintragungen aus der Zeit vor ihrer Bekehrung ausgegraben und vergleicht sie mit späteren, jubelnden. Bewegende Texte. Immer wieder schließt sich der Kreis, hängt tiefes Glück mit Gott zusammen.

Sonntag, 24. November

Nach einem lebhaften Austausch pilgern wir wehmütig zum letzten gemeinsamen Mittagessen. Henriette sucht noch ihre Handtasche und ruft voller Panik: »Würde mir jemand einen Platz besetzen? Ich habe Angst, dass ich kein Würstchen mehr kriege!«

Und ich habe Angst heimzukehren in mein richtiges Leben, wie immer, wenn ich unterbrechen durfte. Ich würde mein Glück lieber noch etwas länger aus der Ferne betrachten.

17 Uhr. Wieder daheim. Werner fällt in eine Art Koma, das anhält, bis alle Kids im Bett liegen. Welche Kraft hat er gebraucht um durchzuhalten, wenn er jetzt einfach zusammenfällt?

Montag, 25. November

Werner zieht in den Wald zum Holzmachen. Werner beginnt eine Diät. Werner joggt. Werner hat Urlaub an seinen »Erziehungsurlaub« gehängt, um sich zu erholen, wie mir scheint. Er setzt sich an den Tisch, isst glücklich (»Beim Kochen bin ich eine absolute Niete, Mann!«), und man erzählt sich die alte Anekdote, dass der Vater, als die Mutter sich auf einer Freizeit vergnügte, den Kindern Spaghetti kochte. Und als diese entsetzt auf die trockenen Spaghetti starrten und »UND??« riefen, er zurückfragte: »Was – und?« und sie vorwurfsvoll sagten: »Bei Bianka gibt es dazu immer eine Soße!« – da kochte er ihnen, genau nach Vorschrift, eine Kräutersuppe aus der Tüte und sagte: »Da habt ihr eure Soße!«

Herzhaft lachen sie und sind froh, dass alles wieder beim Alten ist. Werner singt das Hohelied der Hausfrau: »Ein Managerjob ist das, ich weiß gar nicht, wie du das alles schaffst, ich habe mich ja nur auf einige Dinge am Tag beschränkt, du machst ja viel mehr! Ich war am laufenden Band beschäftigt und man hat nichts davon gesehen. Ich habe gar nicht gewusst, was für ein Akt das ist, die Kinder nachmittags bei den Hausaufgaben zu betreuen!«

Dienstag, 26. November

Lena hat Lungenentzündung. Mit vierzig Fieber liegt sie still auf dem Sofa. Ich kann mir nicht vorstellen, wie man das überlebt, sterbe ich doch beinahe bei 38,5. Beunruhigt umschwirre ich sie pflegend. Abends liegt ein Brief auf meinem Kopfkissen: »Liebe Bianka. Vielen Dank das du mich so gut pflekst. Ich habe dich so lieb. Es muss anstrengent sein mich zu pflegen. Aber es ist lieb das du mich pflegst. Deine Lena. viele Küssen und einen Kruß von Lena«

Mittwoch, 27. November

Anna hat Lungenentzündung. Jetzt ist wieder tiefster Winter für mich.

Samstag, 15. Dezember

7 Uhr. Todmüde hänge ich unterm Wasserhahn und wasche meine Haare. Meine Müdigkeit ist wie weggeblasen, als sich ein Schwall eiskaltes Wasser über mich ergießt – Werner hat den Hahn verstellt! Das ist das Signal! Ruhig wickle ich ein Handtuch um meine Haare, fülle unauffällig einen Zahnbecher mit kaltem Wasser und leere ihn über Werner, den Arglosen, der gerade relativ unbekleidet dasteht. Haha! Nach einem entsetzten Aufschrei greift der reaktionsschnellste aller Ehemänner zur leider gefüllten Munddusche, um sie zielgenau auf mich zu richten. Wäh! So ein Fiesling! Als er siegessicher grinsend abzieht, schaffe ich es noch, ihm einen Strahl aus der Dusche hinterherzuschicken. Erfrischt beginnen wir den Tag.

Dennoch: »Bianka, äh, wo steckt denn jetzt mein Schlüssel?« Ich gebe ihm längst keine Antwort mehr. Werner vorwurfsvoller: »Bianka, wo steckt jetzt der Schlüssel, der eben noch da in der Tür war? – Äh, warte, ich hab ihn in der Hosentasche . . .«

Nachmittags spiele ich mit Jan Tischfußball: Wir blasen Wattebäuschchen über den Tisch hin und her, schreien: »Jens Todt!« – »Jürgen Klinsmann!« – »Oliver Kahn!« . . . Eine gute logopädische Übung.

Heute gibt es Pizza, und zwar handgemachte! So eine richtig italienische kräuterwürzigtomatenduftendemozzarellabelegte Knusperpizza mit hauchfeinem Boden. Das gönne ich mir nach dem Morgenstund-hat-Gold-im-Mund-Anruf von heute Morgen. (Hansbert: »Dafür, dass deine Fotos vorgestern so mies waren, war dein Bericht umso besser! Er ist spitze!« So ein bisschen Beschäftigung und Außenkontakte sind eben das, was der Hausfrau bisher gefehlt hat.) Lena sitzt als Pizzawächterin vor der Backofentür. Sie ist für das richtige Timing verantwortlich. Plötzlich schreit sie aufgeregt: »Bianka, es brutzelt, als ob ein

Nilpferd schnauft!« Manchmal gelingen einem Dinge im Leben und dann wird der ganze Tag gut!

Beim Abendessen wurde Jan von mir für würdig empfunden, einen Schritt in die Erwachsenenwelt zu tun. Zum hundertsten Mal wollte er wissen, wie denn das Christkind ins Wohnzimmer gekommen sei und wer den Weihnachtsmann reingelassen habe und wie der überhaupt vom Himmel gekommen sei und ob die dort wirklich wohnen. Als ich mich widerwilligst immer weiter in Kleinkinderlügen verstrickte, sah ich plötzlich seine ernsten Augen, die mich erwartungsvoll anblickten, und mir wurde klar, dass er die Wahrheit verdiente, auch wenn er sie bisher nicht hören wollte. Ich staunte über seine Reaktion. Er schluckte die Tatsache, dass Christkind und Weihnachtsmann eine Erfindung sind, die kleinen Kindern eine Freude machen soll, ohne mit der Wimper zu zucken. Er glaubte mir sofort. Er schien gut vorbereitet zu sein, wahrscheinlich hatten ihn die unrealistischen Details schon länger verwirrt. Er kaute eine Weile und fragte dann: »Wer Geschenke hinlegen, Mama?« Meine Antwort nahm er direkt erleichtert auf, ja, das war einleuchtend. Klar, das tat die beste aller Mamas, das passte.

Nachdenklich aß er weiter. Ich gab mir einen Ruck und fügte hinzu: »Und beim Osterhasen ist es das Gleiche, Jan!« Jan fiel der Löffel in den Teller, mit offenem Mund fragte er: »Wer, Mama, Eier legen und bringen???« Ich, mit gemischten Gefühlen (böse, kindheitstraumraubende Realistin, ich) vorsichtig: »Das mache ich, Jan.« Zuerst etwas peinlich berührt, ja fast beschämt darüber, lachte er sich plötzlich kaputt. Wir lachten alle erleichtert mit. Nach weiterem Nachdenken dann: »Aber Mama! Nikolaus echt! Ich gesehen im Wald! Langer Bart hat und langer Mantel!« Werner leise: »Lass es ihm!« Und das von Werner! Gut. Ich fragte Brücken bauend: »Der Nikolaus ist echt, Jan?« Jan, im Brustton der Überzeugung: »Ja! Mama! Im Keller Teller hinstellen, Nikolaus voll machen!« Er lachte erleichtert. Aber er war durchaus stolz, wenn auch etwas desillusioniert, jetzt zu den großen, aufgeklärten Kindern zu gehören. Ganz normal eben.

Montag, 17. Dezember

Jans Cousin Kevin ist da. Die zwei verstehen sich blendend, sie kennen sich schon ihr ganzes Leben. Seit vier Tagen hat er darauf gewartet. »Ich endlich jemand hab!« Es wird ein turbulenter Nachmittag. Jans Kontakte sind laut!

Anna hat sich, selbstständig, wie sie neuerdings geworden ist, mit vier Mädchen aus ihrer Klasse in der nahe gelegenen Kleinstadt am Eisweiher verabredet. Sie hat Wurst mitgebracht, die anderen Käse, Brötchen, Saft. Picknick on Ice. Anna ist glücklich. Freundschaft ist das Wichtigste in ihrem Leben.

Lena übt mit ihrer albanischen Freundin ein Diktat. Wenn sie es unter dreißig Fehlern schafft, kriegt sie von Lenas Taschengeld einen Mohrenkopf.

Abends knuddelt Anna selig Tiger durch, Lena badet lachend mit Jan. Danach sehen wir zu fünft Arm in Arm Winnetou im Fernsehen. Anna, Lena und Jan starren gebannt und mit offenen Mündern auf die Scheibe, Werner und ich blicken froh grinsend auf die Kinder. An drei Leben können wir teilnehmen! Sind wir reich!

Sonntag, 30. Dezember

Es schneit. Der seit Monaten, Wochen, Tagen herbeigesehnte Tag ist da. Um 5.30 Uhr steht Jan vor meinem Bett: »Ich heute Geburtstag!!! Wo Geschenke??? Hoch soll er leben singen!« So aufgeregt ist er, dass er Bauchweh hat. Kerzen sollen brennen für ihn, er weckt Anna und Lena, seine Schwestern sollen ihn beschenken. Zum ersten Mal im Leben redet er am Telefon, überwältigt von so viel Ehre! Als zwei Nachbarjungs ahnungslos in unseren Hof kommen, schreit er raus: »Marvin, Simon! Ich heute Geburtstag! Mir gratulieren!« und streckt seine Hand durch den schmalen Spalt der Haustür – er friert. Mittags kommen Simon II und zwei Marcels aus dem Kindergarten. Vier kleine Männer füllen das Haus mit Lärm und Räuberaction. Jan selbstbewusst mittendrin. Es sind wirklich seine Freunde, sie mögen ihn, er ist voll integriert. Obwohl sie schlecht verstehen, was er sagt, kommen sie im Spiel gut miteinander klar. Balsam für meine Seele. Dann bauen sie bei Flutlicht mit Werner einen Iglu.

20 Uhr. Jan liegt erschöpft und glücklich im Bett. Sechs Jahre alt ist er geworden, die Welt liegt ihm zu Füßen. Die Mädchen dürfen noch eine halbe Stunde im Bett lesen. Das Haus ist ruhig. Ich gehe in die Küche und hole mir Rotwein. Aus dem Wohnzimmer dringt leise Musik. Französische Chansons. Der Hund liegt mit der Schnauze am Boden und blickt ins Feuer. Als ich an ihm vorübergehe, schlägt sein Schwanz leise auf die Holzdielen. Seine dunklen Augen verfolgen mich. Als ich mich setze, fällt er schwer wie ein Elch auf die Seite und schläft ein. Werner hat Kerzen angezündet. Er liegt in Decken eingehüllt auf dem Sofa. Ich weiß, dass er glücklich ist. Und das macht mich glücklich. Ruhig sieht er mich an und fragt, was er in großen Abständen immer wieder fragt: »Würdest du mich eigentlich noch mal heiraten?« Das fragt er, wenn er hören will, dass ich ihn liebe. Keine Frage. Ja! Aber heute will er mehr. »Würdest du in deinem Leben etwas grundlegend anders machen, wenn du es könntest?«

Ich sehe ihn an. Sehe in das vertraute Gesicht des Mannes, der mich kennt wie kein anderer Mensch.

Ich sehe Anna, Lena und Jan vor mir. Sehe mein Haus, mein Dorf, meine Eltern. Denke an meine Freunde und meine Gemeinde. Ich sehe meinen Alltag, die Geborgenheit und Kraft, die aus seiner Monotonie strömen, und die Dynamik durch die Entwicklung der Kinder.

Ich denke an meine neue Aufgabe, das Schreiben, die mich neben meinem Familienleben bereichert und herausfordert. Ich sehe meine Verantwortung für all das und die Fülle, die darin liegt, Anforderungen und Freiräume.

Nein. Nichts würde ich anders machen, wenn ich es könnte. Dem, der die Fäden in der Hand hält, muss ich sagen: Ich hätte es selbst nicht besser machen können.

Ich sehe in das wartende Gesicht und sage: »Nein. Nichts. Ich würde alles wieder so haben wollen! Mitsamt dir, Traumväterchen!« Er grunzt zufrieden, dreht sich entspannt auf die Seite und schläft ein.

QUELLENHINWEISE

Die Bibelzitate wurden der Übersetzung »Hoffnung für alle« (Brunnen Verlag Basel und Gießen) entnommen. © 1983, 1996 by International Bible Society

Hans Bouma, *Willkommen,* Oncken Verlag Wuppertal und Kassel 1996[10]

Ilse Kleberger, *Weißt du, wie der Sommer riecht?,* aus: H. J. Gelberg (Hg.), *Die Stadt der Kinder,* Weinheim 1967ff

Reinhard Mey, *Drei Stühle, Ich liebe das Ende der Saison, Sauwetter,* von den CDs *Leuchtfeuer* und *Alles geht,* Maikäfer Verlagsgesellschaft mbH, Lehrte

Herr, ich sehe Deine Welt, M.+T.: Peter Strauch, © Hänssler-Verlag, D-71087 Holzgerlingen

Bianka Bleier schreibt regelmäßig in

family

Das christliche Magazin für Partnerschaft und Familie

4 Ausgaben pro Jahr

- das sind 120 Seiten für Paare
- das heißt fit bleiben in Ehe, Familie, Gemeinde und Beruf
- bietet klare Orientierung für ein kompliziertes Leben
- zum Durchstarten im Alltag

€ 12,80 zzgl. Versandkosten

www.family.de

Bundes-Verlag GmbH · Bodenborn 43 · 58452 Witten
fon 0 23 02.9 30 93-915 · fax 0 23 02.9 30 93-689
abo@bundes-verlag.de · **www.bvzeitschriften.de**